中国金融变迁研究系列

上海出版资金项目
Shanghai Publishing Funds

上海信托业研究（1921～1949）

何旭艳　著

Shanghai Trust Industry
from 1921 to 1949

上海远东出版社

图书在版编目(CIP)数据

上海信托业研究：1921—1949/何旭艳著．—上海：上海远东出版社，2018
(中国金融变迁研究系列)
ISBN 978-7-5476-1387-0

Ⅰ．①上…　Ⅱ．①何…　Ⅲ．①信托业-研究-上海-1921-1949
Ⅳ．①F832.49

中国版本图书馆 CIP 数据核字(2018)第 149947 号

责任编辑　陈占宏
封面设计　张晶灵

上海信托业研究(1921～1949)
何旭艳　著

出　版　上海遠東出版社
(200235　中国上海市钦州南路 81 号)
发　行　上海人民出版社发行中心
印　刷　浙江临安曙光印务有限公司
开　本　710×1000　1/16
印　张　15
插　页　4
字　数　260,000
版　次　2018 年 8 月第 1 版
印　次　2018 年 8 月第 1 次印刷
ISBN 978-7-5476-1387-0/F·620
定　价　118.00 元

复旦大学中国金融史研究中心

《中国金融变迁研究系列》编委会

总 序

金融是经济的血脉，对于维系和促进现代社会经济的运作有着重要作用，与社会的方方面面乃至每个社会成员，有着不可或缺的关系。随着中国经济与整个世界经济的联系日益密切，随着中国金融改革开放的推进，金融诸领域的状况越来越受到各界的关注，对于金融学理、实务和实际运作的研究也得到极大的重视。与此形成巨大反差的，人们对于中国金融领域的历史变迁却了解不多；专门的研究成果甚少。事实上，中国金融领域的变迁有着悠久的历史和丰富的内容，包括货币、金融机构、金融市场和相应制度的沿革变迁，以及金融与经济增长、工商经济活动和社会生活之间的关系等方面，在世界金融体系的园地中别具一格。在建设有中国特色社会主义市场经济的进程中，经济领域的变革和时代的发展，对中国金融变迁的研究提出了更多的要求。特别是在全球化的背景下，如何从中国社会发展与转型的角度出发，加强对中国金融变迁本身及其与经济社会发展之间的互动关系进行研究，更具有其必要性和急迫性。

金融的本质是货币信用，对于金融市场和金融关系中的当事方，货币是给定的制度规范。近代中国货币制度之落后以及改革币制之必要性，曾是朝野乃至相关中外人士共同关心的话题，但对于币制改革方案的选择却莫衷一是。由于同治末年欧洲各国多采金本位以及国际市场上银价的下跌，尤其是甲午战争后中国偿付赔款外债基本上以金为标准计算，国人主张改币制者日多且主金本位。1901 年《辛丑条约》签订后，庚款偿付中的"镑亏"导致的财政负担迫切需要予以解决，币制改革方案的设计渐趋具体化。而对当时中国货币制度改革拟采行的方案，已经是一个国际性的问题。清末民初，包括中国海关英籍总税务司赫德、美国国会国际汇兑委员会委员精琦、荷兰银行总裁卫斯林都曾提议中国实行金汇兑本位。但是，币制改革"知易行难"。宣统二年清廷颁行的《币制则例》，仍明确了银元本位的取向，对于银两、制钱的支配和主导性地位也没有正面去触动。1914 年颁行的《国币条例》，基本沿用了宣统二年《币制则例》的内容，并付诸实施。值得注意的是，在国人已经意识到银本位币制的诸多不利影响的情况下，清末民初两个币制法规都没有采行外人建议的金本位的主张，而是确定了银元的国币即本位币地位，这对于当时中国金融业经营与市场运作，无疑是稳定因素。同时从中国币制现代化的角度来看，也不能简单归之于保守，相反，在银元与银两、银通货与制钱之间，这两个币制法规都赋予前者合法的地位，从而为国民政府时期完成“废两改元”打下了基础。而1935年废除银本位之后推出的法币政策，实施13年后即被金圆券取代，而同样作为不兑现纸币的金圆券的命运更为短暂，实施不到一年便随着国民党在中国大陆的统治一起彻底崩溃。1949年随着中华人民共和国的成立，由中国人民银行发行的人民币，很快成为中国大陆地区唯一合法的货币。

中国经营性金融机构之发轫，始于本土金融业中的票号钱庄。票号以获取官款存放和汇兑为业务重点，曾经有过较大的发展，但其体制、机制、业务等方面长期缺乏进取变革，随着清末民初的政局和社会变迁，这一行业逐渐式微。钱庄业在第二次鸦片战争前后抓住了中外贸易迅速扩大、口岸金融机构业务急遽发展的历史性机遇，从单纯货币兑换扩大到存款、放款、汇划、签发庄票、贴现等近代意义的业务。但其资本来源与构成、经营与管理等方面，尚未有变革。1897年中国通商银行的设立，成为尔后中国出现新式银行业和相应制度构建的先声。1905年清政府设立了户部银行(1908年改为大清银行)，1907年邮传部奏准设立了交通银行。至1911年，历年新设立华资银行有十多家。民国年间，中国本国新式银行业取得了长足的进步。其中尤其以北四行(盐业、金城、大陆、中南)、南三行(上海商业储蓄、浙江兴业、浙江实业)为代表的两大区域性银行群体的崛起，标志着中国商业银行开始成为银行业不可忽视的力量，无论政府财政还是新式工矿商贸交通事业，都对其寄予厚望。而该时期政府银行——中国银行和交通银行，在特权、资力、市场份额等方面有着普通商业银行无法企及的优势，得到来自政府当局的扶持和索求，也甚于一般银行。在相当长的时间里，中交两行为政府财政所“绑架”，无法正常开展业务经营。尤其是1916年和1921年的两次挤兑、停兑，不仅使该两行的信誉受到重挫，也使得整个本国新式银行业的现代化进程出现反复。只是因为北洋时期政局动荡，政府财政破产、无法继续控制金融业，在商股主导下的中交两行业务重心转向工商业，业务经营方面才逐步走出困境，重新启动现代转型的步伐。

南京国民政府建立后，1928年全国意义的中央银行在上海正式成立，同年公布的《中国银行条例》和《交通银行条例》，分别将两行定位为国际汇兑和发展实业的特许银行，并且载明这两家银行的总行均设立在上海。其后政府又规定中国农民银行、中央信托局、邮政储汇局、中央造币厂、中央储蓄会等机构设立于上海。上海作为当时全国最大最重要的现代化金融中心，不仅有了占主导地位的四行二局政府金融体系，而且有了基本的制度保障和明确的政策导向。此外，除了南三行之外，北四行以及新华商业银行、中国实业银行等大商业银行的总部都先后集聚于上海，业务重心置于长江中下游进而辐射内地和海外，对外资开放的全国性证券、保险、信托、外汇、票据交换市场的发展，也就成了上述基本制度安排和相应政策实施的题中应有之义，体现了按照现代化和国际化的客观要求，进行金融业布局和相应资源配置的理念。

据统计，1927～1937 年 10 年期间，国民政府在币制与钞券发行、银行与金融管制、外汇管理、存放款业务、汇兑储蓄业务、特种与合作金融、综合类等方面，制定颁布了 100 多个法规。从最初公布的中央银行条例、章程，到正式颁行《中央银行法》，可以说在中国首次较全面地确立了中央银行制度，对货币发行、外汇管理和金融市场的有序运作具有重要意义。普通商业银行制度方面，1929 年的《银行注册章程》要求凡开设银行，均需先拟具章程，呈财政部核准；核准之后，方得招募资本；再经验资注册、发给营业执照后，方得开始营业；原有银行合并或增减资本，也需要另行核准注册，并规定"凡开设银行，经营存款、放款、汇兑、贴现等业务，须依本章程注册，凡经营前项之业务不称银行而称公司、庄号或店铺者，均须依本章程办理"，体现了把钱庄、票号、银楼等传统金融机构纳入统一监管的趋向。1931 年颁布的《银行法》共 51 条，则体现了金融业对准入、组织、经营实行规范化的取向。

在近代中国的金融市场上，钱庄业曾长期处于主导地位，在与银行业的关系中处于强势地位；即便在银行业获得长足发展后的很长一个时期里，银钱两业在诸多领域里都起着并重的作用。但在资本来源、组织构成、投资与经营管理等方面，钱庄业难以适应现代化大生产和高度商品化的需要，更处于金融国际化潮流之外，甚至整个钱庄业长期没有明确的法律地位，一度面临除了银行化便只有停歇的处境。但是，经济发展的多样性、不平衡性，即便在上海这样的大都市里也存在着，零星、小额然而持续不断的金融业务既发生在都市内部，更在各都市周边地区中小城镇属于常态，这就是钱庄业得以存续并有一定发展的基础。在本国银行业居于中国金融的主导地位之后，钱庄业在保持与中小工商业和基层社会关系的同时，仍然力图跟上时代的步伐，在资本来源和构成方式、经营管理制度等方面有所进步，使整个行业维持到了 20 世纪 50 年代初期。作为维持城市生活不可缺少的行业、金融业中始终不容忽视的力量，钱庄业体现了中国金融现代化的特定阶段性。至于钱庄业特有的与客户之间的互信关系，钱庄内部雇主、管理层与员工之间稳定的关系，似乎也不能简单地与落后、消极划等号。为了应对市场和社会环境的变迁，钱庄业的业务经营、管理方式，也有调整改革的方面。可以说，无论单个的钱庄还是整个钱庄业的变迁，都有着十分丰富的内容，需要加以研究。

长期以来，外商银行被视为列强侵略中国的工具，与中国本国金融业（尤其是商业行庄）有着不同的性质和作用。如果说金融市场就是货币信用活动的市场，金融机构是这个市场的主体，那么近代以来普遍从事中国本币业务的外商银行，就应当如同华资银行、钱庄等一样，理应是整体意义的上海金融业的组成部分。但另一方面，在中国主权缺失的情况下，外商金融业在享有治外法权和其他特权的同时，在中国法统框架里长时期没有获得明确的“准入”。即便是在外商银行聚集的上海，直到抗战结束后，外商银行才获准加入上海银行公会、成为上海票据交换所的交换银行，为中国银行业所接纳。而外商金融机构在体制、运作和管理方面的先进性，总体上也为华资银行业效法。在中国金融变迁的研究中，对在华外商银行的研究成果，不应当长期付诸阙如。

至于近代中国诸多的金融团体与组织，更是金融变迁研究的题中应有之义。如银行公会、钱业公会等同业团体，其基础是诸多的行庄。行庄业务经营活动一方面形成市场，另一方面直接催生了各自的同业公会；而在金融中心的上海地区，还进一步产生了联合准备委员会（钱业为准备库）、票据交换所、票据承兑所等常设专业组织。而金融同业规范的制订修正、同业之间关系的协调、同业与其他行业的关系处理、与社会的往来，以及与政府之间的联系交涉，则有赖于同业团体。诸如中国交通两行、北四行、南三行这样的大银行，在业务和市场意义上可以被视作近代中国银行业的代表，可是它们对其他同业并不具有制约作用；但是银行公会、钱业公会的决议却不仅对会员银行、钱庄有制约力，还对非会员银行、钱庄有着重大影响力。可以说，认识近代中国某一特定金融行业的基础和前提，就是了解该行业的同业公会；近代中国金融业同业团体的运作，其本质便是金融业同业自律、自我管理能力和现代化取向的集中体现。对于金融变迁进程中同业团体和组织的研究，应当得到学术界更多的关注。

中国金融变迁的研究以金融机构为主体，这本身无可厚非。但是有金融业就有金融市场，除了关于金融机构的研究之外，还应有对近代中国或某一地区的拆借、贴现、内汇、证券、保险、外汇、金银等市场进行单独而深入研究的论著。对于诸多客户而言，金融机构的内部组织、管理与人事是一回事，但金融机构如何开展业务、进行运作，则是更重要的。换言之，正是各类金融市场，把金融机构与客户联系在一起，金融市场的研究实质上是动态地研究金融业，以业务、客户为中心来研究机构。应当看到，与对银行、钱庄的研究相比较，对中国金融市场变迁的研究更显薄弱。这几年，陆续见有证券、保险、信托、外汇市场的研究成果。但总的看来还很不够。中国金融市场与国际金融市场的关系、金融中心地区的各种行情与国内其他地区各自市场行情之间的关系、近代中国金融市场的财政属性与商业属性、金融市场行情与政局动荡之间的关系，等等，都是金融变迁研究的重要对象。

中国金融变迁的研究，还应有对金融制度进行专门研究的成果。尤其是近代中国金融制度的演变，不仅是政府的制度安排问题，还有业内的自律，主要通过金融业同业团体来体现，同时还应注意金融制度在文本上与实际运作的关系，等等。这些方面都有着非常丰富的内容。从时段而言，晚清与民国时期金融制度的研究基础较好，经过整理的史料和可资参考的文献较多，而 1949 年新中国成立后金融制度变迁的研究基础还比较薄弱，某些问题的处理难度较大，应予以更多的关注和支持。

应当看到，中国金融的运作，既与政府财政有特殊的紧要关系，又与生产流通及社会生活领域密切相连，这两方面的关系是研究者不可忽视的。此外，中国不同地区之间的金融关系，华洋、新旧金融机构之间的关系，中外金融市场之间的联系，各主要金融政策和制度，具有代表性的金融思想、观点、主张、理论、学说，金融家及其企业，等等，给有关的学者提供了十分广阔的研究空间。这些方面的研究可以为推进整个中国金融变迁的研究作出更大的贡献。

复旦大学在历史学、经济学、金融学等学科领域上都有着优秀的人才，对于金融学理、实务以及中国货币史、金融史的研究方面有较悠久的传统，在学术界素有影响。复旦大学中国金融史研究中心，就是由复旦大学历史学系、经济学院和金融研究院的有关人士共同发起成立的，旨在打通相关学科，搭建汇聚交流研究信息和研究成果的平台，整合资源，进而在理论、现实和历史之间达到更好沟通，为推动中国金融变迁领域的研究，略尽绵薄之力。本研究系列除了收入专题研究著作之外，还将收入专题论集、专题资料集。我们期待着读者对于已经问世各书稿的意见，期待着诸多学界同行赐稿，共同拓展中国金融变迁的研究领域，逐渐深化研究的层面。

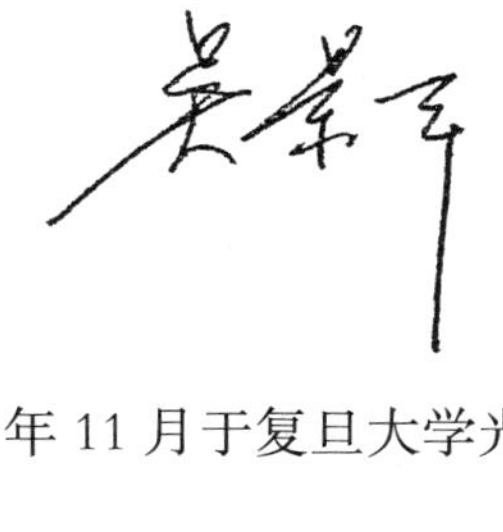

2011 年 11 月于复旦大学光华楼

目 录

图表目录

前　言

一、“信托”的起源与定义

“信托”二字就字义而言，即为“接受他人委托，经营代办业务的行为。”①这种行为中外自古就有。“遗嘱托孤，为中外之古制，实为信托之起源。”②在古代埃及、希腊、中国均出现了此类原始的自发信托行为，其委托物可以是人或事物，范围极其广泛，关系人之间不涉及经济利益，也没有发展成为有目的、被法律所认可的经济活动。

古罗马共和国时期（公元前 510 年～前 27 年）末叶，罗马的法学家创造了“家产买卖”的办法，以补充以往法律的不足，于是产生了信托遗嘱制度（testamentum fiduciaria）。③ 这是一种无偿的民事信托，并不具有经济上的意义，但已具备了近代信托的一些基本特征。信托观念的起源由此而生，“fiducia”一词因此成为西欧各国关于信托的语源。

13 世纪，英国的一些法官为帮助教会规避亨利三世（1216～1272 年）颁行的禁止向公共团体捐赠土地的《没收条例》（Statutes of Mortmain），参照罗马列法

---

① 《辞海》上册，上海辞书出版社 1979 年版，第 565 页。

② 朱斯煌：《何谓信托》，《信托季刊》第 1 卷第 1 期，1936 年 1 月 1 日，第 12 页。

③ 其方式为：病危的家长用“要式买卖”的方式，把全部家产“卖”给自己所信任的“家产买受人”（familiae emptor），并附加一项信托契约。“买受人”接受财产后就成了该项财产的所有人，但依照附加的信托契约，“买受人”在家长（遗嘱人）死后，必须将这项财产全部移转给所指定的继承人所有，“家产买受人”所扮演的只是遗嘱执行人的角色。资料来源：周枏：《罗马法原论》（下），商务印书馆 2001 年版，第480～481 页。

的“信托遗嘱”制度创设了尤斯(Use)制度，[①]经过几个世纪的发展演变，到19世纪初期，尤斯制度逐渐成为近代较为完善的民事信托制度。19世纪上半叶，近代信托制度传入美国，19世纪末传入日本，20世纪20年代前后，传入中国。

作为近代一种经济行为，各个国家在不同时期对“信托”有着不同的理解和认识。在英语中，表达“信托”的单词是“trust”，对这一单词详细的解释是：the legal relation between the trustee(s) and the property。[②] 即把信托看成是拥有财产权一方与受托人一方之间的一种法律关系。美国银行公会出版的《信托职能和信托业务》一书中，认为：“信托是指某人将其财产的所有权转移给另外的人，并要求后者对其财产进行管理和运用的一种安排。”[③]将信托看成一种财产处理制度。日本信托法第一条将信托定义为：“有财产权转让和其他处理行为，令别人遵照一定的目的进行财产管理或处理。”[④]2001年颁布的《中华人民共和国信托法》第二条规定，信托是指：“委托人基于对受托人的信任，将其财产权委托给受托人，由受托人按委托人的意愿以自己的名义，为受益人的利益或者特定目的，进行管理或者处分的行为。”[⑤]日本和中国都将信托看成是一种处理财产的经济行为。

可见，近代“信托”既是一种经济行为，又是一种财产管理制度，同时也是一种法律关系。作为经济行为，信托是指委托人为了某种目的，把财产交给他人，委托其予以管理和处理的经济活动。作为一种财产管理制度，信托是指以资金、财产为核心，以信任为基础，以委托和受托为方式的财产管理体制。信托关系则是指以信托财产为中心而形成的委托人、受托人、受益人三方的关系。

尽管对信托的表述各不相同，但有一点共性是非常明显的：每种信托行为的进行和信托关系的确立，必须具备三个关系人：转移财产权的委托人(Creator of Trust or Trustor)，承受财产权并进行管理、使用、处分的受托人(Trustee)，

① 具体做法是：凡是把土地捐献给教会的，先转让给第三者，由受转让人为教会管理土地，向教会上交收益。在尤斯制度中，赠与土地的一方被称为Donor，相当于现代信托中的委托人。名义上掌握土地所有权的第三者被称为Feoffee to Uses，处于现代信托关系中受托人的地位。实际享受收益的教会被称为Cestui que Use，相当于现代信托中的受益人。这三者之间围绕着土地间接遗赠发生的财产关系，就是一种信托关系。由于Use制度首先建立在转让人和受转让人之间的相互信托上，因此也把这种方法叫做“信托”(Trust)。参考资料：[日]川崎诚一：《信托》(中译本)，中国金融出版社1989年版，第6～7页。

②《牛津现代高级英汉双解词典》，商务印书馆、牛津大学出版社1990年版，第1 243页。

③ 转引自：陈湛匀、马照富：《金融信托咨询实务》，立信会计出版社1994年版，第1页。

④ 赵奎、朱崇利：《金融信托理论与实务》，经济科学出版社2003年版，第485页。

⑤《金融信托理论与实务》，第437页。

接受信托财产利益的受益人(Beneficiary)。至于信托标的物即信托财产,是委托人通过信托行为转移给受托人并由受托人按照一定的信托目的而进行管理或处理的财产,也包括信托成立后,经受托人管理或处理该财产而另外获得的财产(收益),如利息、租金、红利等。

二、本选题的学术回顾

信托业是近代中国金融业中一个新兴行业。上海是民国时期信托业最发达地区,信托公司和银行信托部等各类信托机构大多集中在上海并以上海为业务中心。

民国时期涉及上海信托业的相关著述,主要出自金融业内人士或专家学者之手。较有代表性的专著有:杨端六:《信托公司概论》(上海商务 1922 年),程联:《世界信托考证》(上海信托股份有限公司 1931 年),朱斯煌:《信托总论》(上海中华书局 1939 年)等,[①]这些著作的出发点是为当时从事信托业的专业人士提供信托业务方面的指导,着重于分析信托学理和经营实务,虽然对当时上海信托业的发展情况作了一定介绍,但篇幅有限,缺乏系统、详尽的脉络梳理。另外,在其他一些金融学著作中也有提及上海信托业,如张辑颜:《中国金融论》)(1930 年初版)、潘子豪:《中国钱庄概要》(华通书局 1931 年)、杨荫溥:《杨著中国金融论》(黎明书局 1936 年)等,主要也是对当时的信托业做一些概述性介绍,篇幅极少,谈不上有深入的学术论证与分析。

除专著外,在《银行周报》、《信托季刊》、《中国经济评论》、《东方杂志》、《申报》、《财政评论》、《中行月刊》等报刊上,陆续出现了一些介绍当时信托业发展动态以及评论性的文章,尤其是《银行周报》和《信托季刊》刊登了较多与信托有关的专题性论文,与上述著作相比,这些论文提供的信息量相对比较丰富,按其内容大致可以分为几类:

---

① 1950 年以前涉及信托业的专著还有:寿景伟编:《信托业比较论》(中美英法德日)(上海公民书局 1921 年),江趋丹编:《信托事业辑要》(上海中华 1921 年)、秦毅成编:《中美英法德日信托业比较论》(公民书局 1921 年)、潘士浩编:《信托研究》(上海中易信托公司 1921 年)、陆松荫:《信托公司要览》(上海文明书局 1922 年),孔涤庵:《信托业》(上海商务 1933 年),程联:《信托简要》(上海信托股份有限公司 1934 年)、袁际唐《国际信托公司》(上海大东书局 1933 年)、[日]细矢佑治著、资耀华译:《信托及信托公司论》(上海商务 1935 年)、袁愈佺:《信托事业》(上海中华书局 1936 年),史尚宽:《信托法论》(上海商务 1947 年)等。

第一类，对信托业的发展情况作概括性评述。① 这些文章介绍了不同阶段信托业的发展概况和特点，还论及当时信托业存在的问题并分析其原因。其中，最有份量的莫过于朱斯煌所撰《民元以来我国之信托业》一文，他在介绍信托业务和信托公司法草案的情况之后，对1921年至1946年间信托业的概况分阶段作了简要回顾，指出信托业存在的问题及其社会根源，提倡改良社会习惯、改进社会经济基础、颁布信托法规以促进信托业的良性发展。在民国时期所有的相关著述中，此文是论述信托业最全面、最详尽的专题性论文。

第二类是对信托业务做学理性研究的文章。在这方面，《信托季刊》功不可没，这是一份由信托业内人士和专家所办的刊物，仅存活了6年(1936～1941年)，刊登了一些名家撰写的的专题性论文，学术性较强。② 这类文章大多以日本或欧美国家的信托业为参照系数，引进西方信托学说，为当时国内的信托从业人员提供业务指导和参考，以推进本国信托业发展。虽然无法提供有关当时信托业发展的原始材料和信息，但可间接反映出当时信托机构业务经营和内部管理状况，信托业与银行、证券、保险等相关金融行业的关系。

第三类文章是把信托业置于当时社会大环境下加以考察，探索其发展途径和前景。③ 这类文章并非直接介绍信托业发展状况，而是针对当时信托业所面临的问题提出解决方案，以促进其进一步发展壮大。通过这类文章，可从侧面了解信托业的立法状况、信托业与时局的关系、信托业与社会经济的关系，借此可

---

① 较有代表性的有程联：《我国信托事业的发展》(《信托季刊》第1卷第1期)、陈明远：《我国之信托事业》(《东方杂志》第32卷第7号)，潘旭人：《我国信托事业之展望与回顾》(《中国经济评论》第4卷第3期)、[日]松本信次著、夙真译：《中国信托业之研究》、《中国经济评论》第3卷第6期)、朱斯煌：《民元以来我国之信托业》(《银行周报》第31卷第15号)、许性初：《近年来我国之信托事业》(《银行界》第2卷1期)、陈钟声：《我国信托事业之演进》(《金融知识》第3卷6期)、张白衣：《二十六年来之中国信托业》(见中国通商银行编：《五十年来之中国经济》，台北文海出版社1971年)等。

② 如程联：《信托业务的演进与我国信托事业的趋势》(《信托季刊》第1卷第2期)、李萌南：《金融机关的信托公司》(《信托季刊》第1卷第2期)、李萌南：《从经济恐慌期间日美运用信托资金实况说到我国运用问题》(《信托季刊》第1卷第4期)、朱斯煌：《各国信托事业之发达并对于我国信托现况之感想》(《信托季刊》第1卷第4期)、朱斯煌：《信托公司在金融界中之地位》(《信托季刊》第3卷第1、2期合刊)、朱斯煌：《信托公司之主业及兼业》(《信托季刊》第4卷第3、4期合刊)、朱斯煌：《信托公司与银行》(《信托季刊》第5卷第1、2期合刊)，等等。

③ 如朱斯煌：《我国信托业之三大问题》(《银行周报》第27卷第27、28期合刊)、周琎：《信托公司在我国的两大使命》(《信托季刊》第1卷第1期)、李钟楚：《我国信托事业今后应采方针》(《信托季刊》第1卷第2期)、胡远钟：《信托业与经济前途之关系》(《信托季刊》第1卷第2期)、朱斯煌：《论我国信托之立法》(《信托季刊》第1卷第3期)、张光地：《建设中国国民经济与信托公司》(《信托季刊》第1卷第4期)、李钟楚：《如何推进我国之信托业》(《信托季刊》第2卷第3期)、朱斯煌：《社会对于我国信托业应有之认识》(《信托季刊》第2卷第3期)、朱斯煌：《信托业在非常时期的责任》(《信托季刊》第2卷第4期)等。

对信托业在当时社会经济中的地位和作用有一定认识。

总体而言，民国时期对上海信托业的研究，大致有以下几个特点：(一)大多数著述的研究对象以“中国信托业”冠名，实际上集中于上海信托业。由于大部分的信托机构集中在上海并以上海为业务中心，所以上述论著从不同的角度对各时段的中国信托业加以论述，实际上都以介绍上海信托业为主。(二)上述论著对了解当时上海信托业发展的粗略情况有一定帮助，但因篇幅有限和论述过于零散，无法从宏观上展现信托业整体发展的详细情况及其特点。(三)没有对一些有代表性的信托机构做深入的个案研究，无法提供鲜活的个案分析。除了《银行周报》、《信托季刊》等报刊不定期地刊登中一、东南、通易、国安等较有实力的信托公司年度营业报告以及上海信托业的调查报告外，①对于信托公司资本构成、人事组织、内部管理、经营模式、业务操作等方面均无涉及。

1949 年以后，学术界对信托业的研究与民国时期相比反而倒退。20 世纪 50 年代至 80 年代，基本上无人涉猎这一课题。20 世纪 80 年代以来，对中国近代金融史的研究越来越受到国内外学者的重视，但主要侧重于对银行、钱庄等信贷机构的研究，对信托业的研究委实不多。相关专著至今尚未问世，只有一些关于信托投资学的教材或金融学专著在介绍中国信托业发展概况时稍稍提及，谈不上专题研究。② 涉及上海信托业的已刊论文亦屈指可数，较有代表性的有盛慕杰：《旧中国金融业的信托业务》(《上海金融研究》1980 年第 2 期)、戴新华：《试论民国时期信托业》(《华北电力大学学报》1996 年第 3 期)、刘鼎铭：《中央信托局概略》(《民国档案》1999 年第 2 期)、汪宏忠：《诚孚信托公司资本经营的特点分析》(《上海经济研究》2000 年第 10 期)等。③ 与民国时期研究成果相比，这些论文在学术上突破不大，着重还是对信托业作概述性的介绍，所参考的文献大多是民国时期学者的研究成果。其中，值得一提的是刘鼎铭和汪宏忠的文章，这两篇论文在史料发掘上有所创新，刘鼎铭参考了中国第二历史档案馆藏中央信托局全宗档案，汪宏忠参考了上海市档案馆馆藏档案。尤其是汪宏忠一文，选题视角较新，从分析个案入手，展现诚孚信托公司的资本经营情况，运用了较多的

① 仅限于提供公司设立年份、资本额、负责人、地址等最简单的基本信息。

② 如荣乐乐：《金融信托学》(陕西人民出版社 1989 年版)，魏曾勋等人：《信托投资总论》(西南财经大学出版社 1993 年版)，陈湛匀、马照富：《金融信托咨询实务》(立信会计出版社 1994 年版)，赵奎、朱崇利：《金融信托理论与实务》，(经济科学出版社 2003 年版)等。

③ 在提及 1921 年“信交风潮”的一些金融史论著中，有部分内容与信托业有关：如洪葭管：《中国金融史》(西南财经大学出版社 1993 年版)、肖勤福：《上海金融界“民十风潮”述略》(《近代史研究》1986 年第 2 期)、陈争平：《“信交风潮——一个特大的经济“泡沫”》(《光明日报》1993 年 9 月 13 日)、杜恂诚：《中国近代的三次金融风潮及其启示》(《安徽史学》1998 年第 2 期)

经济学研究方法,论述有一定深度,现实感很强。

迄今为止,最有份量的已刊相关成果为洪葭管主编的《上海金融志》(上海社科院出版社 2003 年版)中有关上海信托业部分的论述,但由于篇幅不大,论述仍不够详实。

上述研究成果对民国时期上海信托业的粗略概况虽有交代,但因篇幅和论述视角的限制,显得过于零散、简单。对基本史实的交代非常模糊,既不能理清上海信托业的基本要素,如信托机构的名称、数量、规模、设立时间、经营内容、人事组织等等,更无法充分展现上海信托业发展的详细全貌和基本特点。与银行、钱庄等其他金融行业相比,国内外学术界对上海信托业的研究极其不足,缺乏应有的重视,比较滞后。

在已有的学术成果基础上,对民国时期上海信托业的研究还存在着非常大的空间,主要包括以下几个方面:(一)发掘新资料的工作有待进行。现存的与上海信托业相关的未刊档案资料十分丰富,仅上海市档案馆有三千余卷,南京中国第二历史档案馆也藏有不少相关档案。已经刊行部分仅是冰山一角,数量十分有限,并且涉及信托部分的内容非常零散,极不完整。① (二)有必要对民国时期上海信托业的整体发展脉络进行详细的梳理,把握基本史实。在此基础上,展开系统、全面的论证,总结其发展特点。(三)对信托机构的个案研究应该更加深入、具体。目前虽有几篇专题论文涉及中央信托局和诚孚信托公司,但不论在史料运用还是研究对象方面,涵盖面十分有限,所提供的信息不够具体、全面。以中央信托局为例,作为当时最大的信托机构,仅中国第二历史档案馆和上海市档案馆所藏的相关档案就达 1 万余卷,内容十分丰富,目前涉及中央信托局的专题论文不到五篇,其学术研究的空间还非常大。其他如中一信托公司、通易信托公司、上海兴业信托社、交通银行信托部等当时较有影响的信托机构至今还无人问津。另外,关于信托机构内部的资本构成、人事组织、管理方式、业务经营、客户

---

① 建国以后涉及民国时期上海信托业的已刊资料集主要有:中国第二历史档案馆编:《中华民国档案资料汇编》(江苏古籍出版社)、中国银行总行、中国第二历史档案馆合编:《中国银行行史资料汇编》上编(1912～1949)三册(档案出版社 1991 年版)、中国人民银行金融研究所编:《中国农民银行》(中国财政经济出版社 1980 年版)、中国人民银行上海市分行金融研究所编:《上海商业储蓄银行史料》(上海人民出版社 1990 年版)、中国第二历史档案馆合编:《交通银行史料》第一卷(1907～1949)(中国金融出版社 1995 年版)、中国人民银行上海市分行金融研究室编:《金城银行史料》(上海人民出版社 1983 年版)、中国人民银行上海市分行编:《上海钱庄史料》(上海人民出版社 1960 年版)、财政部财政科学研究所、中国第二历史档案馆编:《国民政府财政金融税收档案史料(1927～1937)》(中国财政经济出版社 1997 年)、金融史编委会编:《旧中国交易所股票金融市场资料汇编》(书目文献出版社 1995 年版)等。

群体等基本要素的研究空白点较多，应该引起研究者的足够重视。（四）进一步梳理信托业同业关系、信托业与其他金融行业的关系、信托业与外部社会环境的关系，对信托业发展缓慢的原因作出合理解释。前述一些论著虽对这方面有所涉及，但笔墨不多，只是点到为止，没有进一步展开论证，显得意犹未尽，这既不利于准确把握上海信托业的发展状况，也不利于对其历史地位和作用进行客观评价。

三、本选题的研究对象

（一）研究的时限

选定1921～1949年这一较长的时段作为研究时限，主要考虑到这对客观评述上海信托业的发展概况较为有利。民国时期上海信托业尽管发展了30年时间，其间也曾有过较为发达的时期，但整体发展尚处于不成熟的阶段，就其在上海金融业的地位而言，从来不曾居于主流，整个行业的机构数量、资本和资产规模、业务经营、影响力等方面在上海金融业中始终处于弱小、微不足道的地位，无法与钱庄业、银行业相提并论。如果选取其中的一段时间作为研究时限，对把握民国时期上海信托业发展的基本特点来说存在着一定难度。另外，尽管在1921年之前，上海商业储蓄银行和浙江兴业银行等金融机构已经开始经营少量以保管为主的信托业务，但信托作为一个行业的兴起是在1921年，因此本文选定1921年作为上限，以上海解放时间1949年作为下限。

（二）研究的主体

本选题研究的主体是1921年至1949年期间在上海设立营业场所、开展经营活动、名称中带有“信托”或“Trust”字样的法人机构。主要包括：各种华资创设的“信托公司”、“信托行”、“信托社”、“信托局”，外资创设的名称中带有“Trust”的公司，以及银行等金融机构附设的“信托部”或“储信部”。这些信托机构的资本构成、人事组织、管理方式、业务经营、客户群体等基本要素是本选题主要的研究对象。

由研究主体延伸出来的其他内容，也在本选题研究范围之内。包括：（一）信托机构之间的同业关系：华资与外资信托机构的关系、官办与商办信托机构的关系、信托公司与银行信托部的关系、同业组织的变迁。（二）信托业与其他相关行业的关系：与银行业的关系、与保险业的关系、与地产业的关系、与证券业的关系。(三)与社会大背景的关系：与时局的关系、与立法的关系、与社会观念的关系、与社会经济的关系。(四)上海信托业与上海以外其他地区的关系。

四、本选题拟解决的问题

本选题拟解决的两个问题是：(一)鉴于目前学术界缺乏关于民国时期上海信托业基本史实的有份量的叙事，在发掘相关档案资料的基础上，梳理上海信托业发展进程的详细脉络。(二)把握上海信托业的发展特点，探究影响发展状况的主要因素，尽可能对其历史地位与作用作一客观评价。

第一章　上海信托业的兴起（1921～1926年）

第一节　近代信托制度传入中国

一、信托活动的出现

在中国，近代信托活动的出现早于信托学说的输入。最早出现的专业信托机构是1913年设立的大连取引所信托株式会社。1911年，为控制中国东北地区的黄豆贸易，日本在大连的关东都督府设立大连取引所作为统一的黄豆交易市场。在交易买卖中，"对于附属的买卖契约之保证及清算机关，殊为必要，因此日本人发起大连取引所信托株式会社"。该信托社的事务包括：强制保证、保证买卖契约的履行、办理清算等。成立后短短三年内，获利相当可观，其面值50元的股票市价上升到190元。[①]

此后，东北地区、上海等地又陆续出现了一些小规模的信托机构。表1-1是截止1921年4月全国各地设立的专业信托机构概况。其中以日商投资居多，奉天信托、大连取引所钱钞信托、东省实业、本溪湖信托、上海仓库信托、天津信托兴业、青岛信托7家系日本独资，大连取引所信托、开原取引信托、沈阳信托、东亚证券商品信托、利中公司属于中日合办。滨江农产和货币信托交易所是最早出现的华资信托机构，"历年获利甚丰"，尤其以滨江农产信托交易所，"每年获

① 上引均见徐沧水：《大连取引所信托株式会社之概况》，《银行周报》第3卷第25号，1919年7月15日，第43页。

利之厚,实足骇人听闻”。[①] 普益信托公司属于美资公司。这些信托机构大都主营农产品出口贸易以及与之相关的业务,营业地点主要集中在东北地区,仅有普益和上海仓库两家信托公司设在上海。普益信托公司(Raven Trust Co., Ltd.)由中国营业公司常务董事 F. J. Raven、《大陆日报》编辑 C. H. Homer、礼明律师事务所合伙人 William S. Fleming 等人发起开办,营业场所最初设在江西路,后迁至南京路。上海仓库信托公司(Shanghai Warehousing & Trust Co., Ltd.)日文原称上海仓库信托株式会社,营业处所最初设在江西路,后迁至

表 1-1 截至 1921 年 4 月全国专业信托机构一览

名称	成立年份	资本金(万日元)	所在地	经营种类
大连取引所信托	1913	100	大连	信托
滨江农产信托交易所	1914	羌贴 50 万吊	吉林滨江县	农产信托
滨江货币信托交易所	1914	不详	吉林滨江县	货币信托
普益信托公司	1914	不详	上海	放款、抵押、理财、遗产管理、财产托管、水火保险
奉天信托	1915	20	奉天	不详
开原取引信托	1916	50	开原	信托
沈阳信托	1916	4	奉天	信托
大连取引所钱钞信托	1917	100	大连	不详
东省实业	1918	300	奉天	金融信托
本溪湖信托	1918	20	本溪湖	不详
上海仓库信托公司	1920	300(1944 年)	上海	仓栈、蛋品冷藏库、制冰、蛋品冷冻加土出口、运输、保险代理、报关等
东亚证券商品信托	1920	2 000	不详	买卖证券
天津信托兴业	1920	300(1936 年)	天津	信用、担保贷款
青岛信托	1920	250(1936 年)	青岛	信托、公积金经营
利中股份有限公司	1921,2	100	天津	信托、进出口、投资

注:羌贴是近代沙俄在中国东北、新疆等地发行和流通的纸币的俗称。

资料来源:徐裕孙:《日人在华事业之现状》(下),《银行周报》第 5 卷第 38 号,1921 年 10 月 4 日,第 12～16 页;《外国在华工商企业辞典》,第 672、43 页;《滨江通讯·信托交易所改组之经过》,《申报》1921 年 12 月 1 日,第 10 版;杜恂诚:《日本在旧中国的投资》,上海社会科学院出版社 1986 年版,第 365 页;陈真、姚洛、逄先知合编:《中国近代工业史资料》第二辑,生活·读书·新知三联书店 1958 年版,第 398 页。

① 《滨江通讯·信托交易所改组之经过》,《申报》1921 年 12 月 1 日,第 10 版。

东百老汇路营业。①

近代上海信托活动的出现同样早于信托学说的传入。除了普益和上海仓库两家外资信托机构外，数家华资银行也开始兼营以保管业务为主的信托业务。

1915年上海商业储蓄银行制定的章程草案中，写明要成立信托部，经营以下业务："代各公共机关存放基金事件、代客经理产业、代客清理帐目事件、其他信托应办之事指担保等事。"②但该草案未呈报财政部、农商部立案。1917年该行成立保管部，先后设置140多只木质保管箱和200多只钢质保管箱，除自用外，大部分用来出租给客户保管财物。1920年，总经理陈光甫提议："本行向代顾客保管贵重物品及经理长期存款，皆属信托性质。兹拟推广范围，代理产业收支及注册等事，特设信托部以专责成。"③这一提议很快被付诸实施。1921年经财政部、农商部批文修订的上海商业储蓄银行章程第13条，写明经营范围的第六项即为信托业务，但并未详细指明何种信托业务。④ 同年，保管部改称信托部。鉴于当时"国人对于信托事业，尚无相当认识"，因此仅把总行原有的银行业务中划出一部分，如特别存款、教育和婚嫁储金、复利存款等业务改归信托部办理。保管箱则增加到了1 142具，代客买卖证券、代收房租及证券股息、代出职务上及商业上保证书等业务也开始办理。⑤

1918年，浙江兴业银行开始经办出租保管箱业务，保管箱分为六等，租用费从每月三元到九角不等。⑥ 交通银行办理信托业务，"以民国初年筹设仓库为嚆矢，但尔时仓库之设只谋货物押款之便利，尚未含有信托事业之意义"。⑦ 这一时期银行兼营的信托业务主要侧重于保管财物，但因为银行兼营保管业务"为日尚浅，世人多未明其效益，尚未能发达也"。⑧ 其他各种处置财物的信托业务就更谈不上成型了。

1918年11月，《字林西报》、《银行周报》等报刊相继报道了华商注资加入日美信托公司的消息。据称，日本前大藏省副大臣管原氏和多名日本商人在东京

① 黄光域：《外国在华工商企业辞典》，四川人民出版社1995年版，第672、43页。

② 中国人民银行上海市分行金融研究所：《上海商业储蓄银行史料》，上海人民出版社1990年版，第12～13页。

③《上海商业储蓄银行史料》，第106～107页。

④《上海商业储蓄银行史料》，第17页。

⑤《上海商业储蓄银行史料》，第107页。

⑥ 潘士浩：《银行之保管业务》，《银行周报》第3卷第18号，1919年5月27日，第44页。

⑦ 交通银行总行，中国第二历史档案馆：《交通银行史料》第一卷下册，中国金融出版社1995年版，第1 209页。

⑧ 士浩：《银行之保管业务》，《银行周报》第3卷第18号，1919年5月27日，第44页。

斥资2 000万日元创立日美信托公司，在该公司招股之际，有“中国资本家”愿注资1 000万日元入股，并要求将公司改名为日美华信托公司。更有报刊指出吴鼎昌即是所谓的“中国资本家”的代表人。① 到了12月，消息更加确切，《银行周报》第2卷第49号上，刊登了关于中日美三国合作斥资2 000万创办信托公司、并在上海分设支行的消息，“中日美三国合资创办之信托公司，在上海分设支行，租定公共租界外滩三十号洋房为写字楼。该公司资本二千万，专在中日美三国地方，经营信托事业，中国地方归上海支行管理，现已聘定严君为总理，谭君为协理，不日即可开幕。”对这个即将诞生的公司，舆论寄予很大期望：“目下欧战停止，商业日益发达，中国经济界有此偌大之信托公司，当于营业得所发展矣。”②令人费解的是，此后有关该信托公司的消息就销声匿迹了。

1920年通易公司在报刊登载广告，声称已经获得农商部核准注册，经营以下业务：“办理买卖证券物产，办理金融业，担承信托业，兼收各项存款。”③但并未载明具体经营何种信托业务。

二、信托学说的传入

1917年前后，近代信托学说以及欧美、日本信托公司的信息开始零星传播至中国。尤其是日本的信托业发展极为迅猛，据大藏省调查，自1902年兴业银行首开信托业务以来，截止1921年日本国内的信托公司合计达514家，资本总额为352 224 000日元，实收资本为110 801 000日元。④ 信托业在日本的飞速发展，一水之隔的中国肯定有所关注。

如表1-2所示，《银行周报》从1917年创立至1921年初，陆续发表了一些介绍美国、日本、英国等国信托业发展状况以及信托实务和学理的文章。

表1-2 1921年5月之前《银行周报》刊登的有关信托文章

作者	文章名称	发表刊号	时间
	《美国之信托事业》	第1卷第24～28号	1917年11月6日至12月4日
	《美国信托银行之信用》	第2卷第43号	1918年11月5日

① 《日美信托公司之近讯》,《银行周报》第2卷第44号，1918年11月12日，第24页。
② 《中日美信托公司出现》,《银行周报》第2卷第49号，1918年12月17日，第21页。
③ 《上海通易公司广告》,《银行周报》第4卷第42号，1920年11月9日。
④ 王乐山：《日本信托事业之新趋势》,《银行周报》第8卷第30号，1924年8月5日，第19页。

续 表

作者	文章名称	发表刊号	时间
徐沧水	《信托存款之说明》	第3卷第38号	1919年10月14日
	《有价证券之信托存置法》	第4卷第23号	1920年6月29日
潘士浩	《信托业务之处理方法》	第4卷第35号	1920年9月21日
潘士浩	《信托之意义》	第4卷第37号	1920年10月5日
潘士浩	《信托之种类》	第4卷第49号	1920年12月28日
潘士浩	《说信托之受托机关及信托公司》	第5卷第2号	1921年1月18日
潘士浩	《美国信托公司之沿革及其发达之原因》	第5卷第5号	1921年2月1日
潘士浩	《说英国之信托公司及官营受托所》	第5卷第6号	1921年2月22日
潘士浩	《说信托金之受托及其运用法》	第5卷第9号	1921年3月15日
潘士浩	《日本信托公司之沿革及其现状》	第5卷第11号	1921年3月29日

这些文章的作者对信托事业的前景普遍看好。时任《银行周报》主编徐沧水在《信托存款之说明》一文中，解释了信托存款与普通银行存款的区别，对美国和日本的信托公司依靠吸收信托存款增加资力的方式十分赞赏，认为“在我国存款不发达之际，如利用信托存款之方法，以为人民开资金利殖之途，殊甚善也”。①潘士浩则对各种主要信托业务在中国的开展极有信心：“考各国之信托业务，殆莫不以信托金、担保保证、有价证券之代理卖买、公私财产之管理，清算整理之代理等，为重要事项，吾国银行业现在虽未注意于此等业务，然以经济上及社会上一般情形之趋势言之，则信托业务之于吾国，不久或将发达也。”②他非常推崇美国信托公司兼营银行、保险等业务的制度，赞叹“信托公司之营业范围，既若斯之广，其为金融界之重要金融机关也，乃以庶民的而兼事业的，其关系于金融界之大，便利于社会之切，且有非一般普通银行所能及者也”。提议在中国还没有出现良好的信托机构时，对于信托业务，“各银行宜注意及之，庶几事业的金融及庶民的金融，得以之增加其发展便利之程度。而国民经济，亦得以之兴盛焉”。主张银行经营信托业务时，“当以之另立一部，以专司其事”。③

上述林林总总的报刊信息，在增进国人对信托业认识的同时，也造成了另一个结果：“不特日本国民认信托公司为现代最有益惠之事业，即我国国民，亦已感

① 徐沧水：《信托存款之说明》，《银行周报》第3卷第38号，1919年10月14日，第30页。
② 士浩：《信托业务之处理方法》，《银行周报》第4卷第35号，1920年9月21日，第38页。
③ 上引均见潘士浩：《说信托之受托机关及信托公司》，《银行周报》第5卷第2号，1921年1月18日，第27～28页。

到同等之现象。”①

第二节 上海信托业的兴起

在1921年5月之前,上海已经出现了专业信托机构和信托业务,但这些信托活动是零散和微不足道的,不足以构成一个行业的规模。信托作为上海金融业中一个相对独立的分业,兴起于1921年。

一、信托公司的创立

1921年夏秋之际,上海一地出现了12家华资专业信托公司,表1-3是12家信托公司的基本情况。

表1-3 1921年上海各信托公司开办概况表

信托公司名称	额定资本	实收资本	成立或筹备状况	主要负责人	地 址
中 易	800	200	5月创办,9月1日开幕	董事长:朱葆三 经理:洪承祁	法界外滩12号
上 海	1 000	250	5月创办,9月解散	董事长:王正廷	北京路17号
大中华	1 500	375	6月创办	筹备主任:卢小嘉	四川路40号
中 央	1 200	300	6月创办,10月15日开幕	筹备主任:田祁原 董事长:田时霖	汉口路1号
中 华	1 000	250	6月创办,8月解散	筹备主任:姚慕莲	静安寺路127号
中国商业	500	125	6月创办,11月14日开业	董事长:邱渭卿 经理:孙天孙	福州路2号
通 易	250	62.5	6月创办	董事长:范季美	南京路余兴里
通 商	250	62.5	6月创办,8月21日开创立会	董事长:顾克民	南京路490号
运 驳	100	25	7月创办,8月22日开创立会	发起人:杨小川	英界泗泾路6号
华 盛	500	125	7月创办,10月19开创立会	发起人:虞洽卿	爱多亚路47号

① 程联:《世界信托考证》,上海信托股份有限公司1931年版,第133页。

续　表

信托公司名称	额定资本	实收资本	成立或筹备状况	主要负责人	地　址
中　外	400	100	7月创办	筹备主任：陈惠农 董事长：林嵩寿	天主堂街48号
神　州	600	150	7月创办10月24日开幕	董事长：屈文六	四川路35号
合　计	8 100	2 025			

注：资本额单位为“万元”。

资料来源：《杂纂·6月份上海新企业之统计》,《银行周报》第5卷第25号,1921年7月5日,第25～26页;《杂纂·7月份本埠新企业之统计》,《银行周报》第5卷第31号,1921年8月16日,第28～30页;《杂纂·8月份本埠新企业之统计》,《银行周报》第5卷第36号,1921年9月20日,第29～30页;《交易所之暗礁》,《银行周报》第5卷第40号,1921年10月18日,第2页;《杂纂·11月份上海新企业状况一览》,《银行周报》第5卷第50号,1921年12月27日,第30～31页;《太平洋物产证券与运驳信托》,《时事新报》1921年8月23日,第1版;《中易信托公司开幕》,《申报》1921年9月2日,第5版;《神州信托公司开幕志盛》,《商报》1921年10月25日,第3张第3版。

上述12家信托公司的创立时间集中在5、6、7三个月。此外6、7月上海还有数家信托公司和信托银行计划成立：6月18日万印楼等人发起的上海信托商业储蓄银行召开创立会,资本金额50万元。① 6月25日上海著名棉纱商徐庆云等人组织的纱业信托银行召开发起人大会,资本500万元。② 7月李光迪等人向农商部申报注册成立中国信托公司。这3家机构后因各种原因没有创立成功。

在短短三个月内,上海同时出现12家信托公司,资本额合计高达8 100万元,平均每家信托公司接近700万元,按照实收资本额计算,也接近200万元,这种发展规模显然是反常的。当时资本总额在200万元以上的华资公司,并不多见,资本额在500万、1 000万以上的公司,更加少见。以银行业为例,根据《银行周报》的调查,除了一些新设立的银行名称不详外,1922年初在上海开展营业的华资银行共有46家,其中资本总额在1 000万元以上的仅有中国、交通、中国实业、中南、边业5家,500万元以上仅有盐业、金城、新华、劝业、通商等6家。实收资本额在200万元以上的仅有9家银行。③ 信托业的资本规模几乎达到上海华资银行业20余年的发展水平。这种发展态势有悖常理。一个国人几乎完全陌生的新兴金融分业,为何在短短数月之内会吸引巨额资金纷纷眷顾？其背后的原因主要归结为两点。

---

① 《6月份上海新企业之统计》,《银行周报》第5卷第25号,1921年7月5日,第26页。

② 《纱业信托银行宴请报界记》,《申报》1921年6月26日,第10版。

③ 《上海华资银行调查录》,《银行周报》第6卷第6号,1922年2月21日,第18～19页。

首先,1920年下半年开始至1921年初,上海市面一改前几年的紧张,银根变得宽松,拆息日低,银洋库存极其充裕,充斥于市面的过量资金急于寻找有效的投资途径。

1919年,上海一地的银根尤为紧张,银拆和洋厘之高,"远过于往年也"。鉴于前一年的紧张情况,1920年输入上海的金银数额相当可观,"金达海关平三千六七百万两,银约达七千万两。"①但预计中的银根紧急情况并没有出现。1920年,因各国抗日战争胜利后整理,商务停顿,中国出口货物受到很大影响,交易额大大减少,出口净值由1919年的630 809 000海关两,下降为541 631 000海关两。进口净值虽有所上升,②但由于国内时局动荡,战乱灾荒不断,货物不易运销内地,加上1920年2月开始,汇率持续下跌,因此进口业也大受打击。③ 作为全国最主要的进出口贸易口岸,上海所受影响尤其严重。从1920年夏天开始,上海一地"货物屯积,销路呆滞,除纱厂面粉厂等,营业尚佳外,其余之工商,十之九皆大减色,而尤以疋头业、五金业、航运业、进出口业者,受亏为最巨。商家之倒闭亏折者,时有所闻,诚商场中罕有之厄运也"。④ 市场陷入如此险恶的境地,沪上的银行钱庄变得非常谨慎,不敢贸然放款。上海市面的银洋库存数额越积越多,到1921年2月中旬库存的银两多达4 600余万两(2月19日),银元库存也常在3 700万至3 800万元左右。数额之多,"数年以来所未有也"。⑤ 这么多的资金需要寻找合适的用途,购置产业是消化资金的方式之一,"然资本尚多,非地产所能尽"。⑥ 在银根变得异常宽裕之后,银拆就日趋低落,1921年春天,"银拆常在二三分或四五分,惟储存现银,利息不无吃亏。"⑦上海聚集的大量资金必

---

① 上引均见进之:《论说.四年内上海金融之变迁》(续),《钱业月报》第1卷第4期,1921年4月,第29页。

② 1919年进口净值为646 998 000海关两,1920年上升到762 250 000海关两。资料来源:郑友揆:《中国的对外贸易和工业发展》,上海社会科学院出版社1984年版,第336页。

③ 1920年的最高汇率出现在2月9日到11日,达到9先令3便士,最低汇率跌到12月11日的3先令11便士,上下相差达5先令4便士。由于1914年以来汇率一直处于稳步上升趋势,大大刺激了进口贸易,国内积压了大量进口货物,加上一些进口商前一年定货但未先结汇率,所以汇率暴跌后,进口业受损巨大,"以至货到不能出,因而倒闭逃匿者甚众"。资料来源:①张贻志:《论说.去年市场不振之溯因及此后趋势之推测》,《钱业月报》第1卷第2号,1921年2月,第2页。②徐雪筠等译编:《上海近代社会经济发展概况(1882～1931)——〈海关十年报告〉译编》,上海社会科学出版社1985年版,第187～188页。

④ 张贻志:《论说.去年市场不振之溯因及此后趋势之推测》,《钱业月报》第1卷第2号,1921年2月,第1页。

⑤ 进之:《论说.四年内上海金融之变迁》(续),《钱业月报》第1卷第4期,1921年4月,第29页。

⑥《西报论信托公司与交易所》,《钱业月报》第1卷第7号,1921年7月,第40页。

⑦《各交易所股票涨价之原因》,《申报》,1921年5月9日,第10版。

定要寻找有效的流动渠道。

其次,在1920～1921年间,上海交易所林立,获利丰厚,受巨额利润的刺激,游资迅速注入交易所以及与交易所有密切联系的信托公司。

20世纪20年代前后,国内经济的发展水平,已经有必要建立专门的长期资本市场来解决一系列问题。1920年7月1日,虞洽卿等人酝酿已久的上海证券物品交易所正式开业,资本500万元,先收四分之一。由于确实存在着一定的社会需求,开业仅半年,就以实收股款125万元,获得纯利50余万元,[①]年收益率超过80%。1921年春天,华商证券交易所、面粉交易所、杂粮油饼交易所、华商棉业交易所相继成立,开业后"莫不获利倍蓰"。[②] 社会上视交易所为致富捷径,充斥于市的剩余资金闻风而至,五花八门的交易所纷纷设立。在1921年春天拆息在三四分之际,"交易所设立如林,吸集资本为数甚巨,中外银行之存款,率多移出投资于交易所。"[③]到了夏季,由于对"橡皮风潮"记忆犹新,银钱界已经嗅出了交易所的投机成分,上海的华商银行对于以交易所股票抵押放款,已经有不收受的表示,钱业中稳健者也开始持同样态度。银钱界态度的转变,使交易所资金来源成为问题。但此时超常的利润已经令投机者欲罢不能,为了获得新的资金来源,他们开始创办信托公司,募集社会游资,然后以交易所股票向信托公司抵借资金。因此,大多数信托公司的成立,是因为"做交易所不成,弄交易所股票不到手,降格以求,就来办信托公司"。[④]

二、投资人情况

当时的信托公司,"风起云涌,踊跃投资,百万五百万或千万,瞬息创成"。表面看来,这些投资者"似于中国之新经济前途颇抱乐观",[⑤]但考察信托公司发起人投资行为背后的动机,主要有两种情况。

第一种,绝大部分信托公司的发起人,"亦类多非信托专门学识之流,谬膺斯业,其志不在信托,而在投机"。[⑥] 这类公司发起人基本上以非金融界人士居多,

① 《上海钱庄史料》,第118页。

② 冯子明:《民元来上海之交易所》,《民国经济史》(《银行周报》30周年纪念刊)1947年版,第148页。

③ 中国银行总行、中国第二历史档案馆合编:《中国银行行史资料汇编》上编(1912～1949)第三册,档案出版社1991年版,第1890页。

④ 俞寰澄:《民元来我国之证券交易》,《民国经济史》,第142页。

⑤ 《世界信托考证》,第133页。

⑥ 《世界信托考证》,第133页。

其中不乏虞洽卿、朱葆三这样的工商界巨子，也有王正廷等政界名流，如表 1-4 所示，他们在发起信托公司的同时，又是一家甚至数家交易所的主要负责人或股东。这类信托公司成立的真正目的是与交易所"彼此互相串通，积极作弊"，从事股票投机。[①] 通常的做法是：交易所以股票为抵押，向信托公司获取资金，信托公司则将本公司股票在交易所中买卖。

表 1-4　部分信托公司负责人与交易所的关系

姓名	在信托公司中的职务	与交易所的关系
虞洽卿	华盛信托公司发起人	上海证券物品交易所理事长
洪承祁	中易信托公司经理	上海证券物品交易所理事
朱葆三	中易信托公司董事长	上海证券物品交易所股东
卢小嘉	大中华信托公司筹备主任	上洋物券日夜交易所筹备主任
杨小川	上海运驳信托公司发起人	申市货币交易所理事长 中欧信载布匹机纱日夜物券交易所筹备主任 上海中外股票交易所筹备主任 中国糖业交易所筹备主任
王正廷	上海信托公司董事长	上海丝茧交易所筹备主任
范季美	通易信托公司董事长	华商证券交易所理事长
屈文六	神州信托公司董事长	太平洋物产证券交易所发起人
姚慕莲	中华信托公司筹备主任	万国物券交易所负责人
林蒿寿	中外信托公司董事长	中外证券物品交易所董事长

资料来源：《上海信交事业最近一览表》，《银行周报》第 5 卷第 40 号，1921 年 10 月 18 日，第 23～25 页；《杂纂 · 八月份上海新企业之统计》，《银行周报》第 5 卷第 36 号，1921 年 9 月 20 日，第 26～29 页；上海市档案馆编：《旧上海的证券交易所》，上海古籍出版社 1992 年版，第 26 页；任建树、张铨、罗苏文编：《现代上海大事记》，上海辞书出版社 1996 年版，第 105 页。

第二种信托公司的设立动机在于抵制其他信托公司套取资金，发起人基本上以银钱界人士为主。中央和通易信托公司属于此类情况。虽然通易信托公司的董事长范季美是华商证券交易所的理事长，但其发起人中还有张嘉璈、徐寄庼等银行界名流。[②] 中央信托公司的发起人以绍兴籍钱庄业人士为主，"当时各业各帮均纷纷组织交易所或信托公司，而绍帮独寂然无闻，因此由绍兴同乡发起组织中央信托公司"。[③] 如表 1-5 所示，48 名发起人中有 15 人为各钱庄经理或

① 《世界信托考证》，第 134 页。

② 《联合征信所关于通易信托公司的调查报告》，1947 年 7 月 22 日，上海市档案馆藏联合征信所档案，档号：Q78-2-14142。以下行文中"上海市档案馆藏"均简称"上档"。

③ 《上海钱庄史料》，第 122～123 页。

副理。①

表 1-5　中央信托公司部分发起人与钱业的关系

姓名	在钱庄的任职	姓名	在钱庄的任职
何长庚	永余钱庄经理	王鞠如	安裕钱庄经理
胡莼芗	信孚钱庄经理	裴云卿	同丰钱庄副理
陈焕传	衡通钱庄经理	胡熙生	恰大钱庄经理
李济生	永丰钱庄副理	李菊亭	永余钱庄副理
赵文焕	安丰钱庄经理	田子馨	义生钱庄经理
王志衎	兆丰钱庄经理	田祈原	永丰钱庄经理
邵勉臣	信元钱庄经理	陈一斋	永丰钱庄督理,志丰钱庄股东
郭殿甫	渭源钱庄经理		

资料来源:《上海钱庄史料》,第 122～123 页。

按照中央信托公司总经理严成德的说法,“惟当时一般商界保守派并不认为发起信交是一件好事”。中央信托公司就有二位发起人自己不出面,如王鞠如由其子王允中出面,赵文焕改用赵焕章户名。时任中国银行上海分行总经理宋汉章、中国银行上海分行副经理严成德都曾参与发起筹备工作,后因中国银行反对信托事业,不同意他们作为信托公司发起人,所以宋汉章由其子宋美扬出面,严成德则由其兄严仲渔出面。② 可见,银钱界在根本上并不赞同单独设立信托公司,但既然有那么多从事投机之辈以套取资金为目的成立信托公司,为了将银钱业“固有之存款,加意保留,以防其拨充其他信托公司之资本”,③所以有必要设立信托公司。

尽管资本数额庞大,创立时间短促,但是各信托公司的招股情况却异常顺利,往往“早晨发起设立,当日即可收足股款”。④ 最早开始筹备的是中华信托公司,万国红十字会代表王培元博士于 1920 年赴欧美各国调查信托事业,回国后于 1921 年 2 月借跑马厅开始筹备。刊登广告后,“挂号认股者应接不暇”,等到

① 48 名发起人名单:田祈原、田时霖、田庭观、田子馨、田永祥、王晓籁、王颂坚、王志衎、王允中、胡熙生、胡莼芗、谢伯殳、裴云卿、范高平、孙铁卿、孙寀丞、徐霞村、袁近初、陈青峰、陈一斋、陈镜澄、陈茂恒、陈焕传、陈馥苞、陈泰升、张颜山、张纪桢、楼映斋、魏清涛、魏鸿文、周星堂、宋德茂、宋美扬、毛浩甄、杜家坤、吴成和、李济生、李菊亭、赵炳章、赵漱薌、罗坤祥、何庆来、何世葆、邵勉臣、郭殿甫、戚少斋、严仲渔。资料来源:《沪中央信托公司之略史》,《中行月刊》第 5 卷第 2 期,1932 年 8 月,第 67～68 页。

② 上述引文、行文均见:《上海钱庄史料》,第 123 页。

③ 马寅初:《吾国信托公司前途之推测》,《马寅初全集》第一卷,浙江人民出版社 1999 年版,第 497 页。

④ 朱斯煌:《中国信托事业之过去与将来》,《银行周报》第 28 卷第 27、28 期合刊,1944 年 7 月 31 日,第 3 页。

6月1日召开发起会时,“临时认股者,岁超出数倍,旋经公决以股本一千万元为限,当场公认”。[①] 通易信托公司原本定好6月8日至11日四天向公众招募股款,“不料开始之第一日,认股之数超过预定额约五倍”。[②] 中央信托公司根本无需向公众招股,据严成德回忆,第一期股款300万元,当时“股东交款甚为踊跃,仅三日即收齐”。[③]

公众对信托公司的这种狂热态度,不可否认是受交易所股票暴涨、利润惊人的刺激,但更重要的原因在于,购买信托公司股票的普通市民,由于对信托公司经营内容的无知,导致盲从投机的心理作祟:“信托公司之名称初发现于海上时,一般憧憧于市场间者,莫不奔走相告,争定股份,以为交易所之后,复有此种发财机会,若失之交臂,定将遗憾弥深,此为信托公司名辞发现后之盲从时代。”[④]

信托公司发起人正是利用群众的无知和投机心理,“以信交为饵,投其所好”。[⑤] 他们一方面以雄厚的资本和发起人的社会声望,使社会舆论不敢对其妄加评论,树立起公众对信托公司的信任感;另一方面,则以极低的股价吸引普通的民众用手头的余资购买信托公司股票。

当时没有专门的信托法规颁布,成立信托公司只要参照公司条例即可。按照规定,股份有限公司只要缴纳四分之一的股款,公司就可以成立。信托公司的股份全部为分期缴纳,首期缴纳的股款均没有超出资本总额的四分之一。各家信托公司的每股股款一般定为50元,那么股票发行面额就是12.5元,个别的如上海运驳信托公司,每股股款低至20元,股票发行面额仅为5元。[⑥] 股价如此低廉,向社会招募股款时就非常便利。社会中无知识之阶级,虽然不知信托为何物,“然咸以为无尽之金藏,争先恐后,纷纷投资。用于生产之活资,于是移用于投机之事业”。[⑦]

三、经营内容

北洋政府延用晚清的银行则例和注册章程,对储蓄银行、实业银行、商业银

---

① 《中华信托公司之组织》,《申报》1921年6月2日,第10版。
② 《信托公司之比较观》,《时事新报》1921年6月11日,第3版。
③ 《上海钱庄史料》,第123页。
④ 《信托公司与托辣司银行交易所之区别》,《申报》1921年7月10日,第2版。
⑤ 寿进文:《民十信交风潮之回顾》,《证券市场》第3卷第3期,1947年12月15日,第8页。
⑥ 《上海运驳信托股份有限公司筹备处公告第3号》,《时事新报》1921年8月11日,第1版。
⑦ 马寅初:《吾国信托公司前途之推测》,《马寅初全集》第一卷,第497页。

行的经营范围分别有所限制。信托公司属于新鲜事物，政府尚未来得及制订专门法规对其进行约束，只要按照公司条例进行注册即可，经营范围几乎不受任何法律限制。表1-6是当时各信托公司拟定的经营范围。

表1-6　1921年上海部分信托公司拟定的经营范围

公司名称	各信托公司拟定的经营范围
大中华信托公司	"一、金融部(银行业务、证券交易)。二、代理部(经理房产租税，清理诉讼，保护财产)。三、保险部(火险、人险、水险)。四、路矿部(投资经营铁道国道事业，开办煤铁等矿)。五、航业部(国外航业、国内航业)。六、进出口部(输出国产物品，承揽采办国外货物)。七、制造部(土木建筑工程，机械电器制造，制造应用物品)。八、运输部(海运业、陆运业)。九、农垦部(拓植森林、移民开垦)。此项经营范围，非同时举行，待董事会之议决，得先办其一部或数部。"
中央信托公司	"一、各项存款放款。二、现金之信托存放。三、有价证券之信托存款。四、有价证券之买卖及介绍。五、票据之承受及贴现。六、生金银及外国货币之买卖。七、各种信托保管业务。八、财产及事业之管理、代理、清算及检查。九、保证业务。十、信托代(理)业务。十一、不动产及动产之抵押放款。十二、不动产及动产之买卖介绍。十三、公私事业之信托投资及经营。十四、有价证券之随及发售。十五、人寿保险业务。十六、其他各种信托事业。"
中易信托公司	"一、银行部：下设存款、放款、出纳、汇兑、储蓄五股。二、信托部：下设证券、不动产、信托存款、受托、放资五股。"
通易信托公司	"一、企业之援助及投资之介绍。二、公债公司债票、股票及其他有价证券之承募及买卖。三、各项存款及放款。四、公司业务之整理或财产之清算及核查。五、各种财产之保管及经理。"
上海通商信托公司	"(一)存放部。(二)证券部。(三)代理部。(四)堆栈部。(五)运输部。(六)保险部。(七)承揽部。"

资料来源：《信托公司之比较观》，《时事新报》1921年6月11日，第3版；《中央信托股份有限公司章程草案》，1921年6月，上档中一信托公司档案，档号：Q329-1-1；《中易信托公司开幕》，《申报》1921年9月2日，第5版。

在1921年前，国际上以美国的信托公司最具代表性，它们可以兼营银行业务，素有"金融界的百货公司"之称，经营范围相当广泛。上表显示当时大部分信托公司还是以美国信托公司的经营模式为蓝本，采取兼营方式，除了信托业务以外，银行、保险业务等等均有涉及，几乎包揽了农工商各业，有点漫无边际，显得既雄心勃勃又非常盲目。当时舆论界对于这种现象颇有微词："近日号称信托公司者如云而起，其所营范围未免太泛。既囊括银行保险诸大事业，又同时作经纪小营业，甚或买卖古玩，采办礼物。”①

在实际经营中，出现了两种情况：一、以投机为目的信托公司，经营的唯一业务就是与交易所联手从事股票投机。这些手中掌控巨资的信托公司经营者，“对于信托公司之性质与业务，绝鲜研究”，②而且也没有兴趣去研究，因为他们成立信托公司时，“非希望其信托公司之业务繁荣也，非有久远之图谋也，其唯一目的，则在其股票之价格腾贵”。如前所述，创办这类信托公司者，一般背后于信托公司之外又创办交易所，以便于让信托公司的股票上场交易，然后操纵股票价格，借机获利，至于将来公司经营业绩如何，毫不过问。“彼等唯望其公司可以开幕，股票可以上场，可以获利，而彼等之股票，则已早以出售，变成暴富，并与公司断绝关系矣。”③由于追求的是短期投机的暴利，所以大部分信托公司可以公然地置道德、法律、商业习惯于不顾。一个最明显的现象是，按照公司条例，公司必须先成立注册后，才能开始发行股票，实行买卖，但大多数信托公司的做法是，公司尚未注册，股票就已在证券交易所开始买卖，并人为地提高股票价格而使发起人受益。当时舆论就曾质疑，信托公司“皆未成立并未发行股票，而股票飞涨已较认缴之数多至一倍，此实不可思议之事，若以经济商业之常理论之，其营业之成亏，尚在不可知之数，其股票之市价，固无先涨之理也”。④ 更匪夷所思的是，股票尚未发行时，仅凭一张信托公司的股银收据或者认股凭证，就可以在私下里交易转让，从而把价格提高到第一期应缴股银之上，通过哄抬股票价格，参与发起信托公司的人就可以在短期之内暴发成巨富。随着手中股票的卖出，发起人不久就与信托公司脱离了关系，而买到信托公司股票的人也并不保留，伺机再度出卖，所以这类信托公司往往还未开幕，而股东已变更数次。没有相对固定的股东，就不可能有固定的经营方针，此类信托公司“计划既鲜远谋，经营又不稳妥，筹设未竣，即以本公司之股票，投机买卖，从中渔利，实大谬信托公司之本旨”。⑤

至于中央信托公司和通易信托公司的情况，则与上述情形不同。由于公司的发起人和经营者主要为银钱界资深人士，对投机保持着警惕，因此在经营中并不以股票投机为主业。中央信托公司收齐第一期股本300万元后，即于6月26日召开成立大会，选举董事及监察人，名单如表1-7所示。

---

① 《信托公司之勃兴》，《申报》1921年6月3日，第3版。

② 马寅初：《信托公司》，《马寅初全集》第一卷，第489页。

③ 上引均见朱义农：《投机公司防止之一法》，《银行周报》第5卷第30号，1921年8月9日，第1页。

④ 《信托公司之勃兴》，《申报》1921年6月3日，第3版。

⑤ 朱斯煌：《民元来我国之信托业》，《民国经济史》，第63页。

表 1-7 中央信托公司第一届董事监察人名单

职务	姓　名
董事长	田时霖
董事	陈茂恒、范高平、魏清涛、李济生、王晓籁、谢伯殳、田祈原、陈青峰、孙铁卿、杜家坤、胡熙生、李菊亭、王允中、戚少斋
总经理	严成德
检查顾问	宋汉章
监察人	张世桢、田子馨、何鹤鸣、魏鸿文、裴云卿

资料来源：《中央信托公司董事会会议录》，1921年，上档中一信托公司档案，档号：Q329-1-1。

10月15日，中央信托公司开始营业。公司设有信托、银行、储蓄、保险四部。在经营中"取稳健之主义作营业之方针"。[①] 表1-8是中央信托公司1921年度的资产负债情况。

表 1-8 1921年度中央信托公司资产负债分析

负债科目	金额(元)	占%	资产科目	金额(元)	占%
实收股本	3 000 000	74	抵押放款	1 459 977.02	37
定期存款	181 082.16	4	不动产抵押放款	410 958.90	10
往来存款	489 072.85	12	往来存款透支	295 381.90	7
特别往来存款	6 437.95	0	暂记欠款	55 184.80	1
储蓄存款	11 255.17	0	应付期票	14 502.00	0
特别信托存款	26 048.62	1	设立费	7 256.03	0
暂时存款	60 695.47	1	开办费	12 976.74	0
存款票据	24 976.55	1	押租	4 012.59	0
透支银行钱庄	95 387.96	2	营业用器具	13 971.09	0
应收期票	29 049.23	1	有价证券	342 420.00	8
信托金收益	359.26	0	库存期票	29 049.23	1
备抵保险损失	10 000.00	0	存放银行钱庄	1 436 546.16	35
纯益	173 066.46	4	现金	25 195.22	1
合计	4 107 431.68	100	合计	4 107 431.68	100

注：本表中直接以实收资本额计算。原账略负债类中，股本一项以"股本总额12 000 000元"计；资产类中，列有"未收股本9 000 000元"；"合计银元"数额为13 107 431.68元。

资料来源：根据《中央信托公司1921年帐略》中相关数据整理计算，上档中一信托公司档案，档号：Q329-1-32。

从负债项目来看，该公司的营业资金除了实收资本300万元以外，主要来自各项存款，接近80万元，其中接受信托金只有2万余元。资产项目中，各种抵押

① 《中央信托公司历年帐略》，上档中一信托公司档案，档号：Q329-1-32。

放款和往来存款透支均属于放款项目,合计占总资产的54%,现金和存放其他银行钱庄的存款,占36%,投资有价证券仅占8%。

表1-9是中央信托公司的利益收入表,其中利息和兑换属于银行业务收入,合计占总收入的75%。公司从10月15日开业到12月底,实际营业时间仅2个半月,获纯利173 066.46元。

表1-9　1921年度中央信托公司收益项目分析表

收益项目	金额(元)	占%	收益项目	金额(元)	占%
利息	143 229.26	66	有价证券买卖损益	37 530.90	17
兑换	20 312.70	9	水险保费	1 305.56	1
保证费	25.77	0	火险保费	15 015.81	7
保息费	10.30	0	合计银元	217 462.40	100
保管费	32.10	0			

资料来源:根据《中央信托公司1921年帐略》损益表中数据整理计算,上档中一信托公司档案,档号:Q329-1-32。

通易信托公司由通易公司改组而来。通易公司最初是无限公司,主要经营棉花,由黄溯初、范季美主办。1916年改组为两合公司,资本额为10万元,其中无限责任股东为黄溯初、范季美、邓君翔三人。① 除了经营棉花外,通易公司还经营证券业务和从日本进口杂货,1918年因汇水原因,杂货贸易亏损较大,所以从1919年春天起取消这项业务。该公司主要负责人有感于当时在上海的外商对证券业颇为注意,而本国的商人反而不大重视,担心"如不再设法提倡,日后内国公债等行市,必为外商操纵"。② 因此,1919年初决定扩张证券业务,同时追加资本。从通易公司在报刊登载的广告来看,1920年资本额已增加到50万元,实收资本20万元,1921年5月实收资本增加到30万元。

1921年6月,范季美等人就开始筹备将通易股份两合公司改组为通易信托股份有限公司,发起人中还有张嘉璈、黄溯初、陈仪、徐寄庼等人,额定资本250万元,先收四分之一,6月上旬即收足股款,7月10日开创立会,通易信托公司宣告成立,通易两合公司即行清理。董事长兼总经理黄溯初原是研究系政客,"弃其政治活动,现常驻公司,主持一切事务,黄君对于公司之经营,颇有兴味,他方面则与金融界颇为熟悉,以言资望手腕才具等项,堪称得人"。③ 副经理周守良

① 吴馨等修,姚文枬等纂:《上海县志》卷六,《商务下,信托公司》,民国二十五年铅印本。台北成文出版社1975年影印本,第518页。

② 《上海通易两合公司七年营业纪略》,《银行周报》第3卷第9号,1919年3月25日,第31～32页。

③ 《通易信托公司之事业批评》,《银行周报》第7卷第9号,1923年3月13日,第57页。

与钱才甫，都有在银行从业的经验，周守良在 1919 年曾与徐寄顾在温州发起设立瓯海银行，还曾到美国考察过信托业。

迄至完稿之日，笔者尚未发现通易公司 1921 年度营业报表，姑且推断其 1921 年度的营业状况与 1922 年度相差不大。从 1922 年度的决算表来看，①通易信托公司的实收资本额已达到 125 万元，吸收各种存款合计达 40 余万元，接受信托存券与证据金合计不过 3 万余元。资产项目中，放款额为 63 万余元，购置有价证券 47 万余元，以公债为主，尤其以"七长整六与金融等项公债为主体"，另外存放在其他行庄存款连同库存现金等项，共有 46 万余元。②

从理论上说，信托公司与银行最大的区别在于，银行的基本功能即"本业"是通过存储贷放行为，作为信用中介来融通社会资金。信托公司的"本业"是接受、管理和处置财产信托，同时还将信托资金用于长期资金融通。中央和通易两家信托公司的负债项目，除了资本金就是吸收各项存款，接受信托金数额极少。资产项目主要是放款、现金和存放其他行庄，投资有价证券比例较少。利润收入主要来自利息和汇水等银行业务收入。根据上述分析，中央和通易信托公司并没有充分发挥管理财产的功能，主要还是充当信用中介融通社会资金，与其他商业银行差别不大。可以说，这两家信托公司在实际经营中均以商业银行业务为主，信托本业为副。

第三节　"信交风潮"

追溯 1921 年上海一地信托公司的发展历程，5、6、7 月为创立时期，其中以 6 月最为狂热，共有 6 家信托公司创立。8 月开始就无新的信托公司出现，信托公司已呈怠势，已经设立的中华信托公司"因营业无把握"首先宣布解散，③9 月又有上海信托公司解散。④ 11 月，随着交易所股票价格暴跌，信托公司受之影响，卷入"信交风潮"，纷纷停业或改组。到了 1922 年春天，12 家信托公司中硕果仅存者，只有中央和通易两家。绝大多数信托公司从兴起到败亡，不到一年时间，速度之快，出人意料之外。在这个过程中，8 月和 11 月是信托公司命运发生逆

① 《通易信托公司股东会纪闻》，《银行周报》第 7 卷第 8 号，1923 年 3 月 6 日，第 26 页。
② 《通易信托公司之事业批评》，《银行周报》第 7 卷第 9 号，1923 年 3 月 13 日，第 56～57 页。
③ 《八月份上海新企业之统计》，《银行周报》第 5 卷第 36 号，1921 年 9 月 20 日，第 30 页。
④ 根据《上海信交事业一最近览表》(《银行周报》第 5 卷第 40 号，1921 年 10 月 18 日，第 25 页)的统计，到 9 月底就只有 10 家信托公司了，中华和上海信托公司就不复存在了。

转的两个月份。

一、从狂热到平缓

8月是信托公司由狂热趋向平缓的关键阶段。在这个阶段,由于社会各界对信托公司的质疑之声日隆,作为主要监管部门的北洋政府农商部对信托公司的态度发生转变,从而使自5月以来的创立信托公司热得到遏制。

当中易信托公司和上海信托公司在5月最先创立时,尚未引起银钱界的关注。5月中旬交易所狂潮已愈演愈烈,由于对橡皮风潮记忆犹新,上海银钱业对这股投机的倾向尤其敏感,银钱业两公会联合向北京政府农商部、江苏省长致电,对股票市价暴涨极为担忧,认为一旦股票价格暴跌,"祸害之烈,甚于橡皮风潮,扰害市面,金融界必首蒙其厄"。[①] 要求对交易所严加管理,未提及信托公司。

到了6月,中国商业、通易、大中华、中央、中华、上海通商六家信托公司相继创立,另外还有上海信托商业储蓄银行和上海纱业信托银行开创立会。这些信托机构无不资本巨大,发起神速。最早对此表示担心的是专业人士。尽管对信托业在中国的发展前景充满信心,但上海信托业的发展速度之快却大大出乎他们的意料。他们开始担心在没有相应制度规范的情况下,信托公司的发展势头过猛,偏离了正常轨道。1921年6月,马寅初、徐沧水、徐裕孙、朱义农等人以公开演讲或撰写文章的方式,针对信托公司发表了一系列言论。尽管措词不一,角度不同,但他们在以下几个方面的看法比较一致。

首先,都肯定了信托事业的积极意义。6月信托公司设立最多,马寅初在浙江兴业银行与暨南学校商科举行了两场公开演讲,他承认"就一国经济上进步而论,此种事业(指信托业)当为社会所欢迎"。[②] 徐沧水也认为信托公司属于"经济上之重要机关"。[③]

其次,以欧美等国信托业发展的一般规律为参照,普遍认为信托业在中国发展速度过快。马寅初以美国为例,信托公司发展了一百年左右才进入比较发达时期,"其进步缓而稳,非如吾人悬想中之信托公司可以一蹴而就者"。他明确表示:"吾并非反对信托公司之成立,将来吾国实业发达,各种公司林立,信托公司

---

① 《上海钱庄史料》,第117页。

② 《信托公司》,《马寅初全集》第一卷,第483页。

③ 徐沧水:《吾国信托公司之前途》,《银行周报》第5卷第22号,1921年6月14日,第5页。

自有设立之必要。但以今日而论，伟大信托公司之设立，未免太早耳。”[①]徐沧水指出，美国信托公司的出现是由于“助长小商工业而发生。因其积日累月，逐渐盛昌，始臻于今日资力伟大之境”。希望中国的信托公司“在小商工业方面，加之注意，若视为纠集大资本俾便于从事大规模之投机者，则徒假用信托之美名而已”。[②]

第三，质疑信托公司的经营内容，并指明其即将面临的结果。马寅初的措词最为直接、犀利。在6月的演讲中，他一针见血地指责上海的信托公司“只求发财(经济)不顾道德法律政治与夫风俗习惯，其与经济原理相背驰，将来必致失败”。[③] 6月14日出版的《银行周报》，专门刊登了徐沧水、徐裕孙、朱义农等人的文章，从各个角度介绍信托的学理和各国信托业发展的一般规律，目的是使公众对信托公司的经营内容有清醒的认识，避免因盲从而步入投机。但这些文章没有直接指出信托公司已成为投机的工具，只是非常含蓄地向公众提出了对信托公司发展现状的担忧。徐沧水在《从虚业政策向实业政策从投机主义向投资主义》一文中，只是表示：“几个数百千万，尽投于此种事业(指信托业)，是否可惜？是否有利？……其经营者果善于运用乎？其运用时果无危险乎？”[④]在《吾国信托公司之前途》一文中，他也只是指出，“晚近信托公司之成立，大概为一时企业热之冲动，殆鲜有事前之计划事后之办法也。”他认为设立信托公司的难度不在于招股，而在于经营。由于国人对于信托的意义，大都不了解，因此，“真正美国之所谓信托事业，恐非今日之信托公司所可得而实行者也。”他预测了今后信托公司的营业内容无非三种结果：“其一则为变相之银行，偏重于存放事项。其二则为买卖证券，趋于大规模之投机买卖。其三则为变相之房产抵押公司，以为买卖土地房屋之周旋。”[⑤]

第四，要求政府出台相关法律，作为信托公司经营依据。徐沧水指出，“在无法规之下而有许多信托公司之发生，此实极危险之事。关于受托财产之管理运用以有各方面之权利义务，均应订定完善之法规，以为保护及取缔，切不可放任置之也。”希望政府迅速制定适当的法规，“俾为信托公司之依据”，[⑥]朱义农也认

① 《信托公司》,《马寅初全集》第一卷，第483～485页。
② 徐沧水：《吾国信托公司之前途》,《银行周报》第5卷第22号，1921年6月14日，第6页。
③ 《信托公司》,《马寅初全集》第一卷，第489页。
④ 徐沧水：《从虚业政策向实业政策从投机主义向投资主义》,《银行周报》第5卷第22号，1921年6月14日，第3页。
⑤ 上引均见徐沧水：《吾国信托公司之前途》,《银行周报》第5卷第22号，1921年6月14日，第6～7页。
⑥ 徐沧水：《吾国信托公司之前途》,《银行周报》第5卷第22号，1921年6月14日，第7页。

为,只有当法律明确了信托业务的界限,国人对信托业的意义及范围有相当程度了解之后,信托业"庶不致发生若何之弊害也"。①

7月中旬,作为监管部门之一的江苏省实业厅开始关注狂热中的信托公司。江苏省实业厅厅长致电上海县知事,要求对交易所与信托公司一并展开调查:"近查上海地方,纷纷设立交易所及信托公司等,其间已成立奉部核准者固多,风闻尚有未奉核准即先行营业,甚至发行股票,自做行情,亟应从事调查,各该公司组织是否合法,营业系何范围,本应迭奉部令,饬为特别注意,严密侦查,以防流弊"。②

此时,作为全国最高监管机构的农商部尚未注意到信托公司热。7月中旬农商部曾以"上海一隅,近来拟组织各种交易所,赴部请领执照者,纷至沓来"为由,③特意派员赴上海,秘密调查交易所情况,但未提及信托公司。同月李光迪等人为开办中国信托公司呈请立案时,农商部的批示是:"查信托法规,本部现正筹订,该商等拟办中国信托公司呈请立案一节,应俟该项法规颁布后,再行依法呈候核办,合行批示执照。"④稍后,华盛和通易信托公司报批,农商部也以同样理由不予立案。可见在7月农商部还是有颁布信托法规的意向,对设立信托公司并不排斥。

7月,仍然有华盛、中外、上海运驳、神州四家信托公司创立。马寅初再次发表演讲,进一步指出信托公司热将会导致的危险:"不但扰乱金融,亦且引起恐慌。倘不竭力抑制,以弭隐忧于无形,吾恐一旦暴发,势必束手无策。商务实业,同归于尽。为害之烈,将十倍百倍于橡皮风潮也。"⑤

8月,信托公司的投机性已一目了然,专业人士的口气也尖锐许多。朱义农就直接质疑:"我国所设立之交易所与信托公司,为调剂金融而设立之乎,抑为投机目的而设立之乎?"指出上海一埠"既无如许之多之交易可做,又无如许之多之信托之者",十余家信托公司同时上场,"盖亦有最大之投机目的,存乎其间"。他毫不客气地指明信托公司与交易所联手从事股票投机的事实:"创办信托公司者,其背后亦必创办一交易所,以为自己股票上场之余地,以遂其价格操纵之私谋,此所以信托公司成立愈多,交易所亦层出不穷者此也。"⑥

---

① 朱义农:《释信托业之意义》,《银行周报》第5卷第22号,1921年6月14日,第7页。
② 《饬查交易所信托公司之厅令》,《申报》1921年7月18日,第14版。
③ 《部派调查员抵沪》,《申报》1921年7月18日,第14版。
④ 《信托公司呈请立案之部批》,《申报》1921年7月29日,第14版。
⑤ 《吾国信托公司前途之推测》,《马寅初全集》第一卷,第497页。
⑥ 上引均见朱义农:《投机公司防止之一法》,《银行周报》第5卷第30号,1921年8月9日,第1页。

对于这些信托公司的命运，朱义农预测了三种结果：一、“尚可随工商事业之自然进步，以俱相发过。”二、“尽可支持数年，盖数百万之资本，即坐吃山空，亦可敷衍十年八载也。”三、“其并无实力招足股份，或股份已认而不能缴足者，则其结果势必小产。”①

对信托狂潮的疑虑已经不仅仅限于专业人士了。在《论交易所之利弊》一文中，实业家穆藕初对信托公司与交易所联手从事投机的可能性提出过担忧：“日来信托公司如春笋之怒生，结果如何虽难预测，设使以某所之主任将某所之股票抵押于该所主任自设之信托公司内，此亦违背法律之事，虽难保其必有，然不敢保其必无。”②上海总商会也觉察到信交狂潮对工商业的冲击和危害，借助《上海总商会月报》的舆论阵地，陆续刊发马寅初、穆藕初、聂云台、吴倚伧、佘耀枢等人关于信交事业的专题文章，引导工商界对信交事业的功能及弊害有正确的认识。

在一片质疑声中，农商部对信托公司的态度开始发生转变。8月23日左右，北京传出消息，信托公司条例暂缓公布，理由是：“信托公司呈部注册者，日有数起，农商部因举国反对交易所，拟将信托条例，暂缓公布，呈请者概不批示。”③这一消息对处于狂热之中的信托热无疑泼了盆冷水，信托公司的股价，“亦如江河之日下”，个别的甚至跌至额面之下。④ 从8月开始，再无新的信托公司创立。已经设立的公司中，中华信托公司和上海信托公司先后宣告解散。信托公司热得到了一定程度的遏制。

二、“信交风潮”爆发

11月是信托公司与交易所一起卷入“信交风潮”，步入败亡的转折点。农商部与法租界当局纷纷采取措施取缔交易所投机，银钱界也采取一致行动反对交易所，加上上海市面银根紧缩，资金不继，11月，交易所事业由盛转衰，股价暴跌。受之影响，信托公司中除去中央、通易两家，其他的纷纷改组或停业。

由于大多数信托公司在经营中以与交易所联手从事股票投机为唯一业务，“一面既以本公司之股票，作交易所之投机品，一面以交易所之股票，向公司质借款项，又难免交易所之操纵。”所以从设立伊始，就决定了这些信托公司的命运只

① 《信托公司之结果》，《银行周报》第5卷第33号，1921年8月30日，第2页。

② 赵靖主编：《穆藕初文集》，北京大学出版社1995年版，第168页。

③ 《北京快信・信托公司条例暂缓公布》，《时事新报》1921年8月23日，第3版。

④ 徐裕孙：《信交狂潮之反动》，《银行周报》第5卷第50号，1921年12月27日，第1页。

能随交易所的盛衰而随波逐流,“交易所一经失败,信托公司焉有不随之以俱逝”?①

1921年5月以来,对交易所的反对之声一直不绝于耳,农商部早在7月就下令取缔未经审批的交易所,但仍有很多交易所在租界注册来规避法律。② 9月开始,法租界宣称不再颁发交易所执照,并开始着手制订取缔交易所章程。③ 农商部于10月下旬,两次派人到上海,“实地调查各该交易所信托公司,资本是否充实,其中有无外股搀入,亟应详细查明,以资取缔”。④ 不仅监管部门加强力度,上海银钱业的态度也进一步趋向统一,除了收紧资金借贷外,银行公会、钱业公会开始严禁员工从事股票投机。9月5日,上海银行公会通告各银行,一旦发现行员从事投机,“无论有无亏累情事,除由本行照章斥退外,并报告本会,由本会通告在会各银行,弗予收用,以示共弃之意”。⑤ 稍后钱业公会也公开表态:“自阴历十月份起,凡同业各庄,无论经理伙友,皆不准入交易所作投机生涯,并互相查察,以杜后患。如有查出私做情事,经公众开会筹议处分。”⑥交易所事业已成为众矢之的,“投机者流,莫不张皇失措”。⑦ 11月成为交易所事业由盛转衰的转折点,当月上海尚有38家交易所设立,到了12月仅有1家交易所设立。⑧

对于交易所来说,另一个更致命的打击是,自7月开始上海市面的银根日益紧张,9、10、11、12四个月,“银拆之最高价,皆达七钱,洋厘之最高价,亦皆在七钱三分以上,故大体时在紧急之中”,⑨尤其在11月中旬,银根紧张达到了极致。一方面京、津中交两行限制兑现,“沪上商家闻之咸有戒心,即稍有余款,亦皆谨

---

① 朱斯煌:《民元来我国之信托业》,《民国经济史》,第63页。

② 到1921年7月止,只有上海证券物品、中国机制面粉、上海华商证券、上海华商杂粮油饼、上海华商棉业、上海华商纱布六家交易所经农商部正式批准成立,另外还有金业、丝茧等少数几家正在审核。农商部下令取缔非法设立的交易所之后,已经发起创立却未经核准的交易所,并没有解散。由于租界的特殊地位以及当时中国政出多门的政治格局,这些非法成立的交易所,“大概趋向领事馆注册,或依赖洋商牌号,如某交易所,未得农商部批准,正由上海护军使处注册开业云”。资料来源:①《农商部取缔沪上交易所》,《钱业月报》第1卷第7号,1921年7月,第38～39页。②沙影:《交易所及信托公司之注册问题》,《钱业月报》第1卷第8号,1921年8月,第16页。

③《法界不再颁发交易所执照》,《钱业月报》第1卷第9号,1921年9月,第41页。

④《部员覆查信交事业,注重资本外股两项》,《商报》1921年10月28日,第3张第3版。

⑤《银行公会劝阻行员营投机业》,《申报》1921年9月6日,第14版。

⑥《钱业取缔伙友入交易所营业》,《申报》1921年10月1日,第14版。

⑦《交易所之暗礁》,《银行周报》第5卷第40号,1921年10月18日,第2页。

⑧《杂纂·去年十二月份上海企业之状况》,《银行周报》第6卷第4号,1922年1月24日,第20页。

⑨ 徐裕孙:《民国10年上海金融与回顾》,《银行周报》第6卷第2号,1922年1月10日,第10页。

自保存,以备不时之需,银行、钱庄相率不做放款,金融益形紧迫”。[①] 另一方面,年关将近,各行庄纷纷回笼资金,加剧了市面紧张。在这种情况下交易所的资金将面临断流,“向之可以投机股票为借现之运用者,今则告贷无门矣。投机家之资金,既运用不灵,于是黑暗内容,一时尽露,公众亦裹足不前,而投机事业遂一落万丈”。[②] 11月开始,交易所改组、停业、清理时有所闻,很多交易所因资金不继,开始大量抛售股票,“交易所股票,无不日跌,大有一落千丈,岌岌可危之势,经纪人破产者,投机人之自尽者,且日有所闻”,[③]股价暴跌之后,信托公司所持有的交易所抵押股票,就变成废纸。华盛、神州信托公司进行改组,经营他业,[④]其他的基本上以停业告终。1922年2月1日,法领署颁布交易所取缔规则二十一条,立法甚严,各交易所群起恐慌,“其势已成弩末,至信用不敷资本不充者,其命运则正若晓露晨霜耳”。[⑤] 到了3月,140余家交易所仅剩下12家继续营业,而12家信托公司中,硕果仅存者只有中央和通易两家公司。信交狂热终于酿成了“信交风潮”,影响所及,“不仅普通商业受其影响,即国际金融,亦将因而动摇”。[⑥]

第四节　1922～1926年期间的信托业

“信交风潮”给上海市面带来极其恶劣的影响,“商店之倒闭者,职员之拐逃者,以及自缢者投浦者,有一与信交无关者乎?”[⑦]交易所与信托公司给社会留下了从事投机的不良印象,“信交在诸国所有之效果未见,而信交在沪上特具之流毒,则已深中乎人心。……社会上之人人,已显然感受极不良之印象耳。”[⑧]当时国人对信托业只是一知半解,但各信托公司却以这种形象粉墨登场,对于行业整体发展来说极其不利。

---

① 《中华民国史档案资料汇编》第三辑,农商(一),江苏古籍出版社1991年版,第788页。

② 杨荫溥:《上海金融组织概要》,商务印书馆1930年版,第291页。

③ 《论说·金融界之隐忧》,《钱业月报》第1卷第11号,1921年11月,第13页。

④ 11月,神州信托公司的运输部改组为神州运输公司,资本10万元,与该信托公司分离。华盛信托公司改组为华盛贸易公司,资本100万元,董事长虞洽卿。资料来源:《11月份上海新企业状况一览》,《银行周报》1921年第5卷第50号,1921年12月27日,第31页。

⑤ 《杂纂·上海交易所调查录》,《银行周报》第6卷第11号,1922年3月28日,第23页。

⑥ 《金融界之隐忧》,《钱业月报》第1卷第11号,1921年11月,第13页。

⑦ 徐裕孙:《信交狂潮之反动》,《银行周报》第5卷第50号,1921年12月27日,第1页。

⑧ 徐裕孙:《信交狂潮之反动》,《银行周报》第5卷第50号,1921年12月27日,第1页。

幸运的是,专业人士并未因风潮发生对信托业本身予以全盘否定。1922 年 3 月 7 日刊出的《银行周报》第 6 卷第 8 号,以“恐慌预防号”为专题,刊登了一系列反思风潮的文章,主要针对当时社会上流行的投机心理进行剖析和批判,对信托业本身并无任何指责。专业人士认为,大多数信托公司在风潮中失败,“非信托事业之过,患在创办信托公司者,未遑加以考虑也”。① 继续看好信托业的前景,“曩者之所以发生风潮,特当事者之行为悖谬,与信托公司之本质固无关也。以吾国社会经济之幼稚,将来所需于此类机关之处,尚不在少,纵使银行业尽量发达,亦不碍其存在之机能。”②他们仍然致力于推广介绍信托学说,1922 年杨端六、陆松荫等人相继出版信托学专著,③《银行周报》等报刊继续刊登介绍英国、美国、日本信托公司的文章。

一、新设立的信托机构

1922～1926 年,在“信交风潮”之后整整五年时间里,上海一地新增的信托机构只有 1 家:1922 年设立的中孚银行上海分行信托部。与 1921 年信托公司初兴之时的狂热状态形成鲜明对比。这种局面固然与公众对信托公司仍持有抵触心理有关,但很大程度上是由于 1922～1926 年间金融业发展的外部环境相当恶劣,尤其在 1923 年后,时局不稳,兵乱迭见,导致“百业萎顿”。④ 以银行业为例,在经历了 1921～1923 年设立高潮之后,自 1924 年开始,每年新增银行数量寥寥无几。⑤ 银行业尚且如此,信托业的情况更加不容乐观。

上海中孚银行设立信托部,主要是考虑到随着社会经济的发展,个人或团体亲自处理诸如“财产之管理,资金之运用,证券之买卖,债票之募集,及一切债权债务关系”等事务,十分不便,因此有必要设立信托机构,使“一切不能躬自处理之事,举而委之代理,既收事半功倍之效,更无废时旷职之虞”。本着上述宗旨,

---

① 《通易信托公司之事业批评》,《银行周报》第 7 卷第 9 号,1923 年 3 月 13 日,第 56 页。

② 《信托公司与银行之关系》(下),《银行周报》第 9 卷第 40 号,1925 年 10 月 20 日,第 16 页。

③ 杨端六:《信托公司概论》(商务印书馆 1922 年版,1925 年再版);陆松荫:《信托公司要览》(上海文明书局 1922 年版)。

④ 朱斯煌:《民元来我国之银行业》,《民国经济史》,第 31 页。

⑤ 1921 至 1926 年全国每年新设银行数量分别是:

年份	1921	1922	1923	1924	1925	1926
新设银行数量	27	27	25	7	9	7

资料来源:朱斯煌:《民元来我国之银行业》,《民国经济史》,第 30 页。

该信托部主要从事各种代理业务:"代理不动产经租事项,代理有价证券买卖、代办遗嘱执行事务,代理国内外收付债票及股票本息,保管业务等,又有保管箱出租。"[①]其中保管箱出租业务最受重视,该信托部特意新建保管库,装备有大小各异的新式的钢质保管箱,分为甲乙丙丁四种,租费分别为每年18、12、8、5元。[②]

专门添设信托部的银行数量并不多,但是保管箱这项比较新式的信托附属业务已日渐被银行业所重视。"其有益社会,良匪浅鲜。近年以来,吾国银行之兼营是项业务者,渐见增多,世人亦渐瞭然于保管业务之效益。将来之发展,方兴未艾也。"[③]除了上海商业储蓄银行、浙江兴业银行、上海中孚银行以外,1925年11月上海盐业银行添设了保管箱业务。[④]

二、中央信托公司和通易信托公司

作为信交风潮中硕果仅存的两家公司,在1922年至1926年间,中央和通易信托公司的经营状况可以用稳中有升来概括。

(一)中央信托公司

在政局不稳、战乱不断的社会环境下,中央信托公司"素抱稳健宗旨,寓进取于审慎之中,以渐进为主义",[⑤]公司每年均有盈利,营业能力也在不断提升。1922年,资产负债表中显示中央信托公司的资产为13 882 567.91元,其中未收资本额有900万元,所以公司的实际资产只有4 882 567.91元。[⑥] 1923年,"为减轻股东负担起见",[⑦]经股东会决议,改资本额为300万元,分12万股,每股25元,一次收足。在此后的几年中,除了1924年因受战事影响,营业有所收缩外,中央信托公司的营业能力一直保持着稳步上升的趋势。到了1926年,中央信托公司的总资产已增加到7 068 265.27元,与1922年相比,增幅为45%。

至于经营内容,除了原有的存放款、有价证券买卖、吸收信托金、保证、保险

① 《中孚银行信托部业务之内容》,《银行周报》第7卷第31号,1923年8月14日,第33页。
② 子明:《银行办理保管业务之实例》,《银行周报》第7卷第32号,1923年8月21日,第7页。
③ 子明:《银行办理保管业务之实例》,《银行周报》第7卷第32号,1923年8月21日,第8页。
④ 静如:《民国十四年全国银行大事纪》,《银行周报》第10卷第2号,1926年1月12日,第7页。
⑤ 《中央信托公司历年帐略》,上档中一信托公司档案,档号:Q329-1-32。
⑥ 《中央信托公司历年帐略》,上档中一信托公司档案,档号:Q329-1-32。
⑦ 《中一信托股份有限公司沿革》,上档中一信托公司档案,档号:Q329-1-37。

等各项业务稳中有升,新的业务也有所开展。1923年公司购置了北京路地块。1924年修改章程后呈农商部注册颁给执照,并在财政部立案。同年在北京路地块上自建五层楼洋房,1925年11月落成后公司迁入新屋,并扩充营业范围,添设了房产经租处,除一楼作为该公司的营业处所外,所余二三四五各层均进行出租。1925年还添设保管箱业务,并在北苏州路添设仓库。①

1922～1926年间,中央信托公司始终不变的经营特色是:存放款等商业银行业务一直是其最主要的业务。从负债管理的角度来看,一般来说,信托公司的资金来源应该是使用周期较长的资本金、公司债、信托存款等。如当时英国信托公司的营业资金"完全为资本金与公司债所组成。其小额支付之资金,间有以活期透支手续向银行借入者"。② 日本、美国的信托公司营业资金则来自资本金和信托存款。中央信托公司最主要的资金来源是资本金,其次是各项存款,该公司历年吸收存款额占总负债的31～51%。③ 从表1-10可见,其吸收的存款中,以活期存款等短期存款居多,信托存款仅占存款总额的11%。

表1-10 中央信托公司存款分类统计表(1922～1926年)

年份	定期存款(元)	活期存款(元)	储蓄存款(元)	信托存款(元)	暂时存款(元)	存款总额(元)
1922	66 685.87	1 344 303.74	43 854.12	122 666.62	5 998.78	1 583 509.13
1923	255 478.03	904 418.21	163 738.24	256 062.40	36 177.59	1 615 874.47
1924	120 143.24	798 447.55	305 155.54	256 959.30	47 535.88	1 528 241.51
1925	216 192.44	1 530 680.90	454 583.29	313 075.97	72 186.06	2 586 718.66
1926	448 107.10	2 075 625.01	636 919.93	294 199.49	115 104.72	3 569 965.25
合计	1 106 606.68	6 653 475.41	1 604 251.12	1 242 963.78	277 003.03	10 884 309.02
占%	10	61	15	11	3	100

注:1922年总资产额已减去未收股本900万元。

资料来源:根据《中央信托公司历年帐略》资产负债表中相关数据整理计算,上档中一信托公司档案,档号:Q329-1-32。

从资产管理的角度来看,信托公司应该把营业资金用于长期贷款和投资,用

① 《中一信托股份有限公司沿革》,上档中一信托公司档案,档号:Q329-1-37;《沪中央信托公司之略史》,《中行月刊》第5卷第2期,1932年8月,第67～70页;钱承绪:《中国金融之组织——战前与战后》,中国经济研究会1941年版,第67页。

② 仲廉:《英国投资信托公司之近况》(下),《银行周报》第10卷第49号,1926年12月21日,第20页。

③ 根据《中央信托公司历年帐略》资产负债表中数据计算,上档中一信托公司档案,档号:Q329-1-32。

来支持电力、铁路、矿山等行业的发展，另外也有投资国债、公司证券等。如1925年英国政府公布新的《受托人法》，就特别规定信托公司的资金应用来购入英国政府证券、印度政府证券、英国地方债、四大铁路公司股票等。[①] 表1-11是中央信托公司历年资产项目统计数据。

表1-11　中央信托公司资产类项目分析表(1922～1926年)

年份	资产总额(元)	现金 %	存放行庄 %	放款 %	有价证券 %	营业费用 %	其他资产 %
1922	4 882 567.91	0	11	68	15	0	6
1923	5 041 631.56	1	10	68	12	5	4
1924	4 978 565.97	1	14	58	15	7	5
1925	6 015 349.67	0	9	65	13	9	4
1926	7 068 265.27	4	12	64	12	8	4
平均	5 597 276.08	1.2	11.2	64.6	13.4	5.8	4.6

注：①"放款"包括：定期、活期、定期抵押、活期抵押4类放款。②"营业费用"包括：开办费、营业用器具、营业用房产。③"其他资产"包括：库存期票、押租、暂记欠款、押汇。④1922年总资产额均已减去未收股本900万元。

资料来源：根据《中央信托公司历年帐略》资产负债表中相关数据整理计算，上档中一信托公司档案，档号：Q329-1-32。

1922～1926年间，中央信托公司营业资金的58%～68%用于放款，平均每年64.6%，由于公司吸收的存款以短期为主，因此可以推断其放款必然也以短期性质居多。公司用于投资证券的资金仅仅保持在12%～15%。这样的资金运用方式，与普通的商业银行相差无几，如上海商业储蓄银行，同期用于放款的资金在35.99%～48.57%，用于投资证券的资金为3.67%～11.44%。[②]

中央信托公司的历年利息收入占总收益的比例极高，在63%～75%。同期上海商业储蓄银行的利息收入占其总收入的比重也不过是63.97%、50.26%、51.17%、51.42%、62.15%。[③] 兑换收益也属于银行业务收入，如表1-12所示，中央信托公司历年利息和兑换两项收益占总收益的比例在66%～78%。

① 仲廉：《英国投资信托公司之近况》(下)，《银行周报》第10卷第49号，1926年12月21日，第21页。

② 《上海商业储蓄银行史料》，第258～259页。

③ 《上海商业储蓄银行史料》，第280页。

表 1-12 中央信托公司历年收益分析表(1922～1926年)

年份	总收益(元)	利息、兑换%	有价证券买卖损益%	保险费%	手续费%	房产收益%	其他%
1922	426 775.36	78	10	12	0	—	0
1923	509 651.15	77	10	12	0	—	1
1924	519 155.42	66	21	12	0	—	1
1925	406 977.80	69	6	24	0	1	0
1926	480 998.61	72	2	17	1	8	0
平均	468 711.668	72.4	9.8	15.4	0.2	4.5	0.4

注:“手续费”包括“手续费”(1926年)、“堆栈损益”(1926年)、“保管费”(1922～1926年)。“其他”包括“上年滚存”(1922～1926年)、“杂损益”(1923年、1925年、1926年)。

资料来源:根据《中央信托公司历年帐略》中损益表中相关数据整理计算,上档中一信托公司档案,档号:Q329-1-32。

(二)通易信托公司

与中央信托公司低调、稳健的经营风格相比,通易公司更加开放、大胆。表1-13是1925年度通易信托公司的董事监察人名单。

表 1-13 1925年通易信托公司董事监察人名单

职务	姓　名
董事长	黄溯初
董事	董芸生、徐寄庼、黄溯初、邓君翔、刘放园、籍亮侪、刘壬三
候补董事	张公权、周孝怀
总经理	黄溯初
副经理	周守良、钱才甫
监察人	蒋抑卮、郭虞裳、朱子辉
候补监察人	徐沧水

资料来源:《通易信托公司第四届股东常会与决算报告》,《银行周报》第9卷第5号,1925年2月17日,第1页。

在这些成员中,徐寄庼、张公权、周守良、徐沧水、郭虞裳等人均有在国外学习的经历,这在一定程度上影响了公司的经营理念。譬如1923年9月,该公司有感于美国的信托公司大都聘请法学家或律师,“承办法律上之审查咨询各项事件,以应顾客及公众之需要”,认识到中国信托事业的发展前途,“决非囿于类似金融事业及证券经纪之行为,而即可满足。其有待于发挥信托之本质者,亦至重要,但在在与法律有关”,因此特意聘请李祖虞律师,代顾客办理诉讼以外的法律事项。如审查法律事件、撰拟法律文件、处理法律事务、管理各项财产、经理收付款项等事项。①

此外,通易信托公司还非常重视借助广告宣传手段来拓展业务。在这一点上,其影响力远远超出中央信托公司。《银行周报》、《申报》等报刊,几乎每期都能看到该公司的广告。当开展新业务时,公司都会在相应报刊刊登广告。公司还印刷了业务宣传资料,以供顾客免费取索。

在拓展业务的地域覆盖方面,通易公司同样不遗余力。1923年公司银行部"为流通各地金融活动,各界资金起见,特与国内殷实行号订立汇兑合同代理",在北京、江苏、浙江、福建、江西、湖北、河南、山东、直隶、陕西、四川、云南、贵州、广东、东三省十几个省份的几十个城市设有通汇地点。② 1924年4月通易信托公司从总公司拨款10万元,在北京设立分公司。③ 1926年4月将浙江丝绸银行归并。④

在1922～1926期间,通易信托公司的实收资本额由125万元增加到1 719 125元,增幅不大。但其营业能力却提升极快。根据1922年度资产负债表中显示的数据,通易公司的总资产额为3 082 364.24元,减去未收股款125万元,实际总资产为1 832 384.24元,⑤1926年实际总资产达到7 178 243.39元。⑥ 五年间增加了3.9倍。

就经营内容而言,公司初设立时内部组织就分为银行与信托两部。1922年7月增办储蓄部,另拨资本,会计独立。1923年2月经股东会决议,在章程第五条的营业范围中增加了房地产买卖介绍或经管、其他信托业务二项。1924年分别获得农商部、财政部批准注册。1922年1月通易信托公司从余兴里的租借处搬至北京路营业,1925年在北京路原址东首购置地块,自建新屋,并就苏州河沿岸,建造堆栈及码头。⑦

从1926年12月《银行周报》登载的广告来看,通易公司信托部宣称主要经营以下业务:"(一)代理买卖有价证券;(二)办理信托存券;(三)垫款代购有价证券;(四)办理代客保管;(五)出租保管箱;(六)介绍房地产买卖;(七)代办企业之

---

① 上引均见:《通易信托特聘李祖虞律师办理法律事件》,《银行周报》第7卷第36号,1923年9月18日,第23页。

② 《通易信托公司银行部通汇广告》,《银行周报》第7卷第31号,1923年8月14日。

③ 《通易信托公司分设北京》,《银行周报》第8卷第12号,1924年4月1日,第34页。

④ 《通易信托公司暂行停业》,《银行周报》第20卷第24期,1936年6月23日,第11页。

⑤ 《通易信托公司股东会纪闻》,《银行周报》第7卷第8号,1923年3月6日,第26页。

⑥ 《通易信托公司1926年度营业报告》,1927年,上档通易信托公司档案,档号:Q331-1-2。

⑦ 《通易信托公司暂行停业》,《银行周报》第20卷第24期,1936年6月23日,第10～11页。

调查或设计;(八)代办股份之过户或注册;(九)承办公司股份之募集。"①就实质而言,上述业务均属于代理业务,并非真正意义上的信托业务。此外,银行部吸收信托存款的业务应该也算是信托业务。在通易信托公司的各年资产负债表中,这几种业务基本上能得到体现,其中以代理买卖有价证券、信托存券业务发展相对比较顺利。

尽管通易信托公司花了相当大的力气开拓信托业务,但从实际经营效果来看,银行业务仍然是其主营业务。下面以1925年为例进行分析。② 表1-14中,利息、汇水可以算成银行业务收入,手续费姑且当作信托业务收入。1925年度,通易信托公司的银行业务收入远高于信托业务收入。

表1-14 通易信托公司1925年度收益项目分析表

收益项目	金额(元)	%	收益项目	金额(元)	%
利息	156 121.10	43	证券损益	116 122.38	32
汇水	9 734.77	3	手续费	70 340.95	20
货币损益	6 911.53	2	共计	359 230.73	100

数据来源:《通易信托公司1925年度营业报告》,上档通易信托公司档案,档号:Q331-1-2。

表1-15是1925年度通易信托公司的资产负债表。按实收资本额132 825.00元计算,1925年度通易信托公司的总负债为5 058 482.12元。其中占比例最大的三项是:各种存款占32%、资本金占26%、本埠银行往来占12%,信托存券仅占1%。总资产为5 058 701.29元,占份额最大的三项是:各种放款占40%、有价证券占27%、领用银行兑换券准备金占7%。

表1-15 通易信托公司1925年度资产负债表

负债类	金额(元)	资产类	金额(元)
资本总额	2 500 000.00	未缴资本	1 176 175.00
公积金	58 430.70	各种定期抵押放款	1 231 093.47
各种定期存款	433 675.27	各种活期抵押放款	806 991.09
各种活期存款	976 797.67	领用银行兑换券准备金	350 000.00
各种储蓄存款	214 951.67	外埠银行往来	142 056.07

① 《通易信托公司广告》,《银行周报》第10卷第49号,1926年12月21日。

② 现存这一时期通易公司的账册仅有1922、1925、1926三年,1922、1926年度仅有资产负债表,没有损益表,只有1925年度的资产负债表与损益表是齐全的。根据三年资产负债表中所列各项相加,每年总资产与总负债总是存在偏差,而且数值与表中的总额也有出入。如1925年通易信托公司资产和负债总额是6 384 876.29元,实际计算资产和负债总额分别为6 234 657.12元和6 234 876.29元。

续　表

负债类	金额(元)	资产类	金额(元)
领用银行兑换券	350 000.00	库储信托存券	44 075.05
信托存券	44 075.05	有价证券	1 388 904.28
本票	13 227.44	器具费	1 500.00
保付支票	3 255.94	房地产	319 203.00
汇款	14 783.53	押租	1 111.11
代收期款	42 625.33	受托生金银期款	332 606.95
本埠银行往来	583 007.37	转托证券期款	72 785.00
应付未付款	29 057.36	受托证券期款	8 324.05
各种代用品	461 767.23	应收未收款	38 528.54
转托生金银期款	325 500.40	各种证据金	264 442.19
本年纯益	183 502.16	期票	25 516.35
		现款	31 564.14
合计	6 384 876.29	合计	6 384 876.29
实际计算合计额	6 234 657.12	实际计算合计额	6 234 876.29

资料来源:《通易信托公司1925年度营业报告》,上档通易信托公司档案,档号:Q331-1-2。

以上两表说明,通易信托公司经营的业务中,银行业务比重仍然占有上风。但与中央信托公司相比,通易信托公司的信托业务比重更高,这也就意味着中央信托公司的商业银行化倾向更加严重。就实际经营效果来看,表1-16的数据表明通易信托公司的经营效率更高。

表1-16　中央、通易信托公司净资产收益率比较表

	1922年	1925年	1926年
中央信托公司	9.3%	8.0%	9.8%
通易信托公司	9.7%	13.3%	12.5%

注:1. 净资产收益率=纯益金÷(股本+各种公积)
2. 股本以实收资本额计。

资料来源:根据两公司1922、1925、1926年度资产负债表中相关数据计算。上档通易信托公司档案,档号:Q331-1-2。上档中一信托公司档案,档号:Q329-1-32。1922年通易公司报表源自:《通易信托公司股东会纪闻》,《银行周报》第7卷第8号,1923年3月6日,第26页。

小　结

从1921年至1926年,除了美资普益信托公司和日资上海仓库信托公司,上

海华资信托机构普遍不重视真正的信托业务。1921年上海12家信托公司中，绝大多数以与交易所联手从事投机为主业，在“信交风潮”中灰飞烟灭，匆匆收场。中央和通易信托公司在1921年初兴之时采取商业银行化的经营方式，得以幸存。风潮过后数年间，虽然在营业能力、发展规模方面进步不小，却仍然无法扭转信托主业与他种兼业本末倒置的经营状况。上海商业储蓄银行信托部和上海中孚银行信托部主要经营保管箱业务，其次则是各种代理业务，与真正意义上的信托业务还有相当距离。鉴于华资信托机构在上海信托业中的主导地位，简而言之，不以信托业务为主业，已成为1921～1926年间上海信托业的基本特点。

导致这种尴尬局面最根本的原因，在于上海信托业的兴起缺乏必要的社会经济基础，其发展途径违背了信托业发展的客观规律，金融信托市场供大于求所致。作为商品经济高度发达的产物，专业信托机构大都在社会信用制度完善，工商业极度发达，社会财富急剧增加，有价证券大量涌现，个人和团体委托理财要求越来越强烈的情况下，才会大规模出现。以当时信托业最发达的美国为例，信托业的发达并非一蹴而就，而是经历了相当长的发展阶段。1818年2月24日，麻州行政当局颁给Massachusetts Hospital Life Insurance Company营业执照，允许经营信托业务。这是美国第一家依法经营信托业务的机构。1830年3月9日，纽约立法机构给New York Life Insurance and Trust Company颁发执照，这是第一家在公司名称上标明“信托”的公司。① 此后相当长时间内，由于工商业均不发达，信托公司并不多见。南北战争之后，“内乱既定，建设大兴，公私财产累积日多，加以公司组织，渐见发达，公司理财，益觉重要，不可不有专门人才，主任其事，精益求精，于是信托事务之需要日殷”，②从1875年开始，才有大量信托公司成立。到1890年，美国共有63家信托公司。③ 美国的信托业从兴起到出现较多数量的信托公司，历时半个多世纪。

反观1921年的上海，一年之内有十余家公司以近亿元资金投入信托业，只是在一段时间内，社会上“有银过丰，而商务呆滞，钱无用途，生利之方法有限”④的情况下出现的，信托公司成为当时社会游资的一种宣泄渠道，并非商品经济高度发达后的自然产物。可以说，是游资促成了上海信托业的兴起。创办人或者出于投机目的，将信托公司作为追逐暴利的工具，或者为了抵制其他信托公司，

---

① [美]美国银行协会著，蔡辰男译：《美国信托业务》，台北国泰信托投资公司1976年版，第427、429页。

② 朱斯煌：《中美信托事业之研究》，《银行周报》第15卷第38号，1931年10月6日，第7页。

③ 《美国信托业务》(中译本)，第437页。

④ 《新闻摘要.西报论信托公司与交易所》，《钱业月报》第1卷第7号，1921年7月，第40页。

没有一家致力于发展真正意义上的信托事业。

信托公司的兴起既不循正规，又过度膨胀，极不发达的社会经济基础决定了信托需求和信托对象不足，供求关系严重失调，使信托公司很难获得信托财产和资金，无法开展正常的信托业务，不能发挥信托公司最基本的两项功能：财产管理和长期资金融通。为求生存，信托公司在经营上不得不偏离本业，要么从事投机，要么依靠经营银行业务维持生计。

不可否认，20世纪20年代初前后，社会经济的发展对信托存在着一定的需求。首先，经过一战期间的快速发展，中国民族资本由1913年的2 469 410 000元增加到1920年的3 906 770 000元。[①] 作为民族资本最集中的城市，上海一地资本积累的扩大，需要寻求进一步投资的有效渠道，而大多数拥资者缺乏专业的投资知识，有必要设立专业的投资机构为其服务。其次，随着产业经济的不断发展，对资金的需求日益增加，仅靠短期货币市场提供的贷款不利于企业的长远发展，需要专业的投资机构以发行公司债的方式，吸收各种社会剩余资金，解决企业的长期资金需求。第三，生产的发展，流通领域里的大批量商品购销行为将大大增加，也需要建立能够提供大规模商业信用的专门机构进行代理。在1921年之前，华资创办的滨江农产信托交易所获利丰厚，主要是因为滨江一地"出产之豆麦，为数甚巨，悉以此农业信托交易所为成交之中心"，[②]满足了当地的信托需求。稍后，上海商业储蓄银行等华资银行开始兼营保管箱业务，并得到初步发展，也正是基于同样的原因。

但是这种信托需求非常有限。信托公司的业务一般分为信托和代理两种，其中信托业务属于信托公司的本业，代理业务属于兼业。个人或团体(一般是公益组织)资金的受托及其运用、公私财产管理、执行遗嘱、发行公司债信托等几项是信托公司最主要的业务，也是信托公司有别于其他金融机构的特性所在。在当时的上海乃至整个中国社会，大规模开展上述业务的可能性极小。

从个人信托的角度来看，1921～1926年间，战乱不断，时局不稳，全国上下，比较普遍的现状是："兵匪为患，水旱交灾，易子以食者有之，析骸以焚者亦有之，民穷如是，安有余资以从事于投资之用?"[③]拥有富余资金的人口数量极低。即使有一定数量的富人存在，但由于财产管理、信托存款等信托业务的投资周期较长，不能随时取回，战乱之下，时局难料，拥资者缺乏足够的信心将个人资产长时

---

① 许涤新、吴承明主编：《中国资本主义发展史》第二卷，人民出版社1990年版，第1085页。
② 《滨江通讯.信托交易所改组之经过》，《申报》1921年12月1日，第10版。
③ 马寅初：《信托公司》，《马寅初全集》第一卷，第485页。

期地委托给信托机构处置。另外,信托公司性质不同于一般公司,开展信托业务必须建立在委托人对信托公司绝对信任的基础上,然后才将财产委托其代为保管处理。当时的普通民众信托知识极为有限,大多数人尚不知信托为何物,作为一个新兴行业,仅靠中央和通易两家公司无法支撑起客户对整个信托行业的信任。在缺乏信任的前提下,殷商富户即使有多余资产也不会交由信托公司去管理。而中国人的传统习惯,对于个人财产通常保守秘密,不愿交付他人处理,执行遗嘱等事则往往托付亲友,这进一步扼制了信托需求的增长。所以,开展个人信托业务的余地不是很大。

至于公司债信托,这是欧美、日本信托机构最重要的业务之一。根据日本大藏省调查,1921 年末,共有 20 家信托公司开展过担保公司债信托业务,发行公司债券共计 149 458 000 日元。① 而在上海,1921 年 10 月,茅恩炳撰文分析信托公司的经营出路时就已认定,“当此企业未盛,证券初兴,以此业务(公司债信托)为中心,时机尚早。”②当时上海诸多工商企业,募集资金主要还是依赖私下发行股票的方式,面向社会公众发行股票并不多见。同时企业的股票也很少通过证券市场进行流通交易,以发行公司债券方式进行融资更加屈指可数了。如表 1－17所见,截止 1926 年底,上海市面发行的公司债券仅有美亚织绸债券一种,而且不通过中介机构,由美亚织绸厂自己发行。由于社会公众“对于公司债票之性质,尚未十分明了”,市面上即使有公司债券发行,“亦多观望不前,不愿认购”。③ 当时不论是在北京还是在上海,在证券交易市场上唱主角的,基本上是中央政府公债,“所有证券市场之交易,实全以公债为主体”。④ 因此,对于上海的信托机构来说,推广公司债信托这项业务,难度颇大。

表 1－17 上海公司债券发行情况表(截止 1926 年底)

债券名称	发行年月	利率	还清日期	发行实数(元)	经付本息银行
美亚织绸	1926 年 7 月	年 8 厘	1941 年 6 月 30 日	500 000	美亚织绸厂

资料来源:沈雷春、陈禾章、张韶华:《中国战时经济志》,台北文海出版社 1973 年版,第 58～69 页。

其次,动荡不安的社会政治格局也决定了信托公司很难开展正常的信托业务。以下是中央信托公司 1922～1926 年间的营业报告书,时局动荡对该公司营业策略的影响可见一斑。

---

① 王乐山:《日本信托事业之新趋势》,《银行周报》第 8 卷第 30 号,1924 年 8 月 5 日,第 20 页。
② 茅恩炳:《对于吾国信托公司之管见》(下),《银行周报》第 5 卷第 38 号,1921 年 10 月 4 日,第 4 页。
③ 杨荫溥:《中国之证券市场》,《东方杂志》第 27 卷第 20 号,1930 年 10 月 25 日,第 14 页。
④ 杨荫溥:《中国之证券市场》,《东方杂志》第 27 卷第 20 号,1930 年 10 月 25 日,第 14 页。

1922年："本年时局不靖，兵荒迭见，商务萧条，百业疲困，本公司自十年六月成立以来，素抱稳健宗旨，寓进取于审慎之中，以渐进为主义，处此时局更须谨慎从事。"

1923年："本年世界金融以经济未复潮流所趋悉呈紧迫之象，我国又以政局不靖风鹤频惊，因而工商事业均难振兴，沪市上半年尚称平顺，下半年银根甚紧，本公司抱定稳健宗旨，审慎从事。"

1924年："惟因去秋战事发生，百货停顿，商业彫敝，金融界首当其冲，影响更巨，本公司所放各款不无受累之处。"

1925年："本年国家多故，兵乱频仍，沪埠五卅风潮影响，全国商务为之停顿者匝月，各业不振，而金融界尤当其冲。"

1926年："比来国家多故，政象叠更，时局常感杌陧，商情时有变迁，本公司十五年度各项营业上期尚称平衡，下期因湘鄂战事汉口及本埠放款略受影响，市上银拆较小，公债价格渐低，保险赔款亦复不少。"①

"稳健"、"慎重"已经成为五年来中央信托公司最基本的营业方针。一般来说，信托公司大都把营业资金用于长期贷款和投资。这些业务的资金周转时间较长，另外也有投资国债、公司证券等。在战事频繁，时局不稳的社会环境下，如果开展上述业务，有可能无法收回投资，承担极高风险。相比之下，经营商业银行的放贷业务，资金回收周期较短，风险也要降低很多。因此，在1922～1926年间，信托公司以银行业务为主，信托业务为副，不失为一种"稳健"、"慎重"同时也是明智的经营方针。

第三，信托法规的缺位无形中助长了信托公司的"不务正业"之风。

一个新兴金融行业的健康有序发展离不开严格的法律规范。以同一时期日本为例，1921年日本国内有514家信托公司，由于缺乏专门的信托法规，无须当局批准即可营业，经营非常自由，信托业务内容非常混乱，给社会造成了一定的不良影响。1922年日本政府颁布了《信托法》和《信托业法》，实行信托业务与银行业务的分离，同时规定开办信托公司必须经大藏省批准。经过整顿，到了1928年底，全日本信托机构下降到37家，而信托财产却由1923年的1.6亿日元上升到1928年的12.7亿日元，日本的信托业由此发生了从量到质的大转变。②

1927年以前的北洋政府，"关于信托公司之种种法规，俱未完备耶，即银行

---

①《中央信托公司历年帐略》，上档中一信托公司档案，档号：Q329-1-32。

②《金融信托理论与实务》，第25～26页。

法规亦未尝全备。若夫银行与信托公司在法律上之界限,更无从考求之矣。”[①]在北洋政府针对银行的通行则例中,对于银行是否可以兼营信托业务,“尚无明白之规定”。[②] 上海商业储蓄银行1921年经财政部、农商部批文修正后的章程中,将“信托业务”列入其营业范围,可见北洋政府对银行兼营信托业务是认可的。由于没有专门的信托公司法,对于信托公司的经营范围,没有任何法律限制。在1921年,信托公司只要按照公司律进行注册,即可“悬三尺信托之市招,可兼营数种银行之事务”。[③] 同时也可以从事其他事务。这实际上为当时信托公司从事投机提供了温床。1924年,中央和通易信托公司相继在农商部注册,领取执照,由于设有银行部,因此又在财政部立案注册,领取银行执照。[④] 这一注册程序,与一般的商业银行并无区别。可以说,北洋政府是以商业银行的待遇对待信托公司,但对信托公司的限制又比商业银行宽松。因此,从法律程序来说,信托公司以经营商业银行业务为主并无不妥之处。

最后,对于信托公司是否应该偏向银行业务,专业人士大体上没有持强烈的反对意见。相反,在“信交风潮”以后,专业人士甚至是鼓励和提倡的。

在1921年,专业人士意见曾有分歧。当时参照最多的是美国和日本的信托公司。美国的信托公司可以兼营银行业务,日本的信托公司有相当部分在从事投机。6月信托公司设立最多时,徐沧水表示对美国和日本两种经营方式均不欣赏。他明确提出,“吾人之理想,决不希望信托公司偏于银行业务”,认为信托公司如果要经营银行业务,就应直截了当称为银行,“又何必而曰信托公司”?[⑤] 10月,茅恩炳撰文提出了相反的观点。他归纳了美国和日本信托机构的经营内容,共有十三类业务。[⑥] 然后又结合中国国情,对十三类业务在中国的可行性一一进行分析,最后得出的结论是:信托公司“营业之范围虽广,而吾国信托公司可营之业则稀”。唯一可以经营的,只有银行业务。他认为当时的信托公司,最

---

① 《信托公司与银行之关系》(下),《银行周报》第9卷第40号,1925年10月20日,第16页。

② 士浩:《信托业务之处理方法》,《银行周报》第4卷第35号,1920年9月21日,第38页。

③ 茅恩炳:《对于吾国信托公司之管见》(下),《银行周报》第5卷第38号,1921年10月4日,第4页。

④ 《沪中央信托公司之略史》(《中行月刊》第5卷第2期,1932年8月,第58页。)记载:中央信托公司“于是年(1924年)呈奉前农商部注册给照,并财政部立案”。另据《通易信托公司广告》(《银行周报》第8卷第8号,1924年3月4日。)中登载:“本公司额定总资本国币二百五十万元,现已收足125万元,分为信托银行两部,营业已经农商部批准注册,银行部亦经财政部批准注册。”

⑤ 徐沧水:《吾国信托公司之前途》,《银行周报》第5卷第22号,1921年6月14日,第6页。

⑥ 这十三类业务包括:资金之受托及其运用、财政管理、财产之整理及清算、附担保之公司债信托、证券发行之媒介、一般公私代理事务、介绍事务、承揽事务、鉴定及调查事务、贩卖及凭贷事务、保险事务、贵重物保管、银行事务。资料来源:茅恩炳:《对于吾国信托公司之管见》(上),《银行周报》第5卷第37号,1921年9月27日,第4～6页。

行之有效的经营出路,“不外以银行为业,藉信托之名,行银行之实而已”。建议这些信托公司,应当利用广告的手段,对信托法理及事实进行宣传,“务使一般社会,一一了解,欣欣然愿以事务相委托,而公司自身亦固其基础,厚其信用”。那么数年或数十年以后,“信托事务,亦必有发展之一日。固不必汲汲经营银行之事务,始足以自存也。”[①]实际上,“信交风潮”中幸存的中央和通易信托公司,与其说是经营者的稳健作风拯救了它们,不如说正是商业银行化的经营方式,才使它们逃过一劫。可见,就实际操作来看,茅恩炳的观点可行性较大。

风潮过后,茅恩炳的观点日益受到业内人士的认同。“吾人以为信托业与银行业之关系,非可分道扬镳,彼此不相闻问者也,必以互相提携,方为得计。”[②]在20世纪20年代下半期,日本和美国的信托公司作为长期金融机构的功能发挥了越来越大的作用,对银行构成了很大的威胁。美国信托公司的银行部业务,“大体固为银行之劲敌”。在日本,信托业与银行业之间的利害冲突,“为日本金融界一重大问题也”。对于信托公司和银行之间的竞争关系,业内人士虽然也承认,“惟时势潮流所向,亦不可不思患预防。”但同时又认为在当时的中国,银行业和信托业均不发达,因此两者之间“尚无何种利害关系发生”。行文中,甚至还赞赏中央和通易信托公司,“因其着意经营,进步殊快,业务亦颇发达”。[③] 可见,这两个信托公司商业银行化的经营方式得到金融界的认同。

---

① 上引均见茅恩炳:《对于吾国信托公司之管见》(下),《银行周报》第5卷第38号,1921年10月4日,第4～5页。

② 《通易信托公司之事业批评》,《银行周报》第7卷第9号,1923年3月13日,第56页。

③ 《信托公司与银行之关系》(下),《银行周报》第9卷第40号,1925年10月20日,第16页。

第二章　上海信托业的初步发展（1927～1937 年 7 月）

1927 年南京国民政府建立之后至 1937 年抗日战争爆发前夕，是上海金融业的快速成长时期，上海成为全国最大的金融中心。除了银行业实力大增以外，其他金融分业也有了较大发展。信托业打破此前一度沉寂的局面，呈蓬勃向上的发展态势。中央、通易等信托机构规模进一步扩大，经营范围也有所扩展。此外，不断又有新的信托机构成立。在 1927 至 1937 年间，合计有 75 家不同类型的信托机构在上海开展经营活动，包括：16 家华商信托公司，50 个银行信托部和储信部，2 家华资官营信托机构，7 家外资信托机构。1932 年 1 月 1 日又有信托业非正式同业组织——上海信托业同人叙餐会成立。上海信托业进入了初步发展阶段，上海也因此成为全国信托机构的荟集之地。

第一节　华商信托公司

一、新增的华商信托公司

从 1927 年至 1937 年抗日战争爆发前，有 12 家新增华商信托公司将总公司设在上海，诚孚、中国这两家外地信托公司也在沪设立分支机构，加上中央和通易，共有 16 家华商信托公司在上海开展营业。

表 2 - 1 是新增的总公司设在上海的 12 家华商信托公司的概况。

表2-1 上海新增华商信托公司一览(1927～1937年7月)

信托公司名称	成立年份	实收资本(万元)	总公司所在地	主要负责人
国安	1928	规元10万两	江西路321号	董事长:叶鸿英,经理:汪国璇
恒顺	1929	75	天津路37号	董事长:刘体智,经理:陈桂堂
和昆	1929	50	极司非而路101号	董事:胡筠籁,胡筠秋等
上海	1930	20	北四川路801号	董事长:杨介眉,总经理:程联
通汇	1931	50(额定100)	爱多亚路36号	董事长:杜月笙,经理:朱如山
东南	1931	100	中正东路134号	董事长:俞寰澄
东方	1931	20(额定50)	福建路462～70号	经理:邹讓卿
华业	1932	30(额定50)	西摩路175弄173号	筹备主任:谭敬
华侨	1933	25(额定100)	四川路香港路转角	董事长:陈紫培,经理:梅其驹
中级信用	1933	10	梅白格路10号	董事长:薛笃弼,经理:黄念远
同康	1934	1	江西路391号	董事兼经理:李吉祥
生大	1936	100	宁波路80号	董事长:林炳炎,总经理:何善衡

资料来源:《联合征信所关于各信托公司概况调查》,上档联合征信所档案,档号:Q78-2-14142、Q78-2-14119、Q78-2-14147、Q78-2-14146、Q78-2-14336、Q78-2-14438、Q78-2-14141;中国银行经济研究室编:《全国银行年鉴》1937年版,16、19、122、113页;《中国经济年鉴》1934年版,第E111页;《上海商业储蓄银行有关信托业调查资料》,上档上海商业储蓄银行档案,档号:Q275-1-1822;《和昆信托公司股东会决议录》1929年10月1日,上档立信会计师事务所档案,档号:Q90-1-919;《上海商业储蓄银行对恒顺信托公司的调查.调查报告第8650号》,1935年7月1日,上档上海商业储蓄银行档案,档号:Q275-1-2291。

表2-2是这一时期总部设在其他地区的5家华商信托公司,其中诚孚、中国两家在上海设有分公司。1936年冬诚孚将总公司迁到上海江西路212号,天

表2-2 1927～1937年7月全国各地的信托公司(上海除外)

信托公司名称	成立年份	实收资本额(元)	总公司所在地	分支机构所在地
诚孚	1925	2 000 000(1936年)	天津	上海
中国	1930	484 800(1936年)	香港	广东台山、上海
重庆	不详	不详	重庆	不详
广东	1931	277 300	香港	广州
久安	1931	80 000	天津	无

资料来源:《上海商业储蓄银行对中国信托公司的调查.调查报告第13220号》,1936年12月28日,上档上海商业储蓄银行档案,档号:Q275-1-2291;中国银行经济研究室编:《全国银行年鉴》1937年版,127页;陈真编:《中国近代工业史资料》第三辑,三联书店1961年版,第972～973页;陈明远:《我国之信托事业》,《东方杂志》32卷7号,1935年4月1日,第142页;《久安信托公司营业执照》,上档久安银行档案,档号:Q293-1-1;朱斯煌:《对于我国目前信托事业之感想》,《银行周报》第20卷第31号,1936年8月11日,第7页。

津总公司则改为分公司。中国信托公司总公司虽然设在香港,但“香港并不经营业务,营业重点始终在上海”。[①]

沉寂了近5年之后,华商信托公司东山再起,主要与以下几方面因素有关。

首先与上海市面充裕的资金状况以及投资环境有关。新增的信托公司设立时间大都集中在1928～1933五年间,正是上海市面资金剩余状况比较突出的时期。

1930年前后,由于各发行银行增加发行,而内地时局动荡,资金纷纷集中于以上海为首的沿海通商大埠。加上时值国际银价下落,大量白银纷纷涌入中国,导致“中国沿岸各都市之资金,均形增加,且有剩余之状”。[②] 这种现象在上海表现得尤为突出。1928年底,上海存银概数为186 985 000元,到1932年增加到438 339 000元。[③]

资金过度充裕的结果必然会导致信用膨胀,这就需要扩充投资渠道。受世界经济危机爆发以及“九·一八”事变等一系列内外不利因素的影响,上海工业品销路一路下滑,民族工商业的发展境况十分窘迫,投资工商实业在当时看来并不合时宜。与工商业不景气形成鲜明对比的是,上海的债券市场和房地产市场却异常活跃。1927年南京国民政府成立后,发行了数额巨大且利息较高的公债。以1930年发行的四笔公债为例,额面共达17 400万元,[④]“其投资利息恒在一分五厘以上”。此外,上海的外商公司在国际银价下落后,“为免除汇兑上危险起见,不向其本国融通资金,而纷纷发行公司债票或股票,以吸收上海市上之游资,如电力公司、国际投资信托公司,各地产公司等发行数额,合计亦在3 000万两左右,国人之有余资者,无不争先竞购”。[⑤] 而上海的房地产业在1929～1931年间正处于上升期,“人民及银行纷纷投资,盛极一时,且其时金融业经营房屋,受押地产者,日见众多,地产交易,顿见活泼。”[⑥]在这种环境下,投资有价证券和

---

① 《中国信托公司的内幕》,上档中国信托公司档案,档号:Q330-1-25。

② 上引均见:《中国银行1930年度营业报告》,《中国银行行史资料汇编》上编(1912～1949)第三册,第2016页。

③ 上海满铁调查资料第十三篇:《恐慌の發展過程に-於ける——支那幣制改革の研究》,南满洲铁道株式会社上海事务所昭和十一年(1937年)版,第249页。转引自:戴建兵:《白银与近代中国经济1890～1935》,复旦大学出版社2005年版,第280页。

④ 这四笔公债为:铁道部收回广东粤汉铁路公债、民国十九年电气事业短期公债、民国十九年关税公债、民国十九年交通部电政公债。资料来源:千家驹编:《旧中国公债史资料》,中华书局1984年版,根据第370～373页《旧中国的公债统计表》中资料统计。

⑤ 上引均见:《中国银行1930年度营业报告》,《中国银行行史资料汇编》上编(1912～1949)第三册,第2016页。

⑥ 李伯涵:《民元来上海之地产业》,《民国经济史》,第103页。

房地产业成为游资最好的获利去处。

伴随着房地产、有价证券投资交易活动的日渐兴盛，各种相关代理业务的需求剧增，证券保管、代理证券买卖、代理房地产买卖、经租等业务应运而生。设立信托公司既可以经营上述代理业务，又可以借吸收存款的名义获取社会剩余资金，名正言顺地进行证券、地产投资，可谓一举两得。

其次，1930 年前后华商信托公司表现出蒸蒸日上的发展势头，对投资信托业起了较好的示范作用，改善了社会上对信托公司从事投机的不良印象，使人们对这一新兴金融行业的发展潜力抱有较高期望。

“信交风潮”之后，通易和中央信托公司经过十余年时间经营，进步相当显著。从营业能力来看，表 2 - 3 中的数据显示，中央信托公司在实收资本额保持不变的情况下，1921 年至 1936 年期间资产增加了近 4 倍。通易信托公司 1935 年度的总资产比 1922 年度增加了 3 倍多。在 1936 年之前两家公司每年均有盈利。

表 2 - 3　中一、通易信托公司历年经营状况分析(1921～1936 年)

年份	总资产额(元)		纯益金(元)	
	中一信托公司	通易信托公司	中一信托公司	通易信托公司
1921	4 107 432	不详	173 067	不详
1922	4 882 568	1 832 384	278 863	123 183
1923	5 041 632	不详	375 292	不详
1924	4 978 566	不详	311 853	不详
1925	6 015 350	4 541 949	247 355	140 166
1926	7 068 265	7 178 243	301 915	223 025
1927	8 113 479	7 916 893	192 479	140 276
1928	8 182 545	6 798 019	308 528	106 629
1929	9 098 453	8 493 178	307 197	105 663
1930	9 360 706	9 823 561	363 513	122 719
1931	10 962 619	6 318 016	229 035	118 609
1932	11 252 793	5 961 080	301 639	75 912
1933	12 156 729	6 813 220	329 159	74 633
1934	16 166 233	6 427 463	306 913	77 475
1935	14 614 147	6 214 664	237 797	68 439
1936	15 248 523	暂时停业	216 443	暂时停业

资料来源：《中一信托公司历年帐略》，上档中一信托公司档案，档号：Q329 - 1 - 32。1922 年通易公司报表源自：《通易信托公司股东会纪闻》，《银行周报》第 7 卷第 8 号，1923 年 3 月 6 日，第 26 页。其余各年来源于：《通易信托公司 1925～1935 年度营业报表》，上档通易信托公司档案，档号：Q331 - 1 - 2。

两家公司还增添了不少新业务和分支机构。以中央信托公司为例，分别增设了汉口、浙江余姚两处分公司，虹口、上海西门、上海西区三个办事处。1929年在上海华商交易所添设第2号经纪人，并在信托部附设证券股。1930年开始兼办地产事务。1935年因证券业务委托量剧增，将证券股扩展，专门设立证券部。同年又加入上海银行业联合准备委员会票据交换所，为第40号交换银行。后因与中央信托局名称相同，奉财政部令并经股东会议决，自1936年1月1日起该公司改称"中一信托公司"。① 为方便起见，以下行文一概称其为"中一信托公司"。

1928～1931年间新设立的国安、恒顺、中国信托公司也表现出不俗的经营业绩。表2-4可见，1932年度除了中央银行、邮政汇业局等有特殊权利的官办行局以外，小银行与信托公司"因其放款利率较高及准备较轻之故"，②同时也因部分信托公司从事获利较厚的地产、证券投资，获利普遍比大型的商业银行丰厚。

表2-4 1932年度上海部分金融机构每1000元营业额获纯益金统计表

40元以上纯益者	中央、邮政汇业局(邮政有49元，中央47元)
30～40元纯益者	中兴、绸业
20～30元纯益者	中央信托、国安信托、中国信托、惇叙、太平、中汇、江浙、东亚、广东
10～20元纯益者	恒顺信托、通汇信托、浦东、中华、华通、通易信托、世界、煤业、江南、恒利、劝工、统原、企业、通和、嘉华、新华、浙江实业、中孚、国华、香港国民
5～10元纯益者	中南、盐业、金城、大陆、垦业、四明、江苏、通易、永亨、安徽、亚东、中和等
5元以下纯益者	中国、交通、上海商业储蓄、国货、浙江兴业、中国实业、通商、东莱、宁波实业等

资料来源：《上海商业储蓄银行史料》，第717页。

第三，专业人士坚持不懈的宣传工作，增进了社会上对信托业的认识，也扩大了信托业的影响。在"信交风潮"之后较长一段时间内，除了《银行周报》等报刊陆续刊出介绍欧美、日本信托业发展动态的文章以外，程联、杨端六、陆松荫、

① 《中一信托公司沿革节略》，上档中一信托公司档案，档号：Q329-1-3；《中一信托公司历年帐略》，上档中一信托公司档案，档号：Q329-1-32；《中国金融之组织——战前与战后》，第67页；《上海信托业调查.中一信托公司近况》，《信托季刊》第6卷第1、2期合刊，1941年6月30日，第181页；《全国银行年鉴》1937年版，第16页；《沪中央信托公司之略史》，《中行月刊》第5卷第2期，1932年8月，第67～69页。

② 《上海商业储蓄银行史料》，第717～718页。

孔涤庵、徐沧水等一批专业人士相继出版了信托学论著。[①] 他们中有不少人开始积极参与信托公司的创办和经营。如朱斯煌担任中一信托公司信托部主任，程联"游学美邦，专攻信托，凡八阅寒署"，[②]回国后于 1930 年创办上海信托公司，任总经理一职。一些信托公司的领导人，也积极参与宣传工作，如中国信托公司总经理麦佐衡，通易信托公司总经理黄溯初等。他们基本上都属于"学识经验，两极丰富"，[③]根据实践中的经验，现身说法，对上海信托业的现状、存在的问题以及发展途径都有比较客观的看法，很有说服力，容易扩大信托业的影响。

二、华商信托公司的经营特点

与前一阶段相比，这一时期华商信托公司在经营上具备了以下几大鲜明特点：

第一，经营状况总体比较稳定，存活率较高，基本上脱离了投机。

与 1921 年信托业初兴时期比较，华商信托公司最大的进步在于基本上脱离了投机步入正途。到 1937 年抗日战争前夕，16 家信托公司中除了东方、华侨两家倒闭，和昆、通易自动歇业外，其余 12 家经营都比较稳健扎实，存活率为 75%，大大高于 1921 年的 17%。

东方、华侨两家公司的倒闭并非因从事投机所致，停业时按法定程序，聘请专业人士进行清算，如数偿还债权，没有给社会带来太大的不良影响。

东方信托公司对外宣称经营"一切信托、银行业务，代理买卖公债证券，经营房地产及各种保险、国内外汇兑、企业设计"。种种迹象表明公司自开办以来，"经营各项业务，成绩颇佳"。[④] 1933 年底邹让卿为代经理后，表示要扩大业务。1934 年 1 月该公司未经批准私自开始办理储蓄业务，共吸收储蓄款项 30 余万元。并扩大了总公司营业面积，装修一新。1934 年 3 月在南京设立分公司。[⑤]

---

① 杨端六：《信托公司概论》(上海商务印书馆，1922 年)，刘福安：《中国信托业》，陆松荫：《信托公司要览》(上海文明书局，1922 年)，程联：《世界信托考证》(上海信托公司，1931 年)、袁际唐：《国际信托公司》(上海大东书局，1933 年)、孔涤庵：《信托业》(上海商务印书馆，1933 年)，程联：《信托简要》(上海信托公司，1934 年)、[日]细矢祐治著、资耀华译：《信托及信托公司论》(上海商务印书馆，1935 年)、袁愈佺：《信托事业》(上海中华书局，1936 年)。

② 《世界信托考证》，第 8 页。

③ 《新书介绍》，《金融导报》第 1 卷第 5、6 期合刊，1940 年 1 月 15 日，第 45 页。

④ 上引均见：《东方信托公司扩充营业》，《银行周报》第 18 卷第 4 期，1934 年 2 月 6 日，第 5 页。

⑤ 《上海商业储蓄银行有关东方信托公司调查报告》，1934 年 1 月 27 日，上档上海商业储蓄银行档案，档号：Q275-1-1822；《东方信托公司扩充营业》，《银行周报》第 18 卷第 4 期，1934 年 2 月 6 日，第 5 页。

在没有任何征兆的情况下，1934 年 5 月 10 日，东方信托公司的上海总公司及南京分公司，突然同时宣告暂停营业，“对于一切存户，停止付款”。① 5 月 21 日召集临时大会一致议决于同日起宣告清算，并选任专业律师和会计师为清算人，全权办理该公司一切清算事务。

后据上海社会局调查，从 1934 年 1 月开始，最大的股东即常务董事田德润和经理邹让卿，未经董事会同意，私自将该公司的大量资金贷给自己的个人金号从事投机(各有 20 余万元)，经营标金及外汇失利，亏空四、五十万元，无法弥补，导致东方信托公司资金周转不灵，无法维持，不得不宣告停业。“除经副理亏欠外，该公司本身营业损失，并不甚多。”②可见，该公司停业，“并非营业失败，实因该公司董事监察人之过失”。③

华侨信托公司属粤籍侨商所创办，其主要创办者见表 2-5。

表 2-5　华侨信托公司董事经理名录

职　务	姓名	履　　历
董事长、副总理兼司库	陈紫培	广东中山人，在美经商，时任美国《纽约商报》股东，及纽约国华公司股东兼经理，在华侨信托公司投资最多
董事、总理	梅其驹	广东台山人，自幼生长于美国。回国后曾任上海《大陆报》编辑，时任沪西元元农场董事及南茂建筑公司经理
董事、副总理	郑颂尧	广东中山人，曾任香港广利洋行司理及广州永胜洋行买办，时任沪西元元农场股东
董事兼出纳	郑藻池	广东中山人，曾在美国巴拿马方面经商
董事、秘书	袁良初	浙江上虞人，时任沪西元元农场监察人，元一行副经理
董事	梁　英	广东中山人，曾在香港经商
董事	陈国臣	广东汕头人，时任南洋马尼剌华绣公司店主

注：该公司在美国注册，只有董事而无监察人，因前任董事李汉声、陈宗超二人远在美国经商，改选梁英、陈国臣二人递补。

资料来源：《上海银行对华侨信托公司的调查报告》，1934 年 5 月 30 日，上档上海商业储蓄银行档案，档号：Q275-1-1822。

该公司于 1933 年在美国内华达州(Nevada)注册，由于各地华侨投资者相当踊跃，于是陈紫培、梅其驹回国筹备，于 1933 年 7 月 4 日在上海开业。公司规模较小，“租赁二开间洋房一所，设备尚称完美，惟稍形狭小，雇有职员十余人”。

① 《东方信托公司停业》，《中行月刊》第 8 卷第 5 期，1934 年 5 月，第 87 页。

② 《上海商业储蓄银行有关东方信托公司倒闭的情报》，1934 年 5 月，上档上海商业储蓄银行档案，档号：Q275-1-1822。

③ 《上海社会局严究东方信托公司停业原因》，《银行周报》第 18 卷第 39 期，1934 年 10 月 9 日，第 11 页。

营业对象以各地华侨为主,尤其以美国各地侨胞居多。虽然开业时对外宣称要经营“信托、银行、地产等业务,代管公债证券并经理水火保险及互助月会等”,①但由于总经理梅其驹、副经理陈紫培和郑颂尧,“均非金融界出身,向来办理新闻及无线电事业,且生长国外,沪上商情,尤属隔膜”,因此开业一年多,“营业范围甚小,少数存户,亦仅限于华侨,仅以买卖证券为主要营业,尚不至于亏折”。②

1934 年,总经理梅其驹赴美,由陈紫培、郑颂尧主持公司事务,由于两人商业经验不足,加上当时公债市场涨落无常,公司应付失策,屡遭亏损,周转不灵,于 9 月 22 日宣布“清理帐目暂时停业”。据称,该公司虽然停业,“并不欠款,本埠某大银行与之订立往来透支契约,其抵押品各以市价处分,足偿其透支数而有余,观于该公司门外,阒然无哗,与其他金融机关停业情形迥异”。③ 10 月 1 日委托律师、会计师正式宣告清理。

和昆和通易信托公司属于经营者调整营业自动歇业(通易公司又于 1938 年 2 月 7 日复业)。

和昆信托公司开业后经营颇为顺利,1930～1934 年间,每年均有盈利。到了 1935 年 5 月,公司负债方面“除活期存款及同业往来两项,约计银 28 000 元外,并无其他负债”。因受 1934～1935 年金融风潮影响,考虑到市面不济,不利于公司扩充营业,加上“各股东大概均有本身职业,兼顾不及”,董事会因此提议“从此解散,除资本实足收回外,尚有余利可派,免得将来发生困难”。1935 年 5 月 22 日经股东临时会表决同意解散,“将活期存款及同业往来两项全数加利发还,余款按摊还各股东”。④ 并由立信会计师事务所全权代理解散事务。8 月 3 日上海市社会局训令该公司解散。⑤

作为一家资历较久的信托公司,通易公司在经营上继续保持了创新、进取的作风。1927～1936 年间,增办了保险部、堆栈保管库、妇女储蓄处、服务部、保寿储金处等。又分别添设了以下分支机构:设立虹口办事处(1932 年“一·二八”事变时停办),在广州、南京、汉口三地设立保险部分局,在杭州、苏州设立分公

---

①《对华侨信托公司的调查报告》,1933 年 8 月 17 日,上档上海商业储蓄银行档案,档号:Q275 - 1 - 1822。

② 上引均见:《关于华侨信托公司停业的剪报》,1934 年 10 月 1 日,上档上海商业储蓄银行档案,档号:Q275 - 1 - 1822。

③《关于华侨信托公司的调查报告》,1934 年 9 月 22 日,上档上海商业储蓄银行档案,档号:Q275 - 1 - 1822。

④ 上引均见:《和昆信托公司股东临时会决议录》,1935 年 5 月 22 日,上档立信会计师事务所档案,档号:Q90 - 1 - 919。

⑤《和昆信托公司历届股东会决议录》,上档立信会计师事务所档案,档号:Q90 - 1 - 919。

司，在江苏海门设立储蓄部。①

该公司经营业务种类较多，分支机构范围又广，当存款比较充足的时候，“资金调度，颇形活泼”。1934年以后，受市面不景气影响，“致存款数额，两年来陆续减少三分之一”。再加上“投资常州某纺织公司及沪市地产，暨前北京财政部借款，为数颇多，致亏蚀过巨”，②导致资金周转不灵，无法维持营业。1936年6月15日晚，召开临时紧急股东会议，议决所有总公司及各地分公司、保险储蓄部，一律于1936年6月16日晨暂停营业，并委托会计师及律师实行清理账目。据后来参与通易信托公司调停复业事宜的黄慕兰回忆，“当时公司的财产，除了资金一时无法周转外，还有不少不动产”。③ 可见公司的停业属于暂时性的资金周转不灵所致。

第二，投资一度成为一些信托公司的主营业务。但由于国内投资市场狭窄，品种单一，信托公司的投资主要集中于地产和政府公债。受1932年“一·二八”事变以及1934～1935年金融风潮影响，这类公司经营业绩波动较大。

以恒顺、上海、中国三家信托公司为代表，它们在设立初期均以投资证券和房地产为主业。1932年“一·二八”事变后，公债价格和上海地价均暴跌，地产业元气大伤，一时难以恢复，公债经整理恢复原状。由于三家公司投资地产数额更巨，收益因此大减。不久上海市面又遭遇1934～1935年金融风潮，存户大量提存，金融机构存款骤降，信托公司也不例外。三家公司不得不改变经营方向，采取了收缩投资业务、增强银行和代理业务的策略。到1936年市面渐趋恢复，这类信托公司已逐渐改为主营银行业务。

恒顺信托公司设有信托部和银行部，在1930～1932年度，信托部将大量资金用于投资地产和证券，获益丰厚，公司的营业状况颇佳，收受存款最多时可达到160万～170万元。④ 随着地产业的不景气以及金融风潮接踵而至，该公司经营业绩大受影响，1935年收受存款仅有10余万元。公司因此提出“力主稳健，

---

① 《通易信托公司历年营业报告》，上档通易信托公司档案，档号：Q331-1-2；《联合征信所关于通易信托公司的调查报告》，上档联合征信所档案，档号：Q78-2-14142；《通易信托公司暂行停业》，《银行周报》第20卷第24期，1936年6月23日，第10～12页；《通易信托公司停业》，《中行月刊》第13卷第1期，1936年7月，第58页；《通易信托公司拟定复业方案》，《银行周报》第20卷第48期，1936年12月8日，第8页。

② 《通易信托公司暂行停业》，《银行周报》第20卷第24期，1936年6月23日，第11页。

③ 当时通易公司名下的不动产有：上海有一幢五层楼大厦，各地分公司在当地都有房地产，其中以北平分公司最多，整条东交民巷的地产差不多都属于该分公司。资料来源：黄慕兰：《黄慕兰自传》，中国大百科全书出版社2004年版，第194页。注：黄慕兰，又名黄定慧，1938年通易信托公司复业后，任通易信托公司常务董事兼副总经理。

④ 《恒顺信托公司1930～1932年营业报告》，上档信托公司档案，档号：Q331-1-9。

缩小范围”的经营方针。1935 年 7 月上海商业储蓄银行对其进行调查时,发现“该公司对于信托业务,并不十分注意,其营业似与一般普通商业银行相同”。① 1936 年公司进行改组。

上海信托公司创始人程联留学美国归国以后,“本其所学,抱服务社会之志,创办上海信托公司”。② 在 1930 年制订的公司章程中,规定营业范围为:银行业务、信托业务、华侨部和旅行部。其中信托业务包括六项内容:“代理买卖有价证券、代理执行遗嘱及管理遗产、代理买卖房地产及经理租务一切、代理水火险人寿汽车玻璃等保险、其他信托业务、保管库出租。”③公司开业一年左右,出版了程联撰写的《世界信托考证》,其发展本国信托业的决心可见一斑。

在 1931～1933 年,投资房地产是上海信托公司的主营业务。1931 年度用于购置产业的资金为 147 725.48 元,占总资产的 45%,全年投资获利 67 803.53 元,占总收益的 90%。④ 1932 年以后因上海地价走低,收益大降。1934 年 2 月公司进行改组,扩充资本为 100 万元,改选杨介眉为董事长,郭秉文、徐寄庼为常务董事,邬志坚、陈光甫、张公权为监察人,仍以程联为总经理。

改组后的上海信托公司加大了银行业务的经营力度,专门拨出 10 万元作为基金添设储蓄部,采取了放款和投资并重的经营方针。1934 年度用于放款的资金额明显增加,投资业务比重下降,如表 2-6 所示,银行业务收益和投资业务收益几乎旗鼓相当。

表 2-6　上海信托公司 1934 年度收益分析

收益项目	金额(元)	占%	收益项目	金额(元)	占%
利息	58 874.72	46	房地产损益	36 670.64	29
汇水	5.68	0	兑换	785.61	1
手续费	9 178.31	7	杂损益	92.1	0
有价证券损益	21 866.83	17	合计	127 473.89	100

资料来源:《上海信托公司 1934 年度营业报告》,上档上海信托公司档案,档号:Q328-1-23。

此后银行业务不断增强。1936 年度资产项目中,用于放款的资金达 670 625.05元,用于有价证券和房地产投资的资金分别只有 122 512.00 元和

① 上引均见:《上海商业储蓄银行对恒顺信托公司的调查.调查报告第 8650 号》,1935 年 7 月 1 日,上档上海商业储蓄银行档案,档号:Q275-1-2291。

② 《世界信托考证》,第 133 页。

③ 《上海信托公司章程》1930 年,上档上海信托公司档案,档号:Q328-1-16。

④ 资料来源:《上海信托公司 1931 年度营业报表》,徐寄庼:《最近上海金融史》(上),1932 年版影印,第 669～670 页,《民国丛书》第四编 33 册,上海书店。

249 391.75 元。收益项目中,利息等项银行业务收入占总收益的 84%。① 上海信托公司已由经营投资业务为主,转为主营银行业务。

投资业务在中国信托公司经营的头几年显得非常重要。第二届营业报表中显示(1930 年 7 月 1 日至 1931 年 6 月 30 日)总负债为 1 886 187.47 元,其中实收资本为 367 200.00 元,吸收存款 1 181 202.47 元。资产项目中,40%的资金用于放款及透支,29%的资金用于投资。由于当时投资收益远远高于放款收益,因此该年度投资收益占总收益的比例高达 45%,另有房产租费收入占 18%,利息和汇兑收益合计仅占 31%。至 1931 年 6 月底该公司获取纯利 54 925.29 元,净资产收益率高达 15%。②

1932 年因地价下跌,全年纯益金比上年减少 15 000 余元,下降了 30%。公司采取了应对措施,开始加强各种代理业务和银行业务,"如代理买卖有价证券,水火汽车人寿等保险及存款、放款、储蓄、汇兑等"。还特别设立国信号,专门代客买卖各种公债。③

接踵而来的金融风潮,使公司遭受重创。1935 年度存款仅有 20 万元、30 万元,第六届营业年度(1934 年 7 月 1 日～1935 年 6 月 30 日)为亏损。对于各种投资,公司变得"异常审慎,上海分公司,附设有国信证券号,营业专以代客买卖为主,自营甚少"。④ 1935 年下半年起银行业务的重要性进一步增强,公司营业状况逐渐好转。到 1936 年底,用于放款和透支的资金 82 万余元,而用于投资证券和房地产的资金合计仅 43 万余元,损益表中利息和汇兑收益占总收益的 64%,⑤该公司演变成为又一家主营银行业务的信托公司。

在 1927～1936 年间,一直坚持以投资为主业的恐怕只有通易信托公司。该公司对于投资证券和地产业务非常重视,但经营状况并不理想。1932 年公司纯益金开始下滑,因存款下降加上投资失利,导致资金周转不灵,1936 年暂时停业。另有 1936 年刚开业的生大信托公司,就其 1936 年度的报表来看,投资证券业务显然是其最主要的业务,如表 2－7 所示公司 70%的收益是投资证券所得。但由于经营时间过短,无法客观评判其经营方针和业绩。

---

① 资料来源:《上海信托公司 1936 年度营业报告》,上档上海信托公司档案,档号:Q328－1－23。

② 《中国信托公司第二届营业报表》,徐寄庼:《最近上海金融史》(上),第 669～670 页。

③ 《上海商业储蓄银行对中国信托公司的第二次调查,调查报告第 7159 号》,1935 年 1 月 22 日调查,上档上海商业储蓄银行档案,档号:Q275－1－2291。

④ 《上海商业储蓄银行对中国信托公司的第三次调查.调查报告第 10643 号》,1936 年 1 月 24 日调查,上档上海商业储蓄银行档案,档号:Q275－1－2291。

⑤ 《全国银行年鉴》1937 年版,第 112 页。

表 2－7　生大信托公司 1936 年度收益分析

收益项目	金额(元)	占总收益%	收益项目	金额(元)	占总收益%
利息	31 112.36	25	有价证券损益	90 026.97	70
手续费	1 394.76	1	外币买卖损益	3 213.22	3
佣金	1 197.67	1	合计	126 944.98	100

资料来源:《上海商业储蓄银行对生大信托公司的调查报告》,上档上海商业储蓄银行档案,档号:Q275－1－1822。

第三,商业银行业务仍然是大部分信托公司的主营业务。由于受市场波动影响相对较少,这类公司的经营状况普遍比投资型的信托公司稳定。

表 2－8 显示,1936 年度 8 家信托公司中仅有生大和东南两家公司的银行业务收入较少。东南信托公司其实在大多数年份均以银行业务为主业,只是在 1936 年度投资事业收益较高而已。

表 2－8　1936 年度部分信托公司银行业务收入占总收入比例表

信托公司名称	上海	中一	中国	中级	生大	东南	国安	通汇
银行业务收益占总收益%	84	60	64	84	27	26	100	97

注:银行业务收入包括:利息、汇水、兑换收入、贴现收入。
资料来源:《全国银行年鉴》,1937 年版,第 13～126 页各信托公司营业报表中相关数据计算。

这一时期一直主营银行业务的公司有:中一、通汇、国安、中级信用四家。下面以中一信托公司为考察对象分析其经营主项。1927 年以前该公司的营业资金主要来源于自有资金,即资本金和各种公积金等。表 2－9 中数据显示,1927～1936 年间吸收各种存款已成为中一信托公司最主要的资金来源,存款占总负债的 54%～67%。可资对比的是存款额在同行中名列前茅的上海商业储蓄银行,同期存款占总负债的比例在 62%～80%。[①] 在中一信托公司吸收的存款中,信托存款的数额非常有限。

表 2－9　1931～1936 年中一信托公司存款分析

年份	定期存款(元)	活期存款(元)	储蓄存款(元)	信托存款(元)	暂时存款(元)	存款总额(元)	存款占总负债%
1927	1 025 452.90	2 237 872.13	848 409.93	426 047.31	80 920.57	4 618 702.84	57
1928	1 014 925.97	1 898 057.40	812 716.07	360 098.33	61 494.97	4 147 292.74	54
1929	1 733 452.81	2 365 711.36	962 637.39	326 304.01	36 173.53	5 424 279.10	60

① 《上海商业储蓄银行史料》,第 696 页。

续 表

年份	定期存款(元)	活期存款(元)	储蓄存款(元)	信托存款(元)	暂时存款(元)	存款总额(元)	存款占总负债%
1930	1 459 008.17	2 650 804.29	1 194 994.88	291 776.69	21 323.19	5 617 907.22	60
1931	2 098 906.16	3 095 153.25	1 595 599.15	276 640.30	41 023.88	7 107 322.74	65
1932	1 763 121.34	3 309 403.47	1 881 152.69	303 631.85	78 918.01	7 336 227.36	65
1933	2 357 413.78	2 994 003.33	2 282 634.47	341 164.16	115 010.41	8 090 226.15	67
1934	2 303 884.62	4 289 239.90	2 143 698.56	289 226.65	63 189.17	9 089 238.90	56
1935	1 787 094.81	3 117 753.11	2 062 823.95	253 245.29	41 786.58	7 262 703.74	50
1936	1 796 781.90	4 406 154.25	2 125 649.47	250 685.59	84 340.60	8 663 611.81	57
合计	17 340 042.46	30 364 152.49	15 910 316.56	3 118 820.18	624 180.91	67 357 512.60	59(平均)

资料来源：根据《中一信托公司历年帐略》相关数据整理计算，上档中一信托公司档案，档号：Q329－1－32。

表 2－10 中数据显示，中一信托公司历年放款额占总资产的 49%～69%，平均每年占 59%，以定期抵押放款为主。

表 2－10　1927～1936 年中一信托公司放款分析

年份	定期放款(元)	活期放款(元)	定期抵押放款(元)	活期抵押放款(元)	放款总额(元)	放款占总资产%
1927	914 383.19	606 689.25	3 214 481.50	542 149.85	5 277 703.79	65
1928	743 150.68	923 751.37	3 119 768.95	535 050.49	5 321 721.49	69
1929	1 114 932.85	819 932.78	3 720 533.97	565 278.75	6 220 678.35	68
1930	1 117 980.90	437 929.91	3 905 383.04	709 987.02	6 171 280.87	66
1931	850 327.04	965 069.44	4 429 040.12	305 225.59	6 549 662.19	60
1932	540 252.88	880 531.13	4 060 144.62	666 131.26	6 147 059.89	55
1933	306 900.00	1 099 299.11	5 001 051.86	476 214.07	6 883 465.04	57
1934	388 653.25	1 099 328.09	5 812 022.06	1 772 028.38	9 072 031.78	56
1935	302 865.17	755 699.07	5 917 111.68	1 156 044.49	8 131 720.41	56
1936	375 057.07	1 244 229.54	3 833 746.62	1 977 737.38	7 430 770.61	49
合计	6 654 503.03	8 832 459.69	43 013 284.42	8 705 847.28	67 206 094.42	59(平均)

资料来源：根据《中一信托公司历年帐略》相关数据整理计算，上档中一信托公司档案，档号：Q329－1－32。

表 2－11 中显示的投资总额，与放款总额相比差距较大，仅占总资产的 11%～20%，平均每年仅占 15%。在 1927～1930 年间，除了营业用房产外，该公司没有进行任何房地产投资。1931 年才开始进行房地产投资，数额在 70 万～120 万元。信托投资业务也是从 1931 年开始，仅做过 5 年，每年只有 10 余万元。

表2-11　1931～1936年中一信托公司投资分析

年份	证券投资(元)	信托投资(元)	房地产投资(元)	投资总额(元)	投资占总资产%
1927	902 832.69	—	—	902 832.69	11
1928	698 966.53	—	—	698 966.53	9
1929	951 680.50	—	—	951 680.50	10
1930	970 759.43	—	—	970 759.43	10
1931	1 130 887.31	130 136.98	702 214.15	1 963 238.44	18
1932	1 323 976.49	130 136.99	776 120.86	2 230 234.34	20
1933	1 317 173.48	136 605.14	817 505.39	2 271 284.01	19
1934	1 309 091.41	136 604.09	1 040 082.98	2 485 778.48	15
1935	1 139 986.53	—	1 137 372.10	2 277 358.63	16
1936	1 632 303.28	—	1 200 696.60	2 832 999.88	19
合计	11 377 657.65	533 483.20	5 673 992.08	17 585 132.93	15(平均)

资料来源：根据《中一信托公司历年帐略》相关数据整理计算，上档中一信托公司档案，档号：Q329-1-32。

从表2-12中可见，利息、汇水、汇兑收益等银行业务收入所占比重最高。即使在最低的1934年度，也占有53%。其余收益中，比较重要的还有保费收入。当时该公司保险部已具有相当规模，是上海市保险业同业公会会员之一。可以说，中一信托公司是一家主营银行业务，兼营保险、投资、代理业务的公司。

表2-12　1931～1936年中一信托公司收益分析

年份	总收益(元)	利息、汇水、兑换收益%	保险费收益%	房地产收益%	证券收益%	手续费等%	其他收益%
1927	409 901.48	74	15	7	无	3	1
1928	488 990.79	68	12	6	10	3	1
1929	470 703.61	73	13	6	3	3	2
1930	631 601.07	55	10	4	25	6	1
1931	586 852.24	94	14	5	亏损	11	2
1932	581 871.48	72	14	4	亏损	5	7
1933	665 235.08	63	11	3	11	7	6
1934	600 289.34	53	9	4	18	12	4
1935	500 106.89	57	9	9	8	12	5
1936	470 433.11	60	8	12	5	7	8

注：凡原损益表中"手续费"、"保管费"、"堆栈费"三项收益均归入本表中"手续费"一项，凡原"上年滚存"和"杂损益"两项收益均归入"其他收益"一项。

资料来源：根据《中一信托公司历年帐略》相关数据整理计算，上档中一信托公司档案，档号：Q329-1-32。

通汇、国安和中级信用三家信托公司的商业银行化倾向更加突出。通汇于1931年7月19日开业,董事长杜月笙和经理朱如山等人"躬亲招待,引导来宾,参观内部设施,计划精深,布置井然,啧啧称誉"。[①] 公司的营业资金绝大部分来自各种存款,没有收受信托金。资产项目中,各种放款占了很大比例,其中往来存款透支份额较大。历年利息收入均占总收益的90%以上。所有新增的华商信托公司中,通汇公司营业能力增长最快,1936年度在实收股本只有50万元的情况下,该公司的实际资产总额达到11 030 742.01元,纯益金为53 117.39元。[②]

国安、中级信用是两家小本经营的公司,规模之小,银行业务比例之高,在当时的信托公司中非常典型。国安的营业资金绝大部分来自存款,每年95%以上资金用于放款、现金及存放同业,只有不到5%的资金用于投资证券。至于该公司的收益,1928～1932年度总收益主要由利息、汇水、保费、杂损益几项内容组成,其中最主要的是利息,约占90%以上。1933年起,每年的收益就只有利息一项了。中级信用信托公司设有地产部,也进行证券投资,但银行业务一直是主营业务,并且"专营小额信用放款,调剂薪给阶级之经济困难,及扶助小工商业之发展,连年放出款额甚巨,工商各界受惠不浅"。[③]

表2-13 国安信托公司历年资产和盈余情况表(1928～1936年)

年份	总资产额	纯益金额	年份	总资产额	纯益金额
1928	(规元)648 652两	9 891两	1933	1 818 435元	39 540元
1929	1 134 039两	27 960两	1934	1 678 383元	44 052元
1930	1 357 092两	28 896两	1935	1 921 097元	38 038元
1931	2 591 876元	42 661元	1936	1 673 645元	33 276元
1932	1 758 866元	39 657元			

资料来源:根据《国安信托公司历年营业报告》相关数据整理,上档信托公司档案,档号:Q331-1-9。

第四,以诚孚信托公司为代表的极少数华商信托公司,主营真正意义上的信托业务。

诚孚公司最初由律师林斐成和周鉴臣于1925年在天津设立,办理受托业务,1929年改为诚孚信托公司。1935年中南、金城银行收购了诚孚,双方出资各半进行重组,总资本额为10万元。1936年总公司迁到上海。1937年5月资本

① 《通汇信托公司开幕》,《银行周报》第15卷第28期,1931年7月28日。

② 原表中总资产额为11 530 742.01元,未缴股本500 000.00元。资料来源:《全国银行年鉴》1937年版,第I25页。

③ 《全国银行年鉴》1937年版,第I13页。

改为 100 万元。①

在收买诚孚公司时,金城和中南银行有意将其打造成专营资产管理的信托公司,相继将与自己有债务关系、因经营不善而濒临破产的上海溥益、天津恒源、天津北洋三家纱厂委托诚孚进行管理。诚孚以受托人的身份对纱厂进行管理,仅收取管理酬金,纱厂的资产和会计都与诚孚分开。

按照改组后的章程,诚孚公司的营业范围只有两项:“一、承受动产不动产依委托人适法之指示为其本人或受益人处理之。二、仍用委托人名义以受任之地位依前款方法处理其财产。”②在经营中不自做买卖,也不吸收存款和自行放款,遇有“受人托付代行经管之财产,其证券之保管及平时还本收息,暨变更投资”的情况,全部交由银行处理,自己“仅奉行委托人之指示,为执行及分配机关而已”。公司自有的股本,一部分存在中南、金城、盐业、中孚银行,另外一部分购买内国公债和外国公司股票,为委托人提供担保。③

上海其余信托公司中,已经开展的信托业务只有接受信托财产、信托存款、信托金几项内容,业务数量不多。中国信托公司接受的信托财产在同行中相对较多,1931 年时接受信托财产金额为 9 万余元,到 1936 年接受信托财产达到了 45 万余元,占总负债的 22%,获取手续费 12 068.73 元,占总收益的 11%。④

中一、通易、通汇等信托公司均开办过收受信托存款的业务,但是数额很少。如前所述,中一信托公司在 1931、1932、1933、1934、1936 五年,还接受信托金进行信托投资,金额每年在 13 万元左右,1936 年仅为 4 万元,并且均没有将信托金的会计独立。东南信托公司仅在 1935 年度接受信托款项进行投资,结果这笔信托款项产生了 87 129.14 元利益,占当年总收益的 50%。⑤ 其他年份就没有开展这项业务了。

三、华商信托公司存在的根本问题

我们不得不承认的一个事实是:在 1927 年至 1937 年 7 月期间,华商信托

---

① 中国人民银行上海市分行金融研究室编:《金城银行史料》,上海人民出版社 1983 年版,第 385～386 页。

② 《诚孚信托股份有限公司设立登记呈请书》,1936 年 2 月,上档金城银行档案,档号:Q264-1-704。

③ 《金城银行总经理处有关投资诚孚信托公司有关文件》,1936 年 2 月,上档金城银行档案,档号:Q264-1-704。

④ 《全国银行年鉴》1937 年版,第 I12 页。

⑤ 《全国银行年鉴》1936 年版,第 J2 页。

公司的整体经营主流仍然是以商业银行业务为主业，真正的信托业务没有太大起色，仍然处于微不足道的地位。

造成信托业务无太大起色的根本原因是：这一时期华商信托公司数量增加较快，而信托需求的增长相对较慢，金融信托市场供大于求的矛盾仍然没有得到解决。在信托主体和可供信托的财产都十分有限的条件下，为求生存和发展，又不想沦为投机，必然会出现与银行争存款、争业务的现象，导致信托公司银行化。

其次，上海金融市场特殊的资金状况，又为信托公司从事商业银行业务提供了营业空间。

除了1934～1935年银根偏紧以外，在1930年前后，上海市面资金充斥，各大银行都存在着存款增长过快的问题，纷纷降低存款利息。在这种情况下，信托公司通过提高利息吸收存款，从而获取营业资金相对比较方便。1931年上海信托公司规定开业一个月内，加高存款利息，并赠送精美皮夹1 000个，3月21日开业当天，立即吸引了大量存户，“前往存款者，拥挤异常，全日收入存款，为数甚巨”。[①] 同年7月19日通汇信托公司开业，也以高息吸引存款，当天收到存款竟达500余万元。[②] 通易信托公司的郭虞裳等人与教育界人士颇有交情，该公司以高息吸收了教育界职业妇女的大量存款。[③] 相比之下，信托公司如果要通过吸收信托存款和接受信托金获取资金，必须花费大量的时间、人力、物力去宣传和推广这两项业务，因为大多数存户对这两项业务是陌生的。因此，对信托公司而言，当市面上比较容易得到存款时，信托存款和信托金业务自然失去了吸引力。

另一方面，由于工商业不景气，大型银行“自觉所负金融责任之大，于放款方面亦较为持重也”。大银行苦于缺乏稳妥的放款对象，普遍出现惜贷情况，其放款增长率大大低于存款增长率。信托公司规模相对较小，“莫不欲由小而大，故于业务方面常求其充量推展”，[④]对放款业务禁忌不多。再加上1934年金融风潮爆发后，“一般厂商，亏多盈少，减工停闭，时有所闻。……放款途径，遂更趋狭隘。”即便是大银行，也屈尊做以前不屑一顾的小额信用放款业务。这种放款潮流对规模较小的信托公司极为有利。1934年度，开展小额信用放款业务的金融

① 《上海信托公司正式开幕》，《银行周报》第15卷第11期，1931年3月31日，第3页。

② 《通汇信托公司开幕》，《银行周报》第15卷第28期，1931年7月28日。

③ 《黄慕兰自传》，第192页。

④ 上引均见：《上海商业储蓄银行史料》，第630页。

机构,"计有新华、聚兴诚、中国、国货、上海信托、中级信用信托、四明储蓄会、通易信托、中国经济合作社、中南、宁波实业,以及宁波交通银行等"。[①] 可见,在这一时期的上海金融市场,仍有信托公司经营放款业务的空间。

第三,如表2－14所见,大部分信托公司经营者与银行界有千丝万缕的关系,其经营手法不免受到银行经营模式的影响。银行界的经营方针往往注重稳健,经营放款业务的风险自然比投资业务低。如前分析,当上海、恒顺、中国、通易等信托公司曾以投资业务为主业时,由于投资品种只能集中于地产和公债,风险很大,尤其当"一·二八"事变和1934～1935年金融风潮发生时,投资业务上下波动幅度极大,导致投资型信托公司的经营业绩变化无常,不得不改变经营策略,收缩投资,增强银行业务和代理业务,以降低风险。否则,如通易信托公司,面临着停业改组的命运。

表2－14 部分信托公司经营者与银行的关系(1927～1937年7月)

姓名	在信托公司所任职务	在银行任职情况
严成德	中一信托公司总经理	曾任中国银行上海分行副经理
王晓籁	中一信托公司常务董事	曾任上海商业储蓄银行董事
裴云卿	中一信托公司常务董事	上海绸业商业储蓄银行董事
宋汉章	中一信托公司董事	中国银行总经理,曾任职中银行董事长、新华银行董事
周守良	通易信托公司董事、副经理	中国实业银行总经理
刘体智	恒顺信托公司董事长	曾任中国实业银行总经理
金采生	恒顺信托公司常务董事	中国实业银行上海分行经理、国信银行董事,曾任麦加利银行华副经理
贾颂平	恒顺信托公司董事	中国实业银行常务董事
朱如山	恒顺信托公司董事、通汇信托公司经理兼常务董事	中汇银行董事
陈桂堂	恒顺信托公司经理	中国实业银行职员
刘子康	恒顺信托公司副理	曾在中法银行服务
杨介眉	上海信托公司董事长	上海商业储蓄银行总行常务董事、副经理
齐致	上海信托公司总经理	中国农工银行总经理
徐寄庼	上海信托公司常务董事、通易信托公司董事	浙江兴业银行常务董事
严叔和	上海信托公司董事	上海女子商业储蓄银行总经理
陈光甫	上海信托公司监察人、董事	上海商业储蓄银行总经理

① 上引均见秦岳灵:《去年银行业的回顾》,《银行周报》第19卷第2号,1935年1月22日,第13页。

续 表

姓名	在信托公司所任职务	在银行任职情况
张公权	上海信托公司监察人	中央银行常务董事、副总裁,曾任中国银行总裁
杜月笙	通汇信托公司董事长	中汇银行董事长兼总经理
麦佐衡	中国信托公司总经理	曾任香港富滇银行经理、香港工商银行经理协理
黄裕宽	中国信托公司上海分公司经理	中国实业银行经理,曾在中国国货银行服务
林康侯	东南信托公司董事	上海商业储蓄银行常务董事,曾任上海新华银行经理,中华汇业银行华方经理
林毅伯	生大信托公司总经理	东亚银行上海分行司理
林炳炎	生大信托公司董事长	华侨银行董事

资料来源:《中一信托公司历年帐略》,上档中一信托公司档案,档号: Q329-1-32;《上海商业储蓄银行对各信托公司的调查报告》,上档上海商业储蓄银行档案,档号: Q275-1-2 291;《上海商业储蓄银行史料》,第689页;《全国银行年鉴》1937年版,第C1～C26页,第I3、I13、I20、I22、I26页。

第四,国民政府一直没有颁布专门的信托法规,没有约束信托公司银行化的经营方式。1928年国民政府颁布交通银行条例,明文规定信托业务为其营业之一种,轻描淡写,并无着意突出。1931年3月28日公布的《银行法》,[①]仅对银行兼营信托业务做了相关规定,只有寥寥数语,并且该法最终没有施行。直至抗日战争前夕,国民政府一直没有颁布专门的信托法规。信托关系中的三方:委托人、受托人、受益人的关系如何,没有任何参照。信托公司的设立、营业,除了公司法、银行法、银行注册章程作为一般准绳外,就没有其他专门的根据了。信托公司向财政部呈请设立登记时,根据的是1929年1月30日国民政府核准备案的《银行注册章程》,财政部核发给信托公司的是"银行营业执照"。因此,从法律程序上来说,这一时期信托公司经营银行业务是可行的。

第五,信托公司商业银行化既是客观环境所致,也是信托业内人士主观选择的结果。信托公司自身的定位,间接导致了业务日益趋同于商业银行而不能自拔。朱斯煌与程联是当时信托界的权威人士,由于直接参与了中央和上海信托公司的经营活动,又有丰富的信托业学识,两人的信托理念对当时的信托界具有举足轻重的影响力。他们均赞成信托公司兼营银行业务,程联以美国的经验为

① 朱斯煌:《银行经营论》,商务印书馆1939年版,第51页。

例,认为"信托业务之兼营银行业务,是很处于重要的地位"。[①] 朱斯煌的意见更具有代表性,他认为中国信托业尚属于不能自立阶段,经营的信托业务数量少,收费低,而信托手续繁琐,成本高,"要我国的信托公司,专办信托,恐怕不易经营。正需银业储蓄的盈利,来充实信托公司的力量,扩展信托公司的信托本业。况且信托和银业储蓄,很有密切的关系。三者兼营,实在有营业上的便利"。[②] 业内人士对此基本上持肯定意见。"因经济社会落后,信托业务,尚未发达,使信托公司脱离银行业务,专营信托业务,则必因业务不足,难以支持,故必须兼营银行业务,藉以支持,因此,我国自然而然形成一种互为兼营的现象。"[③]在这种思想指导下,以银行业务收入来扶持信托业务的扩展,成为众多信托公司的经营策略。事实证明,确实有相当多的信托公司依靠银行业务收入来维持运营,许多信托公司的银行业务收入占总收益比重超过50%,足以说明这个问题。

最后,这种银行化的经营方式将华商信托公司的发展带入了一个恶性循环的怪圈。"该业推行之始,既未能获得合理之营养,于是趋重兼营之银行业务,以致一般群众徒知有银行业,不知有信托业。夫信托业营业之基础,本在于接受社会群众之委托,如其失却本来面目,自难取得世人之爱护与扶持。"[④]信托公司没有确立其财产管理机构的地位,也没有发挥其融通长期资金的功能,只是把自己作为银行业的补充,以"小银行"的地位附属、依赖银行业,从而丧失了金融业中应有的独立地位,使信托业务的拓展难上加难。

第二节 银行信托部

一、创设银行信托部的潮流

在1927年以前,上海银行界中经营信托业务的并不多,专门设立信托部的银行更是凤毛麟角。1930年前后,银行设立信托部的风潮席卷全国,到1937年

① 程联:《信托业务的演进与我国信托业务的趋势》,《信托季刊》第1卷第2期,1936年4月1日,第20页。

② 朱斯煌:《信托常识》,《信托季刊》第2卷第1期,1937年1月1日,第248页。

③ 李萌南:《金融机关的信托公司》,《信托季刊》第1卷第2期,1936年4月1日,第119页。

④ 沈雷春编:《中国金融年鉴》,中国金融年鉴社1939年版,第A129页。

抗日战争前夕,全国共有 79 家银行设有信托部或储信部,①几乎占银行总数的一半。② 这 79 家银行中,38 家总行或总管理处设在上海,12 家在上海设有分行或办事处等分支机构。银行信托部已成为上海信托业的一股新兴重要力量。

大部分银行的信托部没有划分独立资本,表 2－15 是 1937 年抗日战争爆发前上海有独立资本的银行信托部概况。

表 2－15　1936 年底各主要银行信托部概况表

信托部名称	设立时间	划拨资本(元)	总行所在地	负责人
上海商业储蓄银行信托部	1921 年	500 000	上海	华卫中
国华银行信托部	1928 年	200 000	上海	饶韬叔
浙江兴业银行房地产信托部	1930 年	500 000	上海	张美裕
大陆银行信托部	1930 年	1 000 000	上海	沈尔昌
中国银行信托部	1931 年	2 500 000	上海	贝祖诒
新华银行信托部	1931 年	1 000 000	上海	不详
聚兴诚银行信托部	1932 年	400 000	重庆	不详
交通银行储蓄信托部	1933 年	2 500 000	上海	刘展超
浙江实业银行信托部	1933 年	500 000	上海	于世骧
江苏银行信托部	1937 年 1 月	200 000	上海	卢宠之
四行信托部	1937 年 1 月	1 000 000	上海	不详
四川美丰银行信托部	1937 年 1 月	100 000	重庆	不详
四明银行信托部	1937 年 7 月 1 日	500 000	上海	不详
中国实业银行信托部	1937 年 7 月 1 日	500 000	上海	不详

① 这 79 家银行中,总行或总管理处设在上海的有:中国银行、交通银行、盐业银行、上海商业储蓄银行、浙江兴业银行、中南银行、中国农工银行、中汇银行、辛泰银行、国信银行、中孚银行、中国企业银行、中国国货银行、中华劝工银行、江苏银行、东莱银行、浙江实业银行、国华银行、上海女子商业储蓄银行、上海通和商业储蓄银行、中国垦业银行、民孚商业储蓄银行、正明商业储蓄银行、光华商业储蓄银行、恒利银行、浦东商业储蓄银行、统原商业储蓄银行、惠中商业储蓄银行、中和商业储蓄银行、中华商业储蓄银行、惇叙商业储蓄银行、上海绸业银行、中国实业银行、四明商业储蓄银行、新华信托储蓄银行、上海永亨银行、四行信托部、永大银行。在上海设有分支机构的外地银行:大陆银行、重庆平民银行、重庆银行、四川美丰银行、四川省银行、聚兴诚银行、川盐银行、江苏省农民银行、川康殖业银行、华侨银行、五华实业信托银行、浙江地方银行。其他外地银行:吴县田业银行、河南农工银行、南京市民银行、南京商业储蓄银行、信孚商业储蓄银行、大孚商业储蓄银行、浙江储丰银行、四川商业银行、丝业银行、太平银行、永安银行、安徽地方银行、广东省银行、四川地方银行,平阳县农民银行、松江典业银行、金华银行、南方实业储蓄银行、南昌市立银行、国泰银行、绍兴县农民银行、嵊县农工银行、嘉兴县地方农民银行、余姚县农民银行、兴中银行、广州市立银行、边业银行、两浙商业银行、浙江建业商业储蓄银行。资料来源:李萌南:《金融机关的信托公司》,《信托季刊》第 1 卷第 2 期,1936 年 4 月 1 日,第 112 页;潘恒敏编:《各银行银公司信托公司储蓄会 1936 年度营业报告统计》,第 18 页;《中国金融年鉴》1939 年版,第 A124～125 页;《全国银行年鉴》1937 年版,第 J3～J26 页。

② 根据《全国银行年鉴》1937 版的统计,到 1936 年底全国各类银行共有 164 家。

续　表

信托部名称	设立时间	划拨资本（元）	总行所在地	负责人
中南银行信托部	1937 年 7 月	500 000	上海	不详
辛泰银行信托部	不详	300 000	上海	车植庭

资料来源：中国银行经济研究室编：《全国银行年鉴》1937 年版，第 C1－C26 页，第 J3～J26 页；沈雷春编：《中国金融年鉴》1939 年版，第 A124～A125 页；潘恒敏编：《各银行银公司信托公司储蓄会 1936 年度营业报告统计》，第 18 页；朱斯煌：《信托总论》中华书局 1941 年版，第 100～101 页；《国内外金融经济概况》，《中行月刊》第 15 卷第 1 期，1937 年 7 月，第 24～25 页；《金融日志》，《银行周报》第 21 卷第 1 期，1937 年 1 月 12 日，第 43～44 页；《四明银行扩充业务，增加储蓄部资本并添设信托部》，《金融周报》第 4 卷第 1 期，1937 年 7 月 7 日，第 32 页。

银行设立信托部的时间主要集中在两个阶段：1930～1933 年、1936～1937 年上半年。

在第一阶段，设立信托部的潮流主要是由于上海银行业资金过度宽松所致。由于“内地匪乱频仍，灾荒交迫，土产衰落，外货涌进；亦由银价低落，外商之拥有银资金者，暂储以求投资利润”，导致上海一埠的“中外银行之存银，愈储愈多”，从 1928 年底的 17 100 万元增加至 1933 年底的 54 700 万元。五年之间，增加 38 600万元。① 1934 年初，张公权曾估算上海的华商银行“最初存款不过一万万元，而最近已增加至二十万万元以上”。② 上海商业储蓄银行、新华银行、中国银行等纷纷采取降息的方式，但收效甚微，“唯存息虽减，而存款不见减少”。③ 在存款大量增加的同时，受国内外各种政治、经济因素的影响，放款业务却呈萎缩现象。“自从 1931 年以还，国内经济之衰退，日形严重。金融业者，无论是银行或是钱庄，为欲谋其事业本身之稳固与其资金运用之安全起见，对于工商业的投资，几无不小心翼翼，亟谋信用之紧缩，未敢放宽。”④因此，30 年代初上海各大银行普遍面临着存款过多的问题。以上海商业储蓄银行为例，1933 年 6 月该行就有 4 000 万余款无处可放，“不得不设法疏通”。⑤ 在这种情况下，银行“不能不设法兼营各种副业，以为他吸收所得的款子之尾闾”。⑥ 发展银行业务以外的保险、房地产、买卖证券等副业，成为 30 年代初银行界的一种普遍现象，设立信托部也成为疏通现金的方式之一。

---

① 上引均见：《中国银行 1934 年度营业报告》，《中国银行行史资料汇编》上编（1912～1949）第三册，第 2138 页。
② 张公权：《内地与上海》，《银行周报》第 18 卷第 14 号，1934 年 4 月 17 日，第 14 页。
③《中国银行 1933 年度营业报告》，《中国银行行史资料汇编》上编（1912～1949）第三册，第 2098 页。
④ 吴承禧：《中国的银行》，第 24 页。
⑤《上海商业储蓄银行史料》，第 407、413 页。
⑥ 黄溯初：《中国信托业之现在与将来》，《银行周报》第 16 卷第 39 号，1932 年 10 月 11 日，第 6 页。

在第二个阶段,主要是由于1936年交通银行扩大信托业务的做法,无形中引导了银行界的经营潮流,其他银行纷纷仿效,设立信托部。交通银行1937年度营业计划书中提到:"再查信托业务,在前同业各行本极漠视,不生比较,近年受本行刺激,似已转移目光,渐次前进。"①交通银行作为一家实业银行,为了"使社会上趋于投机之存资,得藉该行之经验与实力,集合运用于生产之途径",1936年1月特意举办信托存款业务,并将信托部资本拨足250万元。② 作为一家大型的官商合办银行,交行此举自然会引起其他银行的关注。据《中行月刊》报道,"自去年交通、缃业等银行相继添办信托业务以来,信托事业之重要,已为金融界所公认,故银行方面添办信托业务者,时有所闻。"③另外,1934～1935年间上海银行业存款一度下降,1936年后存款额复又上升,但因时局紧张,储户们"亦未敢遽将流动资金作为定期款项"。以上海商业储蓄银行为例,1936年上半年活期存款和储蓄存款额有所增加,但定期存款额反而下降。④ 举办信托存款不失为吸引储户延长存期的一大良策。1936年至1937年抗日战争爆发前,"银行方面添设信托一部者,渐见增加"。⑤

银行纷纷设立信托部,还间接受以下两个因素影响:

其一,银行已有业务中,保管贵重物品、经理长期存款、代收款项、仓库保管、代理买卖证券等项,本来就属于信托性质。成立信托部后,银行既可以借机推广这些固有的附属业务,又可以经营以前不敢经营的业务,如房地产业。银行因相关的章程规定不能直接投资房地产业,此时正好借信托部的名义,吸收资金直接投资房地产业。1930年成立的浙江兴业银行房地产信托部和大陆银行信托部即属于此列。另外在1930年左右的上海,"国内外债券,发行日增,以基金之稳固,利益之优厚,投资者颇不乏人"。⑥ 保管和代理买卖证券的业务需求很大,银行有必要专门成立一部扩大此类代理业务,同时也可借机自行投资买卖有价证券牟利。

其二,个别有远见的银行,对于信托业务的未来发展前景有了新的认识,这在一定程度上鼓励了银行设立信托部。以中国银行为例,考虑到"欲贯彻扶助国际贸易之宗旨,必须对于生产或制造者藉长期资金之吸收,予以相当之融通,即关于货物之卖买、存储、运输、保险等项,更不能不有相当之设施,以图贸易之便

---

①《交通银行史料》第一卷下册,第1261页。
②《交行举办信托存款》,《银行周报》第20卷第10期,1936年3月10日,第14页。
③《国内外金融经济概况》,《中行月刊》第14卷第1、2期,1937年1、2月,第98页。
④《上海商业储蓄银行史料》,第419页。
⑤《国内外金融经济概况》,《中行月刊》第15卷第1期,1937年7月,第24页。
⑥《上海中国银行添办证券保管》,《银行周报》第14卷第12号,1930年4月8日,第9页。

利。凡此种种，悉应包括于信托业务”。同时也有感于欧美各国的商业银行“大都兼办信托或组织公司，或附设专部，成绩昭著”。① 中国银行总管理处在1931年提议增设信托部，同年12月修正组织大纲，将总行信托部直辖于总管理处，主要经营以下内容：“一、有价证券票据及贵重物品之保管；二、代理买卖证券；三、代理买卖不动产及其经营；四、信托投资之处理；五、代理发行公司债票股票；六、办理其他特约信托。”②

二、经营状况

由于相当多的银行信托部资本和会计均不独立，所以评判银行信托部的经营状况存在一定的难度。一般来说，对信托部进行独立资本划拨和会计的基本上是实力雄厚的银行，下面以4家有独立资本和会计且经营风格迥异的银行信托部作为考察对象。

(一) 上海商业储蓄银行信托部。主要以经营保管、代理、担保、押放款等信托附属业务为主，各种手续费是其最主要的利益收入。

该信托部属于上海各银行中最早添设的信托部。1930年前后浙江兴业、大陆等银行新设立的信托部纷纷投资房地产业获取暴利，大有“争著先鞭之势”，上海商业储蓄银行高层对此不以为然。1931年总经理陈光甫通函全行，提出了六大营业方针，其中三项为“不可稍事冒险投机”、“不可经营地产公司”、“不可妄事贪图厚利”。③ 基于上述方针，陈光甫对信托部的定位是：“对于信托业务，只希望按部就班尽力去做，不必定为领袖，即不为领袖亦无关系。”④因此，与其他银行信托部相比，上海商业储蓄银行信托部的经营风格更加稳健、务实。抗日战争爆发之前，该行主要在以下几个方面为信托部拓展业务创造条件。

首先，逐步使信托部会计、资本独立。1931年颁布的《银行法》第30条、31条分别规定：“银行经营信托业务之资本，不得以银行之资本与法定公积金抵充。”“银行收受之信托资金，应分别保存，不得与银行其他资产混合。”⑤该

① 《中国银行行史资料汇编》上编(1912～1949年)三，第2531页。
② 《中国银行行史资料汇编》上编(1912～1949年)三，第2539～2540页。
③ 《上海商业储蓄银行史料》，第332页。
④ 《上海商业储蓄银行史料》，第667页。
⑤ 中国第二历史档案馆、中国人民银行江苏省分行、江苏省金融志编委会合编：《中华民国金融法规档案资料选编》(上)，档案出版社1989年版，第577页。

法虽未施行,“而银行已作为重要之参考”。[①] 根据银行法的上述精神,1931 年上海商业储蓄银行将信托部会计完全独立,但未划拨专项资本。1932 年证券部经理董承道提出:“对于信托部另拨资本一层,当特别注意,即在营业方面,亦须有资本方能进展,前见美国报纸,对于信托制度之评论,谓银行虽以不景气而倒闭,然信托方面,仍然照常收付,不受影响,即受信托独立之赐也。”[②] 1935 年该行另划 50 万元作为信托部资本,专门订立信托部章程,经财政部、实业部分别登记注册。在新制订的章程中,信托部的经营范围为:“信托款项、财产管理、房地产信托、保管事务及保管箱、担保公司债信托、清算及改组事务、代理公司股票债券之转让及登记、代理买卖证券、代理收付款项、代理保险、保证事务、执行遗嘱、生前信托、监护事务、其他信托事务。”[③]大多数为代理业务。

其次,注重业务宣传。董承道认为:“谈到信托两字之真义,恐知者不多,欲令人人明瞭信托之价值,重在切实宣传。”[④]这项意见得到采纳,信托部投入较大的经费印刷宣传业务的小册子,供顾客免费索取。1935、1936 两年,信托部的广告费用支出分别为 6 890 余元和 5 930 余元。[⑤]

第三,采取各种措施推广优势业务。该行创立信托部的最初目的在于经营保管箱业务,因此在经营过程中对保管箱业务的重视态度贯穿始终。1931 年总行新屋落成,“制有巨大保管库,全部为 18 寸厚之钢壁,库门纯钢质制成,重至 15 吨。初设保管箱 3 000 具,后以不敷供应,陆续添备,共有 6 300 具”。[⑥] 汉口、南京两分行新建的行屋,均设有完善的保管库设备。1932 年该行牵头,联合同业,订立上海市保管箱租用规程 22 条,经呈准财政部备案。实际经营中,保管箱业务确实给信托部带来比较可观的收入。1936 年度信托部收入各种手续费共计 10 万余元,其中保管箱租费即达 4 万余元。

第四,拓展新业务。1930 年开始,信托部陆续增设了代客买卖证券,代收房租,代领证券股息、担保、代理保险、土地管业,以及建筑贷款等项业务。在实际经营中,各种代办业务是信托部最繁忙的业务。如代理外埠行家或私人经手买卖少数物品或大宗货物、兼办报关、保险、押汇、打包、装卸送栈等。私人委托业

① 朱斯煌:《银行经营论》,商务印书馆 1939 年版,第 51 页。
② 《上海商业储蓄银行史料》,第 665 页。
③ 《上海商业储蓄银行信托部章程》,1936 年,上档上海商业储蓄银行档案,档号:Q275-1-190。
④ 《上海商业储蓄银行史料》,第 666 页。
⑤ 《上海商业储蓄银行史料》,第 671 页。
⑥ 《上海商业储蓄银行史料》,第 664 页。

务方面，开展得最多的是财产管理，如代理公债、不动产代理等。此外，保证业务也较发达，如货款交货保证、个人任职保证等。

事实证明，上述措施是行之有效的。当浙江兴业、大陆等银行信托部因地价暴跌导致利润剧减时，上海商业储蓄银行信托部的经营状况正渐入佳境。

考察该信托部1935、1936年度资产负债表(表2-16)，负债项目方面，最主要的资金来源为资本和公积等自有资金，其次是保证金。资产项目方面，80%资产属于顾客承付票据。

表2-16　1935、1936年度上海商业储蓄银行信托部资产负债表

负债	1935年	1936年	资产	1935年	1936年
资本	500 000.00	500 000.00	押放款	229 533.32	221 362.37
公积	—	10 000.00	应收未收利息	4 753.85	5 465.62
营业准备	10 000.00	—	顾客承付票据	3 743 696.09	7 788 243.25
本期纯益	33 322.45	35 234.93	房地产	137 894.70	130 833.41
存入保证金等	312 731.81	328 614.35	商业部往来	487 611.97	518 720.84
应付未付利息	2 744.58	4 372.96			
承付未付票据	3 744 691.09	7 786 403.25			
合计(元)	4 603 489.93	8 664 625.49	合计(元)	4 603 489.93	8 664 625.49

资料来源：根据以下资料中相关数据整理：《上海商业储蓄银行民国二十四年度营业报告》，《银行周报》第20卷第11期，1936年3月24日，第4页；《上海商业储蓄银行史料》，第671页。

再从收益方面考察。1935年度该信托部收益共计59 049.50元，其中18%来自利息收益，72%则来源于手续费。[①] 1936年度信托部的收益共计139 570.33元，比上年增长了136%。其中各种手续费计占75%，利息占25%。各种手续费收入依次来源于：保管箱租费41 300余元，代理买卖证券手续费15 600余元，代理经租房地产手续费14 700余元，担保业务手续费收入12 300余元，另外还有代收学费、代收保费佣金各有数千元。[②]

再来考察一下资本、会计独立后信托部在全行中的地位。表2-17中数据显示，信托部在全行的地位相当重要。信托部的资本和公积金合计仅占全行的5%，但在1936年度，其纯益金占全行纯益金的26%，净资产收益率比全行整整高出13%，经营业绩相当出色。

① 《上海商业储蓄银行1935年度营业报告》，《银行周报》第20卷第11期，1936年3月24日，第5页。

② 《上海商业储蓄银行史料》，第669～672页。

表 2－17　1935、1936 年度信托部在上海商业储蓄银行的地位分析

项目	年份	全行金额(元)	信托部	
			金额(元)	占全行%
纯益金	1935	488 723.65	33 322.45	7
	1936	310 267.94	81 914.29	26
资本金和公积	1935	10 130 000.00	500 000.00	5
	1936	10 200 000.00	510 000.00	5
净资产收益率%	1935	5		7
	1936	3		16

资料来源：根据以下资料中相关数据整理计算：《上海商业储蓄银行民国二十四年度营业报告》,《银行周报》第 20 卷第 11 期,1936 年 3 月 24 日,第 4 页;《上海商业储蓄银行史料》,第 671 页。

(二) 大陆银行信托部。采取以信托存款的名义吸收社会资金,投资房地产业获取高额利润的经营方式。浙江兴业银行房地产信托部也属于此类。

1930 年 12 月,大陆银行在南京路 358 号新建房屋设立信托部,由总行拨给 100 万元作为资本,资本、会计独立,沈尔昌担任上海信托部经理。该信托部主要经营“存款信托,证券信托、债权信托、动产信托、不动产信托、保管信托、保证信托、财产管理信托”8 种业务。①

表 2－18 是大陆银行信托部 1931 年度的资产负债表。信托存款是该信托部最主要的资金来源。资产项目中,各种放款金额合计占总资产的 45%,用于房地产投资的资金占 24%。由于当时正值上海地价暴涨,该信托部利用吸收信托存款获取资金再行投资的经营方式极为成功,开业仅半年,成绩卓著,“所有定期两年以上之信托存款,一律分配红利三厘五毫,连同保息,最低者计得年利一分零半厘,最高者一分四厘半,利益之厚,为普通银行定期存款所不能及。”②

表 2－18　1931 年度大陆银行信托部资产负债表分析

负债	金额(元)	占%	资产	金额(元)	占%
本部基金	1 000 000.00	12	各项定期抵押放款	1 553 535.67	19
信托存款	365 514.41	4	各项活期抵押放款	2 137 916.59	26
特约信托存款	3 885 819.45	46	暂记欠款	64 408.58	1

① 《大陆银行储蓄信托部开业》,《银行周报》第 14 卷第 49 号,1930 年 12 月 23 日,第 8 页。
② 《沪大陆银行信托部之现状》,《中行月刊》第 3 卷第 2 期,1931 年 8 月,第 59 页。

续　表

负债	金额(元)	占%	资产	金额(元)	占%
各项活期存款	1 662 183.63	20	存出保证金	355 473.49	4
本票	391 459.45	5	地产	2 023 566.65	24
存入保证金	80 800.00	1	托收款项	52 635.01	1
卖出期证券	430 895.00	5	买入期证券	430 895.00	5
应付未付利息	46 404.87	1	代管不动产	402 031.72	5
信托不动产	402 031.72	5	器具	13 153.94	0
本年纯益	98 175.83	1	开办费	35 662.11	0
			应收未收利息	17 544.13	0
			银行往来及现金	1 276 461.47	15
合计	8 363 284.36	100	合计	8 363 284.36	100

资料来源：根据《大陆银行1931年度营业报告》整理计算，《银行周报》第16卷第13号，1932年5月8日，第3页。

表2-19是1931～1936年间该信托部的收益分析。数据显示1931年度收益金位居历年收益金榜首，其中92%利益来自房地产投资的贡献。但好景不长，1932年上海地价回落，地产业一蹶不振，该信托部的收益因此逐年下降，表中显示1936年度的收益与1931年度相比降低了42%。但该信托部的经营策略一直没有太大变化，投资地产的资金额度非但没有相应减少，反而有所上升，而地产投资贡献的收益却越来越少。1936年度该信托部将资金总量的50%用于各种放款，仍有33%资金投资房地产，结果获取利息占总收益的64%，房地产收益仅占总收益的8%。最低1935年时地产收益仅有1 648.88元，在总利益中所占比重仅有1%。

表2-19　大陆银行信托部历年收益项目分析(1931～1936年)

年份	总收益(元)	利息、汇兑损益%	保管费、手续费%	信托费%	证券损益%	地产损益%	杂损益%
1931	296 033.45	2	1	3	2	92	—
1932	283 216.59	5	0	6	2	87	0
1933	192 683.60	亏损	3	5	亏损	90	2
1934	159 314.37	28	5	22	23	22	亏损
1935	148 349.53	30	2	38	29	1	亏损
1936	143 487.17	64	3	11	14	8	0

资料来源：根据以下资料中相关数据整理计算：1931、1932、1933年度数据来源于：《银行周报》第16卷第13号，1932年5月8日，第4页；第17卷第12号，1933年4月4日，第4页；第18卷第17号，1934年5月8日，第6页。1934、1935年度数据来源于：《全国银行年鉴》1936年版，第D27、D30页。1936年数据来源于：《全国银行年鉴》1937年版，第D22页。

(三) 新华信托储蓄银行信托部。注重发展证券投资与代理业务。

新华信托储蓄银行的前身，是 1914 年 10 月由中、交两银行奉财政部令拨款在北京设立的新华储蓄银行，1925 年改称新华商业储蓄银行。1931 年由中、交两银行主持改组，改称新华信托储蓄银行，迁总行于上海。该行资本总额 200 万元，下设的信托储蓄两部各占资本 100 万元，会计分立。①

根据章程，信托部经营的内容包括："一、经收信托款项及定期活期存款；二、贷放各种抵押款项；三、贷放对于劳动者及小企业之信用担保放款；四、购买或贴现承兑票据；五、代理收付款及汇兑事项；六、经营保管及仓库业务；七、买卖有价证券房地产及生金银；八、经办个人法人及政府各种信托事项；九、经理房地产买卖及各种保险事项；十、其他信托公司一切业务。"②总行信托部下设：证券股、地产股、保管股、信托股、仓库股。截止 1936 年底，新华银行共有分行 4 处(平津京厦)，办事处 18 所。各分行内部组织，虽与总行略有不同，"但一切信托业务，总分行均一律办理"。③

从 1931 年至 1936 年，新华银行信托部设立不过六年，但进展颇速，如表 2-20 所见，其资产总额增长率为 283%。

表 2-20 1931～1936 年新华银行信托部营业能力分析

年份	总资产(元)	纯益金(元)	年份	总资产(元)	纯益金(元)
1931	11 481 802.21	75 163.31	1934	33 837 388.23	58 743.57
1932	10 656 933.48	3 905.92	1935	31 410 571.09	95 693.27
1933	22 654 748.95	60 665.87	1936	32 478 464.05	46 360.88

资料来源：根据《新华银行 1931～1936 年度营业报表》相关数据整理，上档新华银行档案，档号：Q269-1-629。

再如表 2-21 所示，存款总额增长率为 598%。在 1931～1933 年间，多为活期存款，1934 年开始，定期存款逐渐占主流。

---

①《新华信托储蓄银行五年来营业行务之总述》，1936 年，上档新华银行档案，档号：Q269-1-629；《中国金融之组织——战前与战后》，第 72 页；《上海信托业调查．新华信托储蓄银行信托部略况》，《信托季刊》第 4 卷第 1 期，1939 年 1 月 1 日，第 157～159 页。

②《新华信托储蓄银行章程》，1931 年 9 月 25 日，上档新华信托储蓄银行档案，档号：Q269-1-711。

③《中国金融之组织——战前与战后》，第 72 页。

表 2-21 1931～1936 年新华银行信托部存款分析

年份	活期存款(元)	定期存款(元)	存款总额(元)
1931	2 683 096.11	777 020.23	3 460 116.34
1932	3 206 266.32	1 036 942.45	4 243 208.77
1933	3 428 553.65	2 321 533.28	5 750 086.93
1934	5 553 180.07	8 230 946.31	13 784 126.38
1935	7 456 193.05	8 739 623.94	16 195 816.99
1936	8 919 061.92	11 760 125.29	20 679 187.21

资料来源：根据《新华银行 1931～1936 年度营业报表》资产负债表中相关数据整理，上档新华银行档案，档号：Q269-1-629。

新华银行的放款政策，“向取稳慎，故其增加率，远不如存款之速。”6 年间，信托部放款的增长率为 244%。放款对象以小额放款为主，尤其“对于小额信用放款及建屋贷款，推行甚力”。另外对于比较可靠的公用事业及建设事业的贷款，“亦曾致力不少”。① 就放款业务的重要性而言，表 2-22 中的数据显示，利息在信托部总收益中所占比重逐年下降，这主要与信托部的定位有关。

表 2-22 1931～1936 年新华银行信托部放款分析

年份	活期放款(元)	定期放款(元)	放款总额(元)	利息收入(元)	利息占当年总收益%
1931	1 305 975.58	3 695 479.56	5 001 455.14	230 512.01	90
1932	1 419 351.04	4 367 079.38	5 786 430.42	144 003.09	72
1933	1 498 303.66	5 924 453.75	7 422 777.41	110 370.91	44
1934	2 742 367.86	5 915 122.04	8 657 483.90	亏损	—
1935	2 603 298.50	6 616 885.05	9 220 183.55	30 339.62	7
1936	3 526 495.76	8 654 002.07	12 180 497.83	1 367.10	1

资料来源：根据《新华银行 1931～1936 年度营业报表》相关数据整理计算，上档新华银行档案，档号：Q269-1-629。

改组后的新华银行定性为投资银行，其信托部理应侧重投资业务。对于这一问题，新华银行有着清醒的认识，“本行性质既属于投资银行，则投资一项，当然为重要业务。”但在实际经营中开展投资业务并非易事。尤其在 1931～1933 年，“实业不振，放款利率低落，投机奋起，地产公债市价腾高，……当此潮流，而

① 上引均见：《上海信托业调查．新华信托储蓄银行信托部略况》，《信托季刊》第 4 卷第 1 期，1939 年 1 月 1 日，第 158～159 页。

欲收投资运用圆满之效,诚感困难"。① 因此在这一阶段,如图 2-1 所示,信托部用于投资的金额较为有限。1934 年开始,投资的数额才大幅上扬,但仍然低于放款额度。

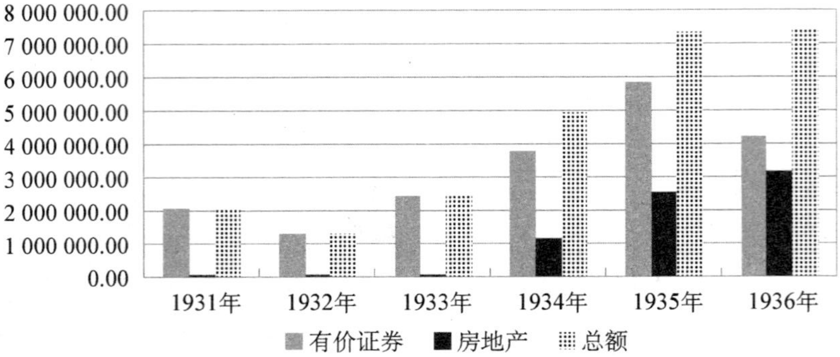

图 2-1 新华银行信托部投资分析(1931～1936 年)(单位:元)

资料来源:根据《新华银行 1931～1936 年度营业报表》相关数据制作,上档新华银行档案,档号:Q269-1-629。

信托部的投资内容主要是房地产和有价证券。在 1931～1933 年间,信托部用于投资房产的数额微不足道,仅五六千元左右,而且由于投资的房地产基本上用于营业,所以没有带来任何收益。1934 年后,投资房地产才有较大增加,主要仍为营业用房。至 1936 年底,投资的房地产"分散于上海、天津、北平各埠,以保障投资之安全"。②

改组后的新华银行一再强调信托部的一项重要社会责任在于扶植本国的公司证券,"应于信托业务方面,尽力之所及,扶助本国公司股票债券之发行与流通,俾于公债之外,增多投资之途径,而社会生产事业之发展,亦胥以是赖焉"。但扶助本国公司证券谈何容易,各国投资种类中风险最小的政府公债,在中国"亦随时局涨落靡定,甚至惨跌至对折以下",更何况公司证券。在实际操作中,新华银行采取非常实用的证券投资方针:"注意于证券种类,及地域之分散,金币银币成数之支配,以保障本身投资之安全。"以 1931 年为例,全行持有证券合计总额 4 325 818.79 元,其中信托部持有 2 025 510.85 元。证券种类分别为:"内

① 上引均见:《新华信托储蓄银行二十年度报告书》,《银行周报》第 16 卷第 21 号,1932 年 6 月 7 日,第 1 页。

② 《上海信托业调查.新华信托储蓄银行信托部略况》,《信托季刊》第 4 卷第 1 期,1939 年 1 月 1 日,第 159 页。

国公债票，外币公债票，本国公司股票，外国公司股票、债票等。”①其中本国公司股票数额极少。到1935年左右，投资证券种类除了政府债券外，“公司证券所占之成数最近亦较往年为增”。② 历年投资证券带来的收益如表2-23所示，总体来看，投资证券业务在信托部发挥的作用日益显著。

表2-23　1931～1936年新华银行信托部证券投资收益分析

项目	1931年	1932年	1933年	1934年	1935年	1936年
证券收益(元)	22 198.03	亏损	29 223.25	113 571.09	128 487.18	108 157.95
占当年总收益%	9	—	12	39	31	44

资料来源：根据《新华银行1931～1936年度营业报表》损益表中相关数据整理计算，上档新华银行档案，档号：Q269-1-629。

各种代理业务很受信托部推崇。如表2-24所示，从1933年开始代理业务所得的手续费已经成为信托部最主要的财源之一。“数年来办理最多者，厥为有价证券之代理买卖，房地产之代理买卖及经管，与保管业务。”其中代理买卖有价证券，历年数额均相当可观。1935年全年仅代理买卖国民政府公债库券即达3亿7 000余万元。③ 至于代客买卖及经营房地产，1931年就开始经营，1933年下半年起渐趋发达。保管业务，除露封保管外，该行上海第一、第四办事处及天津分行都设有安全保管库，出租保管箱。另外，新华银行信托部恐怕是当时唯一经营公司信托的银行信托部。早在1932年该信托部就开办了该项业务，“接受公司组织之商店工厂委托办理公司之设立、招股、改组、清算与业务上之设计调查，及估价等事宜”。1932年，委托公司就有康元制罐厂和中国国货公司两家。④

表2-24　1931～1936年新华银行信托部手续费收益分析

项目	1931年	1932年	1933年	1934年	1935年	1936年
手续费(元)	—	4 440.12	103 878.93	158 056.82	235 159.04	87 481.21
占当年总收益%	—	2	42	54	57	35

注：1936年的“手续费”将“手续费”和“保管费”一起计算，其中保管费为9 554.77元。

资料来源：根据《新华银行1931～1936年度营业报表》历年损益表中相关数据整理计算，上档新华银行档案，档号：Q269-1-629。

---

① 上引均见：《新华信托储蓄银行二十年度报告书》，《银行周报》第16卷第21号，1932年6月7日，第2～3页。

② 《新华信托储蓄银行五年来营业行务之总述》，1936年，上档新华银行档案，档号：Q269-1-629。

③ 上引均见：《新华信托储蓄银行五年来营业行务之总述》，1936年，上档新华银行档案，档号：Q269-1-629。

④ 《新华信托储蓄银行民国二十一年度报告书》，《银行周报》第17卷第12期，1932年4月4日，第29页。

(四)交通银行信托部。大力推广信托存款业务,实行信托业务固有会计与信托会计分别处理的制度。

1928年国民政府颁布的交通银行条例,第8条第6项规定交通银行可以办理信托业务。1930年2月,鉴于上海等地房地产和债券市场十分发达,交行呈准财政部先在上海地区办理信托业务,主要经营"各种储蓄、各种公债库券股票等之保管及代取本息或代理买卖、房地产之经管及代理买卖、办理其他一切信托业务"。[①] 实际上仅开办有价证券保管一项业务。1931年该行修订组织规程,规定设立信托部,但并未立即设立。1933年6月,修订组织规程,总行设储蓄信托部,"实业上必要区域酌设储蓄信托分支部"。[②] 储信部此后几年间,又相继开办了代理保险、仓库、经理房地产等业务。

1935年7月,鉴于"社会对于信托事业之需要渐殷,而信托事业于本行发展实业之特殊使命,关系綦重",[③]由董事会议决拨出250万元作为信托部营业基金,扩充信托部,并遵财政部指令,增订信托部章程。根据1935年新订立的章程,信托业务分为两类:

一、信托业务类,包括:金钱信托、证券信托、金钱债权信托、寿险债权信托、商品信托、不动产信托、遗嘱及遗产信托、公司信托、特约信托、其他一般信托业务。

二、附属业务类,包括:有价证券、重要文件、贵重物品原封露封保管及保管箱出租;代理各种保险;代理买卖有价证券;商业票据的保证;买卖当事人的信用保证;政府或公共团体委托办理各种事务;其他代理业务。[④]

1936年1月交行总行信托部开始添办信托存款之后,上海四支部同时开办,其他分支部也陆续举办。交行信托部推出的信托存款,分普通信托和特约信托两种,普通信托存款的存入金额至少50元,至少须满1年,当每期收益在年息6.5厘以上时,由交行按照超过部分征收信托费50%。1936年度共收入普通信托存款接近115万元,存户收益在年息7.5厘以上。特约信托存款规定每户存款至少5 000元,由存户指定运用目标,并由存户自负损益,要填具委托书,委托交行代办,由交行开给存单,交行征收千分之五信托费,1936年度共计收入特约

---

① 上引均见:《交通银行开办信托业务》,《银行周报》第14卷第13号,1930年4月15日。

② 《交通银行史料》第一卷下册,第1209页。

③ 《交通银行二十四年度营业报告书》,《银行周报》第20卷第16期,1936年4月28日,第32页。

④ 《交通银行史料》第一卷上册,第237～238页。

信托存款 27 万元左右。[①]

欧美、日本等国均有严格的法律规定,使信托公司自有资产与信托资产分开,这样万一信托公司倒闭,委托人的财产不会受侵害。大陆、新华、上海商业储蓄银行信托部的会计独立,仅是指信托部资产与银行其他部门资产保持独立,对客户委托的信托资产并没有与信托部固有的资产分开会计。

交行信托部与其他银行信托部最大的不同之处在于,该信托部真正实现了信托资产会计独立。在交行 1933 年制定的储信部章程中,就要求将“信托业务之固有会计又与信托会计分别处理。”[②]1935 年制订的信托部章程,再次强调了这一原则:“信托部固有资产负债与信托资产负债之会计应划分处理。”[③]从 1936 年开始交行信托部的资产负债表分为两部分,即固有会计和信托会计。固有会计下的营业基金以及代收款项全部转归业务部汇总运用,信托会计项下的信托存款扣除在信托业务范围内自行运用外,也转由固有会计项下再转业务部汇总运用。如下面三张表格所示,1936 年下半期信托会计即客户委托的资金项下共获纯益 48 000.94 元,信托存款收益合年息七厘五毫五丝,而信托部固有会计项下,1936 年全年共获纯益 49 873.26 元。[④]

表 2－25　1936 年下期交通银行信托部资产负债平衡表(信托会计)

资产	金额(元)	负债	金额(元)
定期抵押放款	74 430.00	普通信托存款	757 690.03
活期抵押放款	36 478.28	特约信托存款	88 509.03
有价证券	265 414.63	特约信托	91 152.00
固有往来	592 158.00	杂项存款	62.75
应收未收利息	8 310.02	未付收益	39 377.12
合计	976 790.93	合计	976 790.93

表 2－26　1936 年下期交通银行信托部资产负债平衡表(固有会计)

资产	金额(元)	负债	金额(元)
托放款项	500 000.00	基本金	2 500 000.00
有价证券	58 825.00	代收款项	48 080.35

① 《交通银行史料》第一卷下册,第 1211、1212、1251 页。

② 《交通银行史料》第一卷下册,第 1209 页。

③ 《交通银行史料》第一卷上册,第 239 页。

④ 上述数据均来自《交通银行史料》第一卷下册,第 1251 页。

续 表

资产	金额(元)	负债	金额(元)
保证款项	190 000.00	存入保证金	37 326.75
应收未收利息	11 250.00	保付款项	190 000.00
本行往来	2 662 216.67	客户往来	15 516.42
仓库往来	13 161.80	信托往来	592 158.00
生财及开办费	1 892.93	应付未付利息	7 875.00
杂项欠款	3 483.38	本年盈余	49 873.26
合计	3 440 829.78	合计	3 440 829.78

表 2－27　1936 年全年交通银行信托部损益计算表

损失	金额(元)	利益	金额(元)
各项摊提	1 255.00	利息信托费手续费及其他	51 128.26
纯益	49 873.26		
合计	51 128.26	合计	51 128.26

注：以上三表数据来源于：《交通银行史料》第一卷下册，第 1251 页。

三、银行信托部存在的意义

信托部的开设对银行本身来说，在业务上没有带来实质性的突破。存放款、保管、仓库、代理、买卖证券、代收款项等业务属于银行固有的本业或附属业务，新增业务仅有投资房地产和吸收信托存款两项。1931 年颁布的《银行法》中明令禁止银行投资买卖房地产："除关于营业上之必需不动产外，不得买入或承受不动产。"①尽管该法没有施行，但银行开展买卖房地产业务不免有所顾忌。设立信托部以后，银行可以借信托部的名义经营房地产以规避法律约束。但在"一・二八"事变后，房地产业就陷入低谷，除了营业用房产，经营买卖房地产的银行仅有大陆、浙江兴业等少数几家，上海商业储蓄银行甚至明确提出不经营地产的经营方针。

信托存款与普通银行存款的区别在于，前者对存款额和存期均有最低限定，适合做长期投资，后者适合做短期融通资金。银行信托部对信托存款比较重视，尤其是交通、浙江兴业、大陆等银行信托部，营业资金的 50％以上来自信托存

① 《中国民国金融法规档案资料选编》(上)，第 575 页。

款。但除交通银行外，其余各行对信托存款均没有设立专门会计，而是与信托部固有资产相混。加上当时社会上缺乏良好的长期投资项目，所以各行对信托存款的运用和处理与普通银行存款没有太大不同。

银行信托部的设立对信托业的整体发展是有利的。主要表现在两个方面：

首先，银行信托部在开拓业务方面具有信托公司没有的优势，这对信托业的发展有一定的益处。华资银行业经过30年左右的发展，经营模式和信用状况已被社会普遍接受，当各大银行信托部在经营业务时，实际上有整个银行多年经营的资力和信用做后盾，容易获取客户信任，所以开展信托业务反而比信托公司容易。以吸收信托存款为例，华商信托公司经营该项业务起色不大。中一信托公司是吸收信托存款最多的信托公司，下面将它与大陆银行信托部进行比较，说明这个问题。中一信托公司从1921年就开始开展信托存款业务，大陆银行信托部在1931年才开始举办，表2-28中数据显示，在1931～1936年间，大陆银行信托部吸收的信托存款总额是中一信托公司的22倍。再以1936年刚刚开始经营信托存款业务的交通银行信托部为例，仅1936年一年时间，收受的信托存款就高达142万元，几乎等同于中一信托公司6年的总和。

表2-28　中一信托公司、大陆银行信托部信托存款金额比较(1931～1936年)

年份	中一信托公司	大陆银行信托部	年份	中一信托公司	大陆银行信托部
1931	276 640.30	4 251 333.86	1935	253 245.29	7 962 873.34
1932	303 631.85	4 965 632.01	1936	250 685.59	7 809 096.32
1933	341 164.16	5 948 654.75	合计(元)	1 714 593.84	37 991 813.59
1934	289 226.65	7 054 223.31			

注：中一信托公司数据来源于：《中一信托公司历年帐略》，上档中一信托公司档案，档号：Q329-1-32。大陆银行信托部数据来源于：①1931、1932、1933年数据来源于：《银行周报》第16卷第13号，1932年5月8日，第4页；第17卷第12号，1933年4月4日，第4页；第18卷第17号，1934年5月8日，第6页。②1934、1935年数据来源于：《全国银行年鉴》1936年版，第D27、D30页。③1936年数据来源于：《全国银行年鉴》1937年版，第D22页。

另外，银行信托部营业网点多，地域覆盖范围比信托公司广泛，客户来源相对丰富，这对推广信托业务也有一定的好处。通常设有信托部的银行一般都实力雄厚、分支机构较多，信托部业务也随之扩展到这些地区，如交通银行至1936年底，“除总行外，办理信托存款之分支行、办事处凡四十，其兼办他种信托业务者凡十三，只办仓库业务者凡十六”。[①] 而到1936年底中一、上海、东南、生大、

① 《交通银行史料》第一卷下册，第1214页。

国安、通汇、中国、中级8家信托公司,合计分支机构仅11处。[①]

第三节 华资官营信托机构

1927年以后,上海信托业还出现了一种新兴现象:为了满足自身的特殊需要,政府开始出资设立信托机构。上海市兴业信托社和中央信托局就是这一时期诞生的两家官营信托机构。

一、上海市兴业信托社

兴业信托社由上海市政府所设。"一·二八"事变以后,上海市邻近战区地带,"庐舍为墟,人民荡折离居,元气一时不易回复"。[②] 上海市面也因战事影响极为萧条。市政府为了解决市民居住问题和振兴市面,极力倡导与市政建设相关的公用事业,因此设立该社。该社于1933年10月2日开幕,社址设在天津路上海市银行二三层楼,实收资本150万元,其中现款50万元,另以上海市公产30万元以及市轮渡资产70万元拨充。[③]

按照章程,兴业信托社设有董事十一人、监察人三人,由上海市政府聘任,"但其中董事六人监察人一人须于本市商业及金融界聘任之,上海市土地、工务、公用、财政各局之长及上海市银行总经理为当然董事,银行总经理为当然董事,市政府秘书长及市金库库长为当然监察人"。[④] 表2-29是首届董事监察人员名单。

表2-29 上海市兴业信托社首届董事监察人名单

职务	姓名
董事长	徐新六
常务董事	吴蕴斋、蔡增基(财政局长)

① 根据《全国银行年鉴》1937年版,第I3～I26页各信托公司简况中数据计算。

② 胡波:《明日开始归并的上海兴业信托社》,《金融日报》1948年2月29日。

③《联合征信所关于上海市兴业信托社的调查报告》,1948年,上档联合征信所档案,档号:Q78-2-14438;《兴业信托社开幕讯》,1933年9月19日,上档上海商业储蓄银行档案,档号:Q275-1-1822;《全国银行年鉴》1936年版,第J1～J3页;《全国银行年鉴》1937年版,第11～12页;《上海市兴业信托社概况》,《银行周报》第17卷第38期,1933年10月3日,第4页;《上海市兴业信托社开幕》,《银行周报》第17卷第39期,1933年10月10日,第5～6页。

④《全国银行年鉴》1937年版,第U73页。

续　表

职　务	姓　名
董事	李铭、秦润卿、郭顺、冯炳南、金里仁(土地局长)、沈怡(工务局长)、徐佩璜(公用局长)、徐桴
监察人	林康侯、俞鸿钧(市府秘书长)、吴子祥(市金库长)
总经理	徐桴(上海市银行总经理)
副经理	朱达斋
轮渡管理处经理	谭伯英
总稽核	沈同(代)
信托部主任	胡夔同
地产部主任	董杏生
保险部主任	李孤帆

资料来源：①《兴业信托社开幕讯》，1933年9月19日，上档上海商业储蓄银行档案，档号Q275-1-1822。②《全国银行年鉴》1936年版，第J1页。

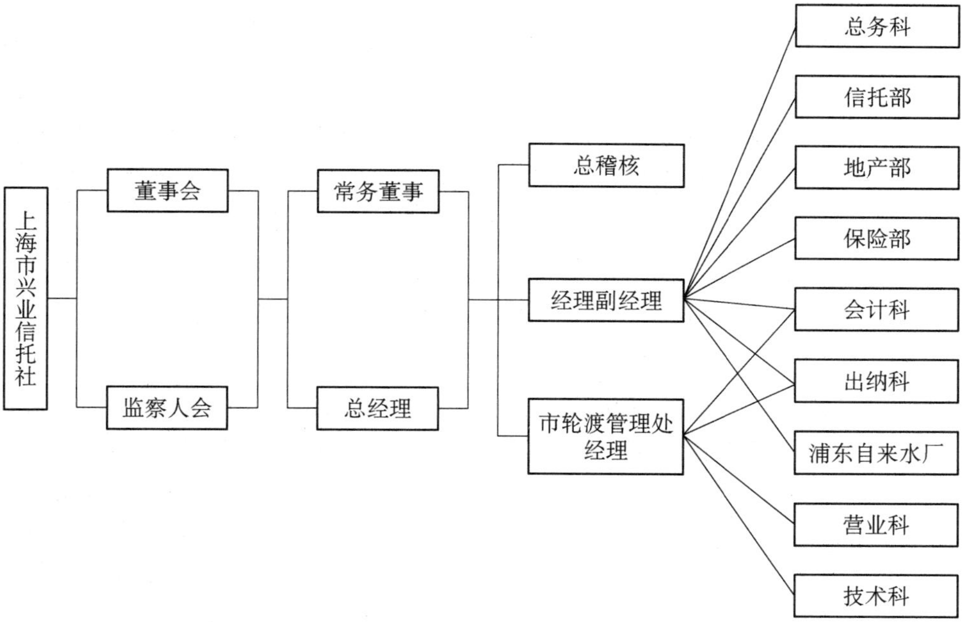

图2-2　上海市兴业信托社组织结构示意图

资料来源：《全国银行年鉴》1937年版，第U74页。

兴业信托社初创立时，其内部营业组织分为信托、保险、地产、轮渡管理处四个部门，还设立了总务、会计、出纳、技术、营业五个内部管理部门。1934年，接办了浦东自来水厂,并在1935年1月添设了吴淞办事处。[①] 其内部组织结构如图2-2所示。

作为一家官营信托机构,该社的营运资金绝大部分来自资本金以及上海市银行提供的借款,吸收外来存款和信托金数额不多。由于有特殊的政策照顾,特别是上海市银行在资金方面提供强有力的支持,兴业信托社的规模扩张速度极快。如表2-30所见,1934年至1936年3年间,在资本额保持不变的情况下,资产总额增长率为156%。[②] 由于规模扩张较快,纯益金有小幅下降。

表2-30 上海市兴业信托社营业能力分析(1934～1936年)

年份	总资产(元)	纯益金(元)	年份	总资产(元)	纯益金(元)
1934	2 602 526.50	106 905.65	1936	4 053 747.34	85 167.64
1935	2 686 221.94	95 656.00			

资料来源:《全国银行年鉴》1936年版,第J2～J3页;《全国银行年鉴》1937年版,第I2页。

按照上海市政府的意向,"以后凡本市行政上有营业性质之事业,均将由该社负责办理,俾谋统一事权,而期发展"。[③] 因此,兴业信托社偏重于经营具有垄断性质的市政公用事业。

投资房地产业是兴业信托社一个非常重要的经营方向,每年投入的资金高达100余万元。为配合上海市政府的建设新上海计划,特意联合中国、上海、新华三家银行,在市中心区建筑多幢新式住宅,订立分期付款购屋办法,分宅出售,取得了较好的经济效益和社会效应。1936年还添办了不动产信托业务,主要内容有:代换及代领土地执照证、清丈划分或合并土地执业证、转移过户或抵押注册、代缴地价税及田赋、代售房地产、代购房地产、地产咨询。[④]

兴业信托社发展速度最快的一个部门当属市轮渡管理处。凭借上海市银行提供的贷款,该管理处先后购置新轮,添造码头,增开航线,更积极创办附属事业,如高桥区公共汽车,高桥海滨浴场及水上饭店等。1934年轮渡处的资产仅70万元,到1936年底轮渡处资产高达1 779 240.97元,占兴业信托社总资产的44%。如表2-31所示,轮渡处收益占当年总收益的87%,成为实力增强最快、获利最多的一个部门。

---

① 《全国银行年鉴》1936年版,第J2～J3页;《全国银行年鉴》1937年版,第12页。

② 《全国银行年鉴》1936年版,第J2～J3页;《全国银行年鉴》1937年版,第12页。

③ 《中国征信所关于兴业信托社开幕的讯息》1933年9月19日,上档上海商业储蓄银行档案,档号:Q275-1-1822。

④ 《兴业信托社添办不动产信托业》,《中行月刊》第12卷第6期,1936年6月第67～68页。

表2-31　上海市兴业信托社收益分析(1934～1936年)

年份	总收益(元)	利息%	租金%	手续费等%	轮渡处收入%	证券损益%	房地产损益%
1934	156 707.95	10	3	6	53	3	25
1935	199 973.36	8	14	4	58	1	15
1936	684 861.81	4	6	1	87	0	2

注：1934、1935年度的"手续费等"包括"手续费"、"佣金"、"绘图监工费"三项，1936年度仅包括"手续费"、"佣金"两项。

资料来源：根据以下资料中相关数据整理计算：《全国银行年鉴》1936年版，第J2～J3页；《全国银行年鉴》1937年版，第12页。

该社也开展买卖有价证券、保险、代理等业务，但数额很小。至于存放款业务，1936年底吸收存款仅占总负债的14%，放款额仅占总资产的6%。[①]

二、中央信托局

南京国民政府成立以来，对外采购各种物品尤其是军火需求日切，购买军火需要有一定商业机构作为掩护，而且对外购料事务手续繁琐且数额庞大，必须要有专门的机构来办理。另外，1934年新生活运动开始后，要求在军人和公务人员中开展强制储蓄，"以培养廉洁性，增厚国民经济"。[②] 1934年军人强制储蓄首先开展，由中央银行南京分行奉命办理。1935年7月南京的军人上至统帅下至士兵全体参加，随着军人储蓄范围的扩大，也需要有特殊的机构来负责办理。同时，国民政府也逐渐认识到信托业的重要性："信托事业，为信用经济时代社会上必需之要务，其范围可以分为动产、不动产、保证、债权、财产权及各种信托。并得兼营储蓄、保险、仓库等事业。"鉴于欧美等国信托公司作为"经济百货公司"已极为发达，中国的信托业虽有一定程度发展，但"资本既甚薄弱，业务未能推广，尤以保险业，多握于外资公司之手，备受经济侵略，一时未易换回，势非国家提倡经营，不足以期发达"。[③] 基于上述几方面因素，有必要创办一家大型的官营信托机构办理为政府服务的储蓄、保险、对外购料等业务。在这种背景下，中央信

---

① 有关上海兴业信托社的数据均根据《全国银行年鉴》1936年版，第J2～J3页；《全国银行年鉴》1937年版，第12页中各年营业报表中数据计算所得。

② 《中央信托局营业报告》，《中华民国史档案资料汇编》第五辑第一编"财政经济"(四)，江苏古籍出版社1994年版，第776页。

③ 《国民政府关于增设信托局训令》1934年6月16日，财政部财政科学研究所、中国第二历史档案馆编：《国民政府财政金融税收档案史料(1927～1937)》，中国财政经济出版社1997年版，第589页。

托局应运而生。

中央信托局的酝酿筹备历时一年有余。1934 年第二次全国财政会议根据财政部次长徐堪的提议，决议由中央银行添设中央信托局，经财政部呈请行政院会议通过。6 月 16 日国民政府训令由中央银行拨资 1 000 万元设立中央信托局。当月，中央银行总行成立一个 9 人组成的筹备处，由叶琢堂任筹备主任，开始筹建中央信托局。1935 年 10 月 1 日，中央信托局在上海汉口路 126 号宣告成立。①

刚设立时，中央信托局内部组织结构比较简单，只是设立了购料、信托、储蓄三处营业机构，另外设有会计处、文书室、出纳科(后将出纳合并于信托处)、人事科几个内部管理机构。不久为了增加购买物料的保障，又设立保险部，承办水火人寿等保险业务。此后因供应社会需要，业务逐渐拓展，部门亦随之增多。1936 年 3 月 16 日，中央信托局拨款 500 万元另外成立中央储蓄会，在接收中法储蓄会、中国实业银行等有奖储蓄机构基础上，以独立会计专门办理有奖储蓄，在各地设置分会由商人代理推行，以挽回外商经营权利。1937 年国民政府建设虬江码头及举办所得税，中央信托局经奉委托，于 1937 年先后在上海设立虬江码头业务处及所得税税额审核处，分别办理。

根据中央银行理事会议决施行的章程，中央信托局设理事会为最高指导机关，监事会为监督机关。中央银行总裁为当然理事并为理事长，理监事均由中央银行总裁选派，理监事会以下，由中央银行总裁在常务理事中选派一人为局长，“秉承理事长之命，处理局务”，②并由理事长派副局长若干人辅佐。表 2－32 是中央信托局首届理监事名单。首任理事长孔祥熙，局长张嘉璈，不久因张嘉璈出任铁道部部长，辞去局长一职，由叶琢堂继任。此外，中央信托局各项规程和办事细则、营业报表、分支机构的废立和人事安排均要呈报中央银行备案。可见中央银行对中央信托局有绝对的控制权力。

表 2－32　中央信托局 1935 年度主要负责人名录

职位	姓名	履　　历
理事长	孔祥熙	时任国民政府委员兼行政院副院长、财政部部长，中央银行常务理事兼总裁等

①《上海商业储蓄银行对中央信托局的五次调查报告》，上海商业储蓄银行调查报告第 9983 号(1935 年 12 月 2 日)、第 10909 号(1936 年 2 月 12 日)、第 13125 号(1936 年 12 月 7 日)、第 13710 号(1937 年 3 月 9 日)、第 14749 号(1937 年 5 月 29 日)，上档上海商业储蓄银行档案，档号：Q275－1－2291。

②《中央信托局章程》，1935 年 10 月 15 日，《中华民国金融法规档案资料选编》(下)，第 1415 页。

续　表

职位	姓名	履　　历
常务理事	张嘉璈	时任中央银行理事兼副总裁
	叶琢堂	时任四明银行总经理
理事	宋子良	时任中国国货银行、中国建设银公司等董事兼总经理，上海濬浦局局长，中央银行理事，中国银行、交通银行等董事，邮政储金汇业局监察委员长
	徐　堪	时任国民政府财政部次长，中央银行理事，中国国货银行、上海市兴业信托社等董事，中华书局监察人
监事	陈　行	时任中央银行常务理事兼副总裁，中央造币厂厂长，交通银行、中国国货银行等常务董事，浙江地方银行、中国建设银公司等董事
	李　铭	时任浙江实业银行董事长兼总经理，中央银行监事会主席，中国、交通、上海、中国垦业等银行董事等
	陈光甫	时任上海银行董事兼总经理，中央银行理事，中国银行、中国国货银行、中国建设银公司等常务董事，交通、江苏、浙江实业、通和、上海女子等银行董事等
局长	张嘉璈	
副局长	张　度	曾任中央银行秘书处秘书
	刘攻芸	曾任国立中央大学商学院教授，及中国银行总管理处总账室主任

资料来源：《上海商业储蓄银行对中央信托局的第一次调查.调查报告第9983号》1935年12月2日，上档上海商业储蓄银行档案，档号：Q275-1-2291。

国民政府对中央信托局的经营极有信心："资本既厚，加以政府辅助办理，此项信托业务发展自易。对于扩张国家信用，增厚国民经济，两有裨益。"[①]开业之后，中央信托局的发展确实神速。到1936年底，已经在全国28个主要城市的中央银行内设立了分局，在18个次要城市的中央银行内设立了代理处。[②] 由于握有吸收特殊存款和经营国家各机关部门购料、担保、保险业务的特权，仅成立一年有余，1936年底中央信托局资产总额就高达83 581 355.73元。[③]

按照章程，中央信托局的经营范围主要有储蓄、保险、保管、信托、采购等几

① 《国民政府财政金融税收档案史料(1927～1937)》，第589页。

② 28处分局设在下列城市：南京、天津、汉口、杭州、厦门、南昌、重庆、广州、青岛、济南、芜湖、开封、扬州、兰州、北平、郑州、福州、九江、板浦、西安、贵阳、长沙、成都、汕头、镇江、蚌埠、徐州、安庆。18个代理处：下关、石家庄、武昌、宁波、衢县、泉州、吉安、抚州、万县、洛阳、延平、三都、浦城、建瓯、新浦、三台、南郑。资料来源：《1936年中央信托局营业报告》，上档中央信托局档案，档号：Q72-4-18。

③ 《中央信托局1936年度营业报告》，上档中央信托局档案，档号：Q72-4-18。

项。① 就实际经营来看,比较重要的有储蓄、信托存款,以及保证和代理购料等信托附属业务。

中央信托局与其他银行与信托公司不同之处在于,吸收特种储蓄存款与信托存款是其获取营业资金的主要方式。除了吸收普通储蓄外,该局开展了军人和公务员强制储蓄、有奖储蓄两项特种业务。以军人强制储蓄为例,至 1936 年 1 月,所有的军人一律参加此项储蓄,储户人数达 45 万余人,储款达 700 余万元。② 该局吸收信托存款的数额更加可观,1935 年吸收信托存款 6 054 233.92 元,1936 年达 33 345 796.19 元。③ 从 1935 年 10 月 1 日开业至 1936 年底一年多时间里,如表 2 - 33 所示,各种存款总额达 51 000 381.42 元,占总负债的 78%。这些存款的来源,"除军人储蓄及中央储蓄会储蓄外,大部分为公共机关及团体之基金与信托存款"。④

表 2 - 33　中央信托局资产负债表(1936 年 12 月 31 日)

资产类	金额(元)	%	负债类	金额(元)	%
现金及存放中央银行	38 732 659.09	51	资本	10 000 000.00	15
活期押款及透支	12 686 332.50	17	盈余滚存	74 917.44	0
定期押款	2 993 381.75	4	备抵损失	409 158.55	1
有价证券	7 470.61	0	活期存款	23 938 819.18	37
应收款项	793 176.97	1	定期存款	27 061 562.24	41
应收未收利息	928 989.40	1	应付款项	748 413.18	1
开办费及营业用器具	238 886.19	0	应付未付利息	603 180.38	1
期收款项	1 282 324.63	2	期付款项	1 277 244.25	2
未收款项	38 515.00	0	代收款项	38 515.00	0
应收保证款项	18 416 965.59	24	本年纯益	1 012 579.92	2
合计	83 581 355.73	100	合计	83 581 355.73	100

资料来源:根据《中央信托局 1936 年度营业报告》整理计算,上档中央信托局档案,档号:Q72 - 4 - 18。

---

① 《中央信托局章程》第 21 条规定,中央信托局经营下列业务:"一、办理公务员及军人储蓄、保险事项。二、办理公有财物及政府或公共机关重要文件、契据等之保险及保管事项。三、经理国营事业或公用事业债券、股票之募集与发行。四、保管公私机关团体寄存之各种证券票据及法定保证准备。五、承受公私机关或个人之法定保证金或准备金。六、经收公私机关或公共团体之信托存款并代理运用。七、办理各种保证事项。八、其他关于政府或公共机关委托代理事项。"第 22 条规定兼营下列业务:"一、办理公有财产或公营事业之检查整理或清算事项。二、承办公私企业之委托调查或设计事项。三、其他关于政府法院指定或许可之信托事项。四、代理收付各种信托款项。"资料来源:《中国民国金融法规档案资料选编》(下),第 1416～1417 页。

② 《八年来之中央信托局》,1943 年,上档中央信托局档案,档号:Q72 - 4 - 18。

③ 《八年来之中央信托局》,1943 年,上档中央信托局档案,档号:Q72 - 4 - 18。

④ 《中华民国史档案资料汇编》第五辑第一编"财政经济"(四),第 777 页。

由于章程中对资金运用限制较严，中央信托局资金过剩现象比较突出。表2－33中数据显示，开办以来至1936年底，仅有21%的资金用来放款，投资有价证券只有7 000余元，基本上是公债，流动资金尚有38,732 650.09元，差不多占总资产的51%，大部分存入中央银行。

开业以来，中央信托局的信托附属业务发展得较为迅速，其中较有起色的是代客担保业务和代理购料业务。代客担保分为付款担保和契约履行担保，开业至1936年底，担保金额达12 743 459.86元，其中接受铁道部购料委员会的业务最多。由于行政院曾通令各机关的购料业务尽量委托中央信托局代办，因此该局代理购料业务的委托方主要是国家各机关部门，至1936年底共有196个公私机关委托购料，订定购料合同940余件，总价值1 980余万元。[①]

1936年度，中央信托局获纯益金1 012 579.92元，股本收益率为10%。表2－34是其利益收入分析表，由于大部分资金存放中央银行，因此利息收益占了总收益的40%，手续费和其他收益合计占有42%。

表2－34　中央信托局收益分析(1936年1月1日至12月31日)

利益类	金额(元)	%	利益类	金额(元)	%
利息	864 844.23	40	其他收益	480 161.22	22
证券及兑换收益	381 063.05	18	合计	2 167 270.61	100
手续费	441 202.11	20			

资料来源：根据《中央信托局1936年度营业报告》整理计算，上档中央信托局档案，档号：Q72－4－18。

三、官营信托机构出现的意义

上海市兴业信托社和中央信托局设立的主要目的是为了满足政府的特殊需求。兴业信托社的经营宗旨是："不求利益，但求事业能逐渐发展，一方联络银行界与市民，锐意谋本市区域商业之振兴，一方则辅佐市府办理各种公用事业之完成，及市区道路交通之便利。"[②]无意于扶助信托业的发展。中央信托局的设立虽然也有扶助本国信托业之意，但其最重要的使命是承接政府委托的特种业务，如代理政府购料以及吸收特殊储蓄等。

① 上引均见：《中央信托局营业报表》，《中华民国史档案资料汇编》第五辑第一编"财政经济"(四)，第777～779页。

② 《上海市兴业信托社概况》，《银行周报》第17卷第38期，1933年10月3日，第4页。

对中央信托局的设立,华商信托界一开始是相当期待的。业内人士对政府没有出台专门的信托法规一直心存不满:“我国信托业不发达,实以国家忽视信托立法为基本原因。”[①]早在1932年夏天,朱斯煌、程联等人就开始草拟信托法和信托公司法。[②] 1935年上半年,国民政府有制订信托法规的提议,程联和朱斯煌等人将他们草拟的信托法文稿呈送政府参考,却迟迟没有下文。[③] 得知中央信托局开始筹备后,上海的华商信托界将之视为政府重视信托业发展的一大表现,认为政府借此“提高信托业在我国现社会的地位”,[④]希望中央信托局能够像英国和新西兰的官营信托机构一样,成为信托业的领袖。

中央信托局刚成立时纯粹以经营各级政府机关团体的特殊信托业务,不涉及对个人的业务,华商信托界认为既然中央信托局由政府设立,“系一超然机关,应居于信托公司之信托公司之地位,犹如中央银行为银行之银行也”。但随着中央信托局业务的扩大,不久即开始收受普通储蓄存款,兼营一般储蓄业务,华商信托界对此颇为失望,发出了“所望中央信托局善为信托界中之领袖,弗为信托界中之霸主”的感慨。[⑤]

在实际经营中,上海市兴业信托社和中央信托局均以经理政府机关的信托业务为主业,由政府确定其内部组织结构、主要的人事安排与营业方针,具有浓厚的行政干预色彩。由于它们享受特殊的政策照顾,资金来源充足,经营的大都属于垄断性业务,其经营模式对于其他信托机构来说,既没有指导意义,也无可借鉴之处。但这两家官营信托机构的出现,以其组织之完善、规模之庞大、发展之神速,无形中代表了当时上海乃至中国华资信托机构发展的最高水准。

第四节　外资信托机构

一、新增的外资信托机构

1927～1937年间共有7家外资信托机构在上海开展营业,普益、上海仓库

① 李文杰:《信托业与信托立法》,《银行周报》第18卷第19号,1934年5月22日,第3页。
② 朱斯煌:《我国信托业之新气象》,《信托季刊》第4卷第1、2期合刊,1939年6月30日,第3页。
③ 程联:《我国信托事业的发展》,《信托季刊》第1期第1卷,1936年1月1日,第50页。
④ 程联:《我国信托事业的发展》,《信托季刊》第1期第1卷,1936年1月1日,第52页。
⑤ 朱斯煌:《对于我国目前信托事业之感想》,《银行周报》第20卷第31号,1936年8月11日,第9页。

信托公司,加上新增的 5 家外资信托机构。如表 2-35 所示,新增的公司设立时间集中在 1929 年至 1933 年,其投资者主要是在华开展业务的洋行。这些来自各大洋行的投资者在中国投资信托公司,主要与当时国际上银价暴跌有关。据中国银行 1930 年度营业报告宣称,在华进行投资的外商,由于其在中国的获利部分大都用银计算,"值兹金贵银贱,不愿汇回本国而受损,故存放于中国以备投资之需"。[①] 投资信托业可以视为外商处理这部分资金的方式之一。时值上海市面"银根极松,市上现款丰足",[②]进一步增强了外人在沪投资信托公司的决心,他们借设立信托公司的名义,"纷纷发行公司债票或股票,以吸收上海市上之游资"。[③] 中国国际投资信托公司就曾在 1930 年和 1933 年分别两次发行公司债,共筹得资金规元 300 万两,用于证券投资,以牟利益。

表 2-35　1927～1937 年间上海新增外资信托机构一览

名　称	创立年份	额定资本(万两)	实收资本	总公司所在地	主要负责人
汉弥尔登信托公司(英资) Hamilton Trust Co., Ltd.	1929	1 000	3 273 400 两	南京路转角沙逊大厦中	不详
中国国际投资信托公司(英中法合资) International Investment Trust Co. of China, Ltd.	1 930	2 000	3 500 000 两(4 895 104 元)	爱多亚路 9 号	董事长:F. R. Davey 和 T. G.. Well
捷成信托公司(英资) Grosvenor Trust, Ltd.	1930	250	650 000 两	北京路 2 号	董事长:G. R. Coutts
祥茂信托公司(英资) Burkill Trust, Ltd.	1933	不详	不详	广东路 20 号祥茂洋行内	总经理:A. W. Burkill
雷斯德信托公司(英资) Lester Trust Co.	不详	不详	不详	上海	董事长:H. Lipson Ward

资料来源:《上海商业储蓄银行有关信托业调查资料》,上档上海商业储蓄银行档案,档号:Q275-1-1822;《金城银行关于各国在华对其他金融业投资的调查报告》,上档金城银行档案,档号:Q264-1-1159;张仲礼、陈曾年著:《沙逊集团在旧中国》,人民出版社 1985 年版,第 98 页;陈真、姚洛、逄先知合编:《中国近代工业史资料》第二辑,三联书店 1958 年版,第 77 页;李文杰:《信托业与信托立法》,《银行周报》第 18 卷第 19 号,1934 年 5 月 22 日,第 2 页。

新设的外资信托机构主要由英商投资,雷斯德信托公司具体投资者情况不

---

① 《中国银行行史资料汇编》上编(1912～1949)第三册,第 2015 页。

② 《计划中之上海国际投资信托公司》,《银行周报》第 14 卷第 12 号,1930 年 4 月 8 日,第 10 页。

③ 《中国银行行史资料汇编》上编(1912～1949)第三册,第 2016 页。

详,另外4家的投资者基本上来自实力雄厚的洋行。

中国国际投资信托公司属于中英法合资,“以英国资本为中心,而与中国及当地法国人之合办事业”。[①] 该公司是当时上海也是中国规模最大的投资型信托公司,依照香港政府公司法创立。实收资本350万两中,10万股即100万两由董事会承受,其余为散股。表2-36是公司刚创立时15名董事成员的名单,其中英国人8名,中国人4名,荷兰、美国、丹麦人各1名。名义上董事长为沙逊洋行总经理F. R. Davey以及天祥洋行的董事T. G.. Well两人,“但根据1933年的资料来看,沙逊拥有股权44 117股,占董事会承受股权10万股的44.1%”,[②]可见是由沙逊集团控制。

表2-36 1930年中国国际信托投资公司董事会名单

职务	姓名	履历
董事长	F. R. Davey	沙逊洋行总经理
	T. G.. Well	天祥洋行董事
董事	E. Hayim	上海众业公所经纪人,利安洋行(Benjamin & potts Co.)总经理
	J. E. Macgrego	Calcbeck Macgrebov & Co. 总经理
	P. W. Massay	赖伊斯. 马赛公司总经理
	V. Meyer(丹麦)	美商慎昌洋行总经理
	M. Speelman(荷兰)	万国储蓄会董事长
	C. H. 安诺德	
	C. Burgess	上海电力公司总经理
	N. L. Sparke	业广地产公司经理
	J. E. Swan(美国)	上海众业公所经纪人、新丰洋行总经理
	容显麟	上海工商银行经理
	徐新六	浙江兴业银行总经理
	李铭	浙江实业银行总经理
	贝祖诒	中国银行总经理
总经理	A. Melnse	
投资委员会成员	F. R. Davey	
	M. Speelman	
	李铭	

资料来源:《金城银行关于各国在华对其他金融业投资的调查报告》,上档金城银行档案,档号:Q264-1-1159;《中国近代工业史资料》第二辑,第77～78页;《沙逊集团在旧中国》第103～104页。

① 《金城银行关于各国在华对其他金融业投资的调查报告》,上档金城银行档案,档号:Q264-1-1159。
② 《沙逊集团在旧中国》,第104页。

汉弥尔登信托公司也是由新沙逊洋行投资，属于沙逊集团直接经营的公司。股票持有人为新沙逊洋行，但声明系"M"信托户所有，即表示委托人为信托户"M"，实际上是迈耶. 沙逊夫人，受益人则为菲茨格拉尔德夫人。①

捷成信托公司在香港政府注册，公司大股东、董事长兼总经理 G. R. Coutts 是喊厘洋行(Harvie, Cooke & Co., Ltd.)的董事，公司的主要成员如表 2-37 所示。

表 2-37 捷成信托公司主要成员表

职　务	姓　名	履　　历
董事长兼经理，大股东	G. R. Coutts(英)	曾在喊厘洋行(Harvie, Cooke & Co., Ltd.)服务多年，兼任该行董事
董事	R. F. C. Master(英)	在哈华托古沃律师公馆执行律师业务，并兼任四海保险公司(International Assurance Co.)、可的牛奶公司(Culty Dairy Co., Ltd.)及 Cathedral School 等董事
	H. R. Cleland	克佐时洋行(Lowe, Bingham & Matthews)股东，新瑞和有限公司(F. R. Smith & Co., Ltd.)董事，Shanghai Reel Club 名誉司库兼秘书
	E. F. Hardman	克佐时洋行(Lowe, Bingham & Matthews)股东
	郭德华(T. H. Kwok)	中央银行秘书
	H. Lipson Ward	雷斯德信托公司(Lester Trust)董事长

资料来源：《上海商业储蓄银行关于捷成信托公司的调查报告》，1934年2月23日，上档上海商业储蓄银行档案，档号：Q275-1-1822。

如表 2-38 所示，祥茂信托公司为英人 A. W. Burkill 及 C. R. Burkill 兄弟两人所创，于1933年向香港政府注册，据称以祥茂洋行为后盾，外界并不知道其确切的资本数额。

表 2-38 祥茂信托公司主要负责人名录

职务	姓名	履　　历
股东兼总经理	A. W. Burkill	祥茂洋行(A. B. Burkill & Sons.)股东兼总经理，兼任上海英国驻华商会委员，龙飞牲口公司(Loong Fei Live Stock Co., Ltd.)、别发图书公司(Kelly & Walsh, Ltd.)、大英自来火公司(Shanhai Gas Co., Ltd.)、上海自

① 《沙逊集团在旧中国》，第98页。

续 表

职务	姓名	履　　历
		来水公司(Shanghai Waterworks Co., Ltd.)等董事,上海跑马总会(Shanghai Race Club)、上海足球总会(Shanghai Rugby Union Football Club)会长。
股东	C. R. Burkill	祥茂洋行股东兼经理,上海法商赛跑会(Champ de Courses Francais)会长。

资料来源:《上海商业储蓄银行关于祥茂信托公司的调查报告》,1934年10月15日,上档上海商业储蓄银行档案,档号: Q275-1-1822。

二、经营特点

与华资信托机构相比,外资信托机构具有以下几个特点:

第一,经营模式与欧美各国信托公司相似,主营各种信托业务。从具体经营内容来看,外资信托公司一般情况下"并不以货币资本之积集与运用为主,而多置重点于有价证券以及不动产买卖管理之信托投资"。①

美资普益信托公司像美国大多数信托公司一样,兼营银行与信托业务,主营"抵押放款和房地产"。② 1932年开始收受保息信托存款。③

5家英资信托公司的运作和经营基本上按照英国的投资信托公司模式进行。从负债项目来看,这些公司不收受存款,其营业资金主要来自资本金和公积金,或者通过向公众发行公司债券募集资金。

中国国际投资信托公司的营业资金基本上来自资本金和发行公司债,共发行过两次公司债: 1930年发行6厘公司债200万两,规定于1955年4月1日起还本,或者在1940年12月31日之后由公司在六个月之前发出提前还本的通知。1933年4月1日第二次公司债发行,计6厘公司债100万两,规定于1956年4月1日还本,提前还本的办法如前。④ 虽然称为投资信托公司,根据金城银行的调查,中国国际投资信托公司在实际经营中,"对于投资信托以及信托业务之经营,究有若何程度,则甚为疑问,实际上乃以有价证券之买卖投资为中心,而带营担保放款之证券业者"。1936年3月底,公司总资产为10 146 081元,全部

① 《金城银行关于各国在华对其他金融业投资的调查报告》,上档金城银行档案,档号: Q264-1-1159。

② 《中国经济年鉴》1934年版,E111页。

③ 《沪普益信托公司创办保息信托存款》,《中行月刊》第5卷第2期,1932年8月,第65页。

④ 《沙逊集团在旧中国》,第104页。

为有价证券。并与同属沙逊集团投资的扬子银公司交换股票,持有扬子银公司股票433 000元,扬子公司也持有该公司的股票301 000元。[①]

汉弥尔登信托公司的主要业务有下列几种:一、经营抵押放款。二、转借款项。如1934年,该公司向香港信托公司以4又7/8%的利率借入3 726 034美元,转手以5%的利率借给新沙逊洋行,由该公司对香港信托公司的资金和利息起保证作用。三、投资房地产。公司自有的产业,主要有汉弥尔登大厦和静安寺路西摩路(现南京西路陕西北路)产业。四、该公司还投资于其他企业,1936年时,对其他企业的帐面投资额高达532.7万元。[②]

捷成信托公司的营业种类有:抵押放款,信用借款,买卖有价证券及汇票等。具体营业情形,据称"该公司以买卖有价证券为主要营业,……但所有交易,必须先由秘书通过始可进行,此外并兼巴基斯坦少数抵押放款及信用借款,条件虽苛,而取息尚廉"。公司年营业额在银200万两左右,1932、1933年分别盈利银3万余两和7万两。其往来行庄为有利、汇丰等外商银行,据其中的一家银行称:"该公司大股东G. R. Coutts富有财产,信用甚佳,与本行往来,颇为满意。"[③]

祥茂信托公司经营证券、债券、信托等业务。至于该公司的营业情况,据其往来的汇丰银行称:"该公司虽系新创,惟因创办人Mr. A. W. Burkill & C. R. Burkill经验充足,故其业务甚为发达,闻去年盈余颇丰云。"该公司属于一种英国式的"Private Ltd. Co.",营业盈亏对外保密,因此外界无法探悉其营业状况和盈亏确数。[④]

雷斯德信托公司是专营遗产管理的信托公司,主要管理雷斯德的遗产。包括属于雷斯德名下的地产,其中单在上海租界内就有178亩。雷斯德遗产的主要财源有位于山东路的仁济医院(Lester Chinese Hospital)等动产与不动产,全部由雷斯德信托公司代管。除了专门管理雷斯德遗产以外,该公司对于经营与一般公众有关的银钱信托、有价证券、不动产信托等业务,"究有若何程度之经营,则不明"。[⑤]

---

① 上引均见:《金城银行关于各国在华对其他金融业投资的调查报告》,上档金城银行档案,档号:Q264-1-1159。

② 《沙逊集团在旧中国》,第98页。

③ 上引均见:《上海商业储蓄银行关于捷成信托公司的调查报告》,1934年2月23日,上档上海商业储蓄银行档案,档号:Q275-1-1822。

④ 上引均见:《上海商业储蓄银行关于祥茂信托公司的调查报告》,1934年10月15日,上档上海商业储蓄银行档案,档号:Q275-1-1822。

⑤ 上引均见:《金城银行关于各国在华对其他金融业投资的调查报告》,上档金城银行档案,档号:Q264-1-1159。

第二,投机色彩浓厚,经营状况不稳定。

绝大部分外资信托机构的设立是外商处理剩余资金的一种方式,属于短期牟利的投机行为。捷成和祥茂信托公司的情况比较能反映外资信托公司的投机性。捷成信托公司以买卖有价证券为主要业务,据称:“该公司实力雄厚,做法稳健,又有克佐时会计师策划其间,其财政周围颇称灵活云。”但这样一家年营业额达 200 万两的公司,成立两年有余,只有“办公室一间,有西籍职员二人,生财装修,约值华币五千元左右”,[①]可见没有长期发展的打算。祥茂信托公司的情况更为典型,外界只知道它以祥茂洋行为后盾,其确切的资本额、盈亏额一律不对外宣称,其往来银行汇丰银行宣称该公司“业务甚为发达,闻去年盈余颇丰”。但这样一家生意兴隆的公司,开办一年有余,一直没有配备自己专有的职员和办公器材,“该公司职员,以及一切生财等用具,均向祥茂借用”。[②] 显而易见,捷成和祥茂公司的设立基本上属于一种短期行为,没有长久经营的打算。

外资信托公司偏好经营风险较大的证券和地产投资,这就注定了经营业绩波动较大。以中国国际投资信托公司为例,如表 2－39 所示,1931 年度,获利相当可观,此后 3 年间经营尚属顺利,但纯益金呈递减趋势,从 1935 年开始,变为连年亏损,到 1936 年会计年度时,宣告不分配红利,甚至连公司债利息都不得不暂停支付。[③]

表 2－39 中国国际投资信托公司历年纯益及股息情况(1931～1937 年)

年份	纯益	每股纯益	每股股息
1931	631 192 两	1.8 两	0.84 两
1932	340 028 两	0.97 两	0.42 两
1933	541 845 两	1.55 两	0.75 两
1934	205 022 元	0.59 元	—
1935	—97 713 元	—0.28 元	—
1936	—161 170 元	—0.46 元	—
1937	—138 220 元	—0.39 元	—

资料来源:《沙逊集团在旧中国》,第 105 页。

1935 年 5 月 24 日,普益信托公司因从事投机事业惨遭不利,宣布自动破

① 上引均见:《上海商业储蓄银行关于捷成信托公司的调查报告》,1934 年 2 月 23 日,上档上海商业储蓄银行档案,档号:Q275－1－1822。

② 《上海商业储蓄银行关于祥茂信托公司的调查报告》,1934 年 10 月 15 日,上档上海商业储蓄银行档案,档号:Q275－1－1822。

③ 《沙逊集团在旧中国》,第 104～105 页。

产。[①] 1939年金城银行对外资信托公司进行调查,捷成信托公司也"已销灭"。[②]

三、外资信托机构对华资信托业的启示

从1921年开始,华资信托机构的力量就一直在上海信托业中占绝对优势,外资信托机构的存在并没有引起华资信托界的特别重视,华资信托公司也没有仿效外资公司的经营模式。但不可否认的是,普益和中国国际投资信托公司的某些特殊优势在一定程度上还是吸引了一些注意力。

作为上海最早出现的外资信托公司,普益信托公司引起国人关注的是其规模之大和内部组织之完善,以及可以延用美国法律获取委托人的特别信任。1932年上海商业储蓄银行在讨论信托部营业方针时,董承道曾提到:"美国有法律,可以依法办理,中国则并无此项法律,信托事务,如无一种法律上之保障,人将格外减少其信任之心理。""普益公司之规模更大,除延用西人数人外,尚有律师数人。"[③]1932年,普益公司推出保息信托存款业务时,就向存户保证,"此种存款,完全独立,不与公司资产相混,且受美国法律保护,任何外力不能侵犯其本利毫末"。[④] 当时任何一家华商信托机构都无法做到这一点,因为在中国,没有任何一条法规对信托财产的独立性予以保障。

中国国际投资信托公司在筹备阶段颇受国人关注。此前中国尚未出现过规模如此宏大、专营投资的信托公司。而该公司组织中外金融专家成立专门的投资委员会指导投资,"以有经验者为之经理,俾投资于稳健有利之途",这种做法更是闻所未闻,没有一家华商信托机构有此创举。时值上海市面银根宽松,且投资渠道又相当有限,该公司组织投资委员会从事投资的做法,国人期许甚高:"不但可免去个人投资之危险与困难,且可知相当之盈利。以该公司预计规模之宏大,其投资办法,必可较个人资产有限者为有利,若向国外投资时,关于外汇涨落之风险,尤可从容防免。"[⑤]

中国国际投资信托公司让国人津津乐道的是它通过发行公司债券募集资金的方式。据称,该公司章程中明确规定,"须随时以其投资额之一部分,交由信托人保管,作为债券之特种担保,其数额不得低于所发债券额。至于债券本身并有该公

---

① 《外国在华工商企业辞典》,第672页。
② 《金城银行关于各国在华对其他金融业投资的调查报告》,上档金城银行档案,档号:Q264-1-1159。
③ 《上海商业储蓄银行史料》,第667页。
④ 《沪普益信托公司创办保息信托存款》,《中行月刊》第5卷第2期,1932年8月,第65页。
⑤ 《计划中之上海国际投资信托公司》,《银行周报》第14卷第12号,1930年4月8日,第11页。

司全部资产为担保,自不待言。"[①]该公司在1930、1933年两次发行合计300万两的公司债券时,在债券发行办法中,指定由扬子水火保险公司作为发行公司债的委托管理人(Trustee),并规定"要将相等于公司债已发数量的部分公司投资,提存交委托管理人作为公司债的具体保证"。此外,还专门成立一个由安利洋行、浙江实业银行、万国储蓄会、新沙逊银行和新丰洋行五个单位组成的辛迪加,包销公司债,收取2.5%的佣金。[②] 1927～1936年间华资信托公司获取营业资金的方式主要还是通过吸收各种存款,仅有通易信托公司在1927年12月发行过公司债券,发行实数为1 202 336元,没有通过任何中介机构,由通易公司自行发行销售。[③]

小　　结

一、上海信托业的进步之处

这一时期,上海信托业的恢复与发展是显而易见的。

首先,确立了上海作为全国信托业中心的地位。1927年之前的上海信托业,经历了1921年"信交风潮"之后,仅有中央、通易、普益、上海仓库四家信托公司以及上海商业储蓄银行、中孚银行信托部维持营业。1927年至1937年7月10余年时间里,则有75家信托机构在上海营业,其中不乏资本额上千万的大型信托机构,而且相当一部分开设了分支机构,业务辐射到全国众多的城市和地区。相比之下,总部设在其他地区的信托机构仅有45家:4家信托公司和41家银行信托部。这45家信托机构中,有16家银行信托部和1家信托公司在上海设立了分支机构。

其次,从经营内容来看,信托业务的范围有所拓宽。不仅保管箱、仓库、保证、代理买卖有价证券、代理房地产买卖和经租、代理保险等信托附属业务和信托投资业务较前有了显著发展,并且出现了公司债信托、商务管理信托、遗产管理信托、房地产信托、代理购料等新兴信托业务。此外,还涌现了数家专营信托事业的机构:上海兴业信托社、中央信托局基本上以经营政府的信托业务为主,

---

① 《计划中之上海国际投资信托公司》,《银行周报》第14卷第12号,1930年4月8日,第10页。

② 《沙逊集团在旧中国》,第104页。

③ 《中国战时经济志》,第58～69页。

雷斯德信托公司专营遗产管理信托，普益信托公司专营抵押放款和房地产，中国国际投资信托公司偏重证券投资，诚孚信托公司专营商务管理信托。

第三，同业间的合作加强。在程联的发动下，1932年1月1日一个非正式的同业组织“上海信托业同人叙餐会”成立。[①] 会员以公司为单位，每家推派代表参加，每月举行叙餐一次。最早加入的会员有上海信托公司、中央信托公司、中国信托公司、东南信托公司、通易信托公司、通汇信托公司、国安信托公司、恒顺信托公司、东方信托公司及大陆银行信托部等11家。后来又有华侨信托公司、生大信托公司、上海银行、交通银行、浙江实业银行、浙江兴业银行、国华银行、新华银行信托部加入。联欢会的工作内容包括：“发行定期及不定期刊物；举行公开演讲及刊登联合广告；研究信托法理。讨论实务兴革事项；办理其他信托业有关事项。”[②]叙餐会之下又相继成立了三个委员会，1933年11年成立的信托法规研究委员会，在1935年拟就信托法和信托公司法两稿，1936年3月交由国民政府参考。1934年12月成立的宣传委员会，于1936年创办《信托季刊》。1935年7月成立的信托实务研究委员会，除研究信托业务方面各种规则以供同业参考以外，还解答各会员关于业务方面的各种问题咨询。

第四，信托界开始正视现实，变被动为主动。其具体方式为：

其一，注重培养民众的信托心理，加大宣传和推广信托业务的力度。业内人士充分意识到宣传工作的重要性，“现欲谋信托业正当之发展，似应首先致力于开导工作，解释信托之意义，宣传信托机关服务社会之主旨，裨社会明了信托为何物”。[③] 宣传的方式主要有：(一)越来越多的信托机构通过在报刊发布广告招揽客户，尤其在开展新业务时，往往都在相应的报刊发布消息。另有相当多的信托机构印发免费的业务宣传小册，供客户索取。(二)袁愈佺、程联、孔涤庵等人相继出版了有关信托学理的专著。张辑颜、杨荫溥、潘子豪等人也在有关金融学的专著中，专立章节介绍信托业务。(三)除了《银行周报》等报刊一直坚持发表介绍英、美、日等国的信托业发展趋势外，1936年1月1日《信托季刊》创刊，拟“公开讨论信托事业，及一般社会经济民生习惯”。[④] (四)复旦大学和沪江大学商学院开始设有“信托”一科。[⑤]

---

① 程联：《我国信托事业的发展》，《信托季刊》第1期第1卷，1936年1月1日，第50页。注：“上海信托业同人叙餐会”也称为“上海信托业同人联欢会”。

② 王海波：《上海银钱业团体述要》，《日用经济月刊》第3卷第2期，1941年2月，第785页。

③ 余英杰：《我国信托业发展之方向》，《中行月刊》第4卷第4期，1932年4月，第2页。

④ 朱斯煌：《发刊词》，《信托季刊》第1期第1卷，1936年1月1日，第2页。

⑤ 朱斯煌：《信托常识》，《信托季刊》第2卷第1期，1937年1月1日，第249页。

其二,开始提出了"中国化的信托制度"的经营理念。程联认为,"英美社会的环境和我们社会的环境相距太远,不能够样样取材于英美派。必须于无论任何派中,采其长,弃其短,再参以我们社会环境所必需要者,融合一炉,才能够体贴社会。这种融合的结晶,成为一种中国化的信托制度。"①朱斯煌也强调,"中外情形,既不相同,必欲以外国之信托业务,尽量移植于中国,亦势有所不能。"他认为中国缺少社会习惯和经济基础,真正的信托业务较难开展,但像保管、经租、代理收付等类代理业务,在中国已有实行,发展前景较好,因此他提议"何妨将代理业务,扩而大之,进行必觉顺利"。当代理等信托附属业务发达了之后,"即为正业之基础,逐渐推行,则社会中信托习惯,亦得渐渐养成。"最后,他得出的结论是:"中国之信托业者,并须于代理业务,加以注意,即所以谋信托之中国化也。"②

二、上海信托业的不正常之处

如果单纯从信托机构数量衡量,上海信托业的发达程度,"比之欧美先进诸国,似亦不遑多让"。③ 但是如果从推广和经营信托业务的角度来考察,上海信托业的发展其实并不乐观。

这一时期虽然信托业务的种类有较大的拓展,但是真正以信托业务为主业的信托机构仅限于兴业信托社、中央信托局、诚孚信托公司以及几家外资信托机构。两家华资官营信托机构的经营手法不属于市场化行为,带有浓厚的行政干预色彩,因此发展异常顺利。诚孚信托公司专营信托仅一年多,很难评判其经营业绩。外资信托机构除了雷斯德信托公司专营遗产管理信托以外,其余几家大体上以经营信托投资业务为主,投资品种仅限于证券和房地产,投机色彩较浓,经营状况很不稳定。

对于为数众多的华商信托公司和银行信托部来说,以信托业务为经营主业绝非易事。它们经营的主要信托业务是各种代理性质的信托附属业务、少量的信托投资业务,④以及极少量的商务信托业务。相对来看,银行信托部以经营各种代理业务见长,而绝大部分华商信托公司即便开展了上述几种信托业务,也勉

① 程联:《我国信托事业的发展》,《信托季刊》第1期第1卷,1936年1月1日,第47～48页。
② 上引均见朱斯煌:《何谓信托》,《信托季刊》第1期第1卷,1936年1月1日,第44页。
③ 李文杰:《信托业与信托立法》,《银行周报》第18卷第19号,1934年5月22日,第2页。
④ 这种信托投资已经变通为一种"中国化之业务",各信托机构开展信托投资时,为吸引客户,一般都采取了保本保息分红方式,即使投资失利,结果为亏损,受益人仍然可以取回本利。真正意义上的信托投资,盈亏由委托人自己承担,没有约定的利率,存在一定风险。

为其难，因为它们不像银行信托部有整个银行的资力和信誉为后盾，又无法像官营信托机构那样获得政府支持，也不像外资信托机构敢于冒险投机，为了生存，不得不以商业银行业务为主业。

在华资官营、外资、华商信托机构(包括信托公司和银行信托部)这几股势力中，华商信托机构在机构数量上有绝对优势，理应作为上海信托业的主流。但如果从平均资本额、资产额，以及经营内容方面来考虑，华商信托机构都无法与同期的华资官营、外资信托机构相抗衡。尤其是华商信托公司，这种劣势更加突出。截至1936年底，如表2－40所示，中一、上海、东南、生大、国安、通汇、中国、中级8家信托公司，合计仅设有11处分支机构，平均每家员工不到37人，平均资本额和资产额分别只有1 610 600元和4 636 883.04元。

表2－40　1936年度部分华商信托公司规模分析

公司名称	实收资本额(元)	总资产额(元)	分支机构数量	员工人数
中一	3 000 000	15 248 523.05	5	100
上海	1 000 000	3 538 960.20	0	14
中国	484 800	2 097 821.42	5	60
中级	100 000	178 330.13	0	10
生大	1 000 000	1 668 731.43	0	30
东南	1 000 000	1 158 311.55	1	26
国安	500 000	1 673 644.53	0	25
通汇	1 000 000	11 530 742.01	0	27
合计	8 084 800	37 095 064.32	11	292

资料来源：根据《全国银行年鉴》(1937年版)第13至126页各信托公司简况、营业报表中数据计算。

而上海兴业信托社的资本总额至1936年底虽然仅有150万元，但资产总额已高达4 053 747.34元，员工420人。① 开业仅一年零两个月的中央信托局，资本额为1 000万元，资产高达83 581 355.73元，分布于全国各地的分支机构有46处，员工不计其数。②

因此，撇开一些特殊因素下的特殊个案，就上海信托业的主流即华商信托业而言，真正的信托业务仍然找不到合理的营业空间，不以信托本业为主业仍然是一个根本问题。

1935年秋，宋汉章曾随中国经济考察团赴日本考察，参观了日本三井信托

① 《全国银行年鉴》，1937年版，第I1～I2页。
② 《1936年中央信托局营业报告》，上档中央信托局档案，档号：Q72－4－18。

会社之后，认为日本的信托业，“亦与我国大同小异，以存款事务为最发达，其次为不动产信托，又其次为证券投资；至于遗嘱财产管理信托，则极为幼稚”。[1] 在英国非常发达的遗嘱财产管理信托，在日本的推行同样难度较大。可见，因经济环境、社会习惯不同，各国信托业的经营各有特色：英国的信托业偏重经营个人财产、遗产管理信托以及信托投资业务，美国的信托业大多以经营公司信托业务为主，日本的信托业则偏重于信托存款业务。但上述国家的信托业只是偏重于某类信托业务，并没有偏离信托本业，因此无可厚非。相比之下，上海信托业的不正常之处在于：整个行业的经营主流不是偏重于某一种信托业务，而是偏离了信托本业。

在以上行文中，笔者曾数次提到，导致上海信托业偏离信托本业的根本原因在于：工商实业不发达加上社会习惯等原因，导致信托需求不足，信托市场供大于求所致。这一矛盾一直持续存在。1927 年至 1937 年 7 月 10 余年时间里，除了代理证券买卖和保管、代理买卖和经租房地产等业务需求较前有所增长以外，这一时期社会上对信托的需求仍然有限，中国人的信托观念较前并没有太大改变。工商实业发展并不顺利，尚没有迫切需要长期资金介入的必要。而信托法规的缺乏，使信托关系的确立得不到法律保障。这些因素都不利于开展个人生前财产和身后遗产信托、公司债信托等重要的信托业务。

另外，还必须关注一个事实：在 20 世纪 20 年代末至 30 年代上半叶，由于资金过度集中于上海，农工商业相对不景气，地产、公债事业却异常活跃，在上海其他金融行业中也呈现出忽视专业化经营的趋势。以银行业为例，这种非专业化经营的倾向主要表现为银行兼营副业的现象越来越普遍。1934 年 7 月，时任交通银行总经理唐寿民就曾谈到：“即以各银行投资他公司或自办副业而言，如在曩时，必致备受指摘，认为大错，但近年已习见不鲜，且均认为必要，著其效益，稍稍落后，便难抗衡，可知时会所趋，情逼势迫，欲谋生存，有不容不加以改进者。”[2]因此从某种意义上可以认为：忽视专业化经营的倾向，在 20 世纪 30 年代上半叶上海金融界，并不是信托业的孤立现象。

---

① 宋汉章：《游日纪略》，《信托季刊》第 1 期第 1 卷，1936 年 1 月 1 日，第 4～5 页。注：宋汉章的理解有误，他把“信托存款”业务等同于普通的“存款”业务，当时包括三井信托会社在内的绝大多数日本信托机构，最发达的是信托存款业务。

② 《交通银行史料》第一卷(1907～1949)上册，第 282 页。

第三章　抗日战争时期的上海信托业（1937年8月～1945年8月）

1937年“八·一三”事变前，上海正在开展营业的信托机构有：中一、华业、诚孚、国安、东南、通汇、生大、中国、上海、中级信用、恒顺、同康12家华商信托公司，数十家银行（大部分是华商银行）信托部或储信部，中央信托局和上海市兴业信托社2家华资官营信托机构，中国国际投资信托公司、汉弥尔登信托公司、雷斯德信托公司等数家外资信托机构。在这几股势力中，华商信托业在机构数量上有绝对优势，但平均资本、资产额以及信托业务的开展等方面，远不及华资官营和外资信托机构。这便是抗日战争爆发前夕上海信托业的基本格局。

第一节　基本格局

抗日战争爆发后，上海信托业的基本格局发生了一些变化。华资官营信托机构内迁或停业，外资信托机构力量不断衰减，华商信托机构尤其是华商信托公司大量涌现。不论从机构数量、资力、业务经营等任何一种角度考察，华商信托机构都已成为上海信托业毋庸质疑的中流砥柱。

一、官营和外资信托机构的淡出

因战事环境关系，从1937年8月开始中央信托局一再迁移，先到香港，后迁至重庆，上海仅残留虹口业务处和审核处。1941年12月因太平洋战争爆发，上海办事处也宣告结束。[①]

沪战爆发后不久，上海市兴业信托社的轮渡就被迫停航。1938 年 2 月 3 日，社务全部停顿，所余资产由徐桴指派周辛、徐翌云、傅德贤等负责保管。随着形势进一步恶化，1939 年 6 月该信托社将产证造册托请中中交农四银行以及银钱业准备委员会保管，并托其对外办理各项未了事宜。7 月 4 日起，委托上海银行联合准备会票据交换所，代理还付存户款项，该社暂告停业。[②]

1937 年 8 月至 1945 年 8 月间，新设立的外资信托公司仅有美商设立的环球信托公司、意大利商人设立的沪江信托公司两家。环球信托公司成立于 1938 年秋，美方经理为麦特可，华方经理为王海波。内部组织分为信托、金融、保险、贸易、研究等部。其开展的业务有房地产信托、保险信托、外汇买卖、股票买卖等等，同时进出口贸易也相当活跃。进口货物主要有钢铁、铅丝、黄钢丝、化学药品及其他五金等，出口货物有羽毛、猪鬃、玩具、绸缎及各种土货等。进出口地域，主要为英、德、美、中国香港、南洋各地。环球信托公司与众不同之处是设有研究部，出版买卖黄金、买卖外汇、买卖公债、纱花布疋交易等方面的丛书、杂志，(定期的有《日用经济月刊》，不定期的有《五金界》等)及答复咨询等。至 1941 年 6 月，该公司营业仅三年时间，但其“业务发达，服务周密，声誉因以日隆，社会咸认为后起之秀”。[③] 沪江信托公司设立于 1940 年，地址在爱多亚路 39 号，经理 C. Tranchino，业务范围为接受各项信托业务，如地产买卖、存放款项等。[④]

抗日战争前成立的外商信托公司继续营业的有汉弥尔登信托公司、雷斯德信托公司、中国国际投资信托公司、上海仓库信托公司四家。汉弥尔登信托公司一直到抗日战争胜利之后才停业，资产负债全部并入上海地产银公司。

中国国际投资信托公司实权仍掌握在沙逊集团手中。其董事阵营在“八·一三”事变后稍有变动。董事长改为由沙逊洋行总经理 F. R. Davey 一人独据，中国董事方面由陈光甫接替了容显麟。[⑤] 1941 年 1 月 4 日，该公司召开董事会议，决定增发红利股 175 000 股，以 1941 年 1 月 16 日登记的股东名册为准，每二

---

① 《刘攻芸关于中央信托局发展经过组织和业务内容报告稿》，1944 年 10 月，《中华民国史档案资料汇编》第五辑第二编“财政经济”(四)，第 319～320 页。

② 《联合征信所关于上海市兴业信托社的调查报告》，上档联合征信所档案，档号：Q78－2－14438；《上海市兴业信托社简史及组织》，《银行周报》第 31 卷第 21 期，1947 年 5 月 26 日，第 57 页；《上海市银行兴业社迁汉》，《银行周报》，第 22 卷第 5 期，1938 年 2 月 8 日，第 5 页。

③ 上引均见：《上海信托业调查. 美商环球信托公司概况》，《信托季刊》第 6 卷第 1、2 期合刊，1941 年 6 月 30 日，第 184 页。

④ 金融史编委会编：《旧中国交易所股票金融市场资料汇编》下，书目文献出版社 1995 年版，第 2123 页。

⑤ 《中国近代工业史资料》第二辑，第 78 页。

股可获新股一股，每股价为 16 元。① 增发红利股之后，该公司的股票发行数增至 525 000 股。1941 年 9 月，中国国际投资信托公司宣布清理。同年 10 月，将其大部分产业让渡给扬子银公司，凡是属于中国国际投资信托公司的股票，每股可分得扬子银公司新股一股，并加派若干现金。②

二、华商信托机构的极度繁荣

如果单从信托公司的数量来看，抗日战争时期是上海华商信托公司极度繁荣时期。1937 年"八·一三"事变之后至 1939 年底，新设立的信托公司仅有大丰信托公司一家。已在 1936 年停业的通易信托公司经过协调之后，以公司资产拨充新资本，以新股票分配各债权清偿债务后，1938 年 2 月 7 日正式复业。③ 1939 年，总部在天津的久安信托公司在上海设立分公司。④ 从 1940 年开始，新的信托公司陆续开业，表 3-1 是抗日战争期间新设立的部分华商信托公司，共有 44 家，加上抗日战争前设立的 14 家信托公司，1937 年 8 月至 1945 年 8 月期间，在上海开展营业有名可考的华商信托公司共有 58 家之多。

表 3-1　1937 年 8 月至 1945 年 8 月期间新设立的部分信托公司

信托公司名称	设立时间	额定资本(万元)	总公司所在地	主要负责人
大丰	1938 年	不详	北京路国华大楼	不详
国富	1940 年 4 月	法币 200	梅白克路 53 号	董事长：程庸畴，经理：沈孝明
合众	1940 年	法币 10	仁记路 119 号	章桐生、潘炳臣
天祥	1940 年	不详	九江路 414 弄 15 号	不详
民益	1940 年	不详	天津路 103 号	经理：伍携伯
正中实业	1941 年 2 月	法币 400(实收 200)	天津路 426 弄 4 号	董事长兼总经理：张锡麟
和祥	1941 年 4 月	法币 100	河南路 359 号	董事长：金采生，经理：刘子益
三民	1941 年 4 月	不详	四川路 625 号	总经理：江汝舟

① 1 月 4 日，该公司本身股票的每股市场价格为 28.50 元。
② 上引均见：《沙逊集团在旧中国》，第 105～106 页。
③ 《通易信托公司复业》，《银行周报》第 22 卷第 5 期，1938 年 2 月 8 日，第 5 页。
④ 陈真、姚洛合编：《中国近代工业史资料》第一辑，三联书店 1957 年版，第 337 页。

续　表

信托公司名称	设立时间	额定资本(万元)	总公司所在地	主要负责人
福源	1941年7月	法币50	宁波路70号	董事长：秦润卿，经理：冯以圭
阜丰	1941年7月	法币100	北京路106号	经理：江上远，副理：李声洪
大中信托行	1941年7月	不详	河南路495号501室	经理：胡飞
华丰	1941年8月	法币100(实收50)	四川路346号11楼	董事长：韦伯庠，经理：李肃然
中业	1941年10月	不详	河南路505号	总经理：萧一涵，
正丰	1941年10月	法币100	河南路锦兴大楼411室	董事长：段宏业，经理：汪堃俊
中孚	1941年11月	法币200	汉口路470号415室	杜少如等
同康信托行	1942年1月	不详	九江路429号513号	营业主任：沈玉生
鑫丰信托行	1942年3月	不详	九江路证券大楼五楼325号	股东：戎恒春，经理：胡巨卿
华一信托行	1942年4月	不详	中央路24号	股东：康斯馨等，经理：徐美馥
天亨	1942年5月	不详	九江路证券大楼505号	不详
贸昌	1942年5月	法币100(实收50)	河南路如意里4号	董事长：徐贵生，经理：林友三
联华	1942年5月	不详	北京路国华大楼411号	经理：徐宝裕
利生	1942年6月	中储券50	南京路353弄10号	经理：杨志千
有恒投资	1942年6月	中储券50	江西路406号	洪桢良、姚庆三等
安达	1942年6月	中储券60	不详	董事长：潘纪言
苏州裕民	1942年7月	不详	上海分公司：爱多亚路160号314室	不详
福民	1942年10月	中储券65	博物馆路131号414室	董事长：程庸畴，经理：朱令望
新亚	1942年12月	中储券200	静安寺路996号	董事长兼总经理：许冠群
中新	1942年12月	中储券100	北京路江西路口398号	董事长：李思浩 总经理：欧大庆、陈建华

续　表

信托公司名称	设立时间	额定资本(万元)	总公司所在地	主要负责人
众业	1942年	中储券50	不详	不详
东亚	1942年	中储券100	不详	叶沫芳等
环球	1943年1月	中储券100	香港路59号	董事长：朱博泉，经理：王海波
和新	1943年2月	中储券100	八里桥路余庆里4号	董事长：孙光庭，总经理：姚莹
瑞和	1943年3月	中储券200	不详	林荣生、陈有虞等
和丰	1943年4月	中储券100	山东路341号	不详
南洋	1943年5月	中储券100	江西路246号内	董事长：周作民，经理：朱文熊
福中	1943年	中储券100	天津路泰记弄9号	张达甫等
联康	1944年	中储券1 000(实收600)	厦门路尊德里11号	董事长：饶韬叔
大公企业	不详	不详	爱多亚路507号	不详
永孚	不详	不详	九江路429号	不详
有利	不详	不详	仁记路119号2楼	不详
通商	不详	不详	福建路305弄31号	不详
华东	不详	不详	福建路266弄3号	不详
祥发信托行	不详	不详	江西路264号	经理：徐美华，协理：袁冠群
鼎升	不详	不详	外滩12号	不详

资料来源：上档华丰纺织印染厂档案，档号：Q199-7-152；上档上海商业储蓄银行档案，档号：Q275-1-1822；上档联合征信所档案，档号：Q78-2-14145、Q78-2-14137、Q78-2-14136；上档伪上海特别市经济局档案，档号：R13-1-566、R13-1-563、R13-1-1016、R13-1-1553、R13-1-1322、R13-1-1928、R13-1-1215、R13-1-1020、R13-1-1565、R13-1-1215；上档伪上海特别市社会局档案，档号：R14-1-244、R14-1-244、R14-1-430、R14-1-226；上档伪上海特别市商会档案，档号：R47-2-69；上档王海帆会计师事务所档案，档号：Q93-1-556；银行学会：《上海市金融机关及各业公会调查》，《银行周报》第27卷第9、10期合并，1943年3月15日，第6页；朱斯煌：《我国信托事业之现在与将来》，《银行周报》第27卷第19、20期合并，1943年5月31日，第4～5页；《上海信托业调查·福源信托股份有限公司开业》，《信托季刊》第6卷第1、2期合刊，1941年6月30日，第185页；许晚成：《全国金融市场调查录》(上编上海之部)，金融史编委会编：《旧中国交易所股票金融市场资料汇编》下，第2096、2121、2122页。

抗日战争前上海已有相当数量的银行设有信托部。[①] 抗日战争爆发后又陆

① 抗日战争前设立、抗日战争时曾继续在上海营业的银行信托部有：江苏省银行信托部、国华银行信托部、浙江兴业银行上海总行信托部、大陆银行上海信托部、新华信托储蓄银行信托部、浙江实业银行信托部、交通银行上海分行信托部、四川美丰银行上海分行信托部、上海商业储蓄银行信托部、四行储蓄会信托部、四明银行信托部、中南银行信托部、聚兴诚银行上海分行信托部、中国银行上海分行信托部等。

续涌现了一些银行信托部，大都是华商银行，见表 3－2。

表 3－2 抗日战争期间上海新增设的银行信托部一览

信托部名称	设立时间	资本(中储券元)	负责人
中国通商银行信托部	1937 年 8 月	500 000	不详
金城银行信托部	1939 年 9 月	1 000 000	张悦联
中国垦业银行信托部	1940 年 9 月	500 000	谢菊会、潘起徵
中国烟业银行信托部	1941 年	不详	周康衢
中贸银行信托部	1941 年 11 月	500 000	李耀庭、胡善守
中国工业银行信托部	1941 年 12 月	1 000 000	吴葆之
中国惠民商业储蓄银行信托部	1942 年	不详	刘韫磻
中华实业银行信托部	1942 年	不详	叶山涛
上海实业银行信托部	1942 年	不详	朱世環
中国商业银行信托部	1942 年	不详	陈楚湘
大新银行信托部	1942 年 6 月	250 000	汪也六
上海纱业银行信托部	1942 年 10 月	2 000 000	朱苏吾、孙心陶
中国汇丰商业储蓄银行信托部	1943 年	不详	庄荣禄
民生商业储蓄银行信托部	1943 年	不详	陆伯纯
中国染织业银行信托部	1943 年	不详	夏孙焕
上海工业银行信托部	1943 年 1 月	500 000	龚蓉荪
中国药业银行信托部	1943 年 2 月	1 000 000	杨伯庚、袁云汉
长城商业储蓄银行信托部	1944 年 10 月	不详	不详

注："资本"、"负责人"所反映的内容均为上述银行信托部 1945 年 8 月的状况。

资料来源：朱斯煌：《我国信托事业之现在与将来》，《银行周报》第 27 卷第 19、20 合并号，1943 年 5 月 31 日，第 5～7 页；《金融消息·长城商业储蓄银行增设信托部》，《银行周报》第 28 卷第 39、40 合并号，1944 年 10 月 31 日，第 25 页；《上海市奉命停业之银行调查表》，《金融周报》第 14 卷第 6、7 期合刊，1946 年 2 月 13 日，第 1～2 页。

除了上述有名可考的信托公司和银行信托部以外，上海还出现了一些未经任何部门登记注册、不知名的非法信托机构。据《银行周报》报道，"上海自沦陷为孤岛之后，小银号钱庄信托公司字号创设极多。大都行险徼幸，妄事投机。……所经营之业务，买卖各证券，以及各国钞票与黑市外汇之投机，和黄金暗市之买卖。"①

在抗日战争前与抗日战争胜利后，华商信托机构的数量从未达到抗日战争时水平。抗日战争期间可以说是华商信托机构发展的"鼎盛时期"。从设立时间来看，新增设的信托公司和银行信托部主要集中在 1941～1943 年间。表 3－1

① 《金融消息汇志·财部取缔无照银号钱庄营业》，《银行周报》第 24 卷第 28 期，1940 年 7 月 16 日，第 4 页。

中新设立的的44家华商信托公司，其中设立时间确切的有37家：1938年1家，1940年4家，1941年10家，1942年15家，1943年6家，1944年1家。表3-2中19家银行信托部，1937年1家，1939年1家，1940年1家，1941年4家，1942年6家，1943年5家，1944年1家。

新增的信托公司绝大部分由银钱界牵头、联合部分工商界人士发起成立，如东亚、福民、联康、南洋、华丰、茂昌、环球、瑞和、福源、福中、国富、和新等信托公司。也有小部分是由实业界牵头联合银钱界合作发起的信托公司，如新亚集团下属的新亚信托公司，以及众业、安达信托公司等。部分新增信托公司发起人状况见表3-3。

表3-3　抗日战争期间部分新增信托公司发起人与银钱、工商实业界的关系

信托公司名称	发起人名录	发起人当时履历
华丰	韦伯祥	上海著名外汇经纪人
	郭礼安	永安公司常务董事，及新华银行经理
	余英傑	曾为中国银行上海分行副经理
	张悦联	曾任中央银行业务部襄理，时任金城银行信托部经理
	黄开平	曾服务于新丰洋行，后兼任久安信托公司愚园路办事处主任
	何　麟	曾在新丰洋行任职
茂昌	徐贵生	大昌煤号经理，中贸银行常务董事
	陆允升	中贸银行行长
	曹义荣	大昌煤号帐房
	韦志远	中贸银行董事
	鲍国昌	信谊药厂经理
	张寅峰	瑞新顺五金号经理
	林友三	前恒隆钱庄经理
	汪少鹤	中贸银行
	陈绳武	统原银行
众业	萧锡龄	兴仁企业公司经理
	俞礼坤	俞章源洋货号经理
	萧宗俊	新新公司经理
	徐文岸	定中贸易公司经理
	盛祖忻	浙江建业银行总稽核
	朱仲平	上海怡和丝厂副经理
	吴天福	志大洋纸号经理、志成洋纸号经理
	金善镳	美亚时计公司总经理
	毛祖庵	五丰钱庄襄理
	孙月楼	两浙商业银行经理

续　表

信托公司名称	发起人名录	发起人当时履历
环球	王伯元	上海中国垦业银行总经理
	王海波	上海物产贸易公司总经理
	王瑞琳	前邮政储金汇业总局会计处副处长
	王剑英	上海中南贸易公司营业员
	朱如堂	上海商业储蓄银行经理
	朱博泉	上海工业银行总经理
	吴蕴斋	上海金城银行经理
	沈叔玉	上海国华银行总经理
	贝纯伯	上海通易银行董事兼总调查
	林康侯	上海银行公会秘书长
	帅伯春	上海中国工业银行常务董事
	孙瑞璜	上海新华银行副总经理
	莫啟欧	前章华毛绒纺织公司会计科副科长
	许冠群	上海新亚化学制药公司总经理
	曹吉如	上海中国工业银行业务部经理
	叶扶霄	上海大陆银行经理
	赵铁章	上海同益银公司副经理
	潘恒勤	上海交通银行副经理
南洋	周作民	金城银行董事长兼总经理
	李光前	新加坡华侨银行董事长
	朱文熊	南洋企业公司
	丁雪农	太平保险公司
	蔡声白	美亚织绸厂
	吴蕴斋	金城银行总行经理
	周福隆	华侨银行
	张禹九	合中企业公司
	陈水鲤	上海华侨银行经理
	黄江泉	建源公司
福民	程庸畴	国富信托公司董事长
	刘聘三	中华劝工银行董事长
	徐文卿	福源钱庄经理、福中信托公司董事长
	潘仰尧	四行储蓄会秘书
	楼德生	前宁波垦业银行襄理
	杨元恺	杨元恺股票公司经理
	汪　朴	万康公司总经理
	华楚书	华昶行、生源油行经理

续　表

信托公司名称	发起人名录	发起人当时履历
	朱学仁	美伦毛纺织染公司经理
	金瑞麒	天一保险公司协理
	俞锡麟	华昶行、生源油行副理
	陶仲序	福源钱庄襄理
	秦履中	福源信托公司襄理
新亚	许冠群	新亚建筑公司总经理
	邱良荣	新亚建筑公司常务董事
	朱博泉	银行准备会经理
	朱如堂	上海商业储蓄银行董事长
	徐谢康	上海银行副理
	吴蕴斋	金城银行总行经理
	叶扶霄	上海大陆银行经理
	许宝骅	南洋企业公司协理
	周叔廉	上海交通银行董事
东亚	叶沫芳	上海实业银行董事长
	孙时霖	上海实业银行副总经理
	岳光烈	苏州中国商业组合副理事长
	蔡起潜	立信银号总经理
	赵承鑫	上海实业银行南京分行经理
	查涤生	江苏地方银行常州分行经理
	叶友庭	江苏地方银行南京分行副经理
	倪农祥	立泰银号协理
	顾伯初	江苏地方银行上海分行经理
	卞默声	江苏地方银行上海分行副经理
	朱声扬	常州大统银行董事
	钱润身	江苏地方银行上海分行襄理
	蔡年修	杭州泰丰银号副经理
	倪季祥	立泰银号副经理
	王瑞英	立泰银号董事
瑞和	林荣生	上海安利银行总经理
	陈有虞	上海益友德号总经理
	竺静山	上海中星热水瓶厂经理
	竺家瀛	上海建华银行秘书
	林楚雄	上海建华银行经理
	金俊瑜	前鸿祥钱庄经理

续 表

信托公司名称	发起人名录	发起人当时履历
联康	戴崧生	上海立盛申庄经理
	竺清夫	上海建华银行协理
	饶韬叔	国华银行常务董事
	饶定基	新华银行副经理
	马冠良	义隆钱庄经理
	王遇安	常熟义隆钱庄经理
	王扶九	丹阳天丰钱庄董事长
	祝有顺	天福染织厂总理
	孙玉方	丹阳惠通钱庄董事长
	陶友川	九昌绸厂总经理
	林锦舒	承庆钱庄经理
	戴荫邹	元丰贸易公司经理
	余伯平	晋记绸庄经理
	刘哲民	联华银行副理
	王汉英	上海工商银行董事
	裴元鼎	金华大药房经理
	周佩之	同康银行襄理
	蔡松年	立成药行副经理
	林仲约	晋裕绸厂经理
	鄂吕弓	中南、金城银行秘书
	徐锦文	同兴酒厂经理
	张绍曾	大华银行襄理
	余慎甫	大昌行副理
	钮伯笙	常熟义大南货号经理
	汪鑫生	常熟鑫生南货号经理
	何子卿	艺华织造厂经理
	刘敏仁	大昌行襄理
	眭坦如	福康西药行经理
	季贻荪	常熟兴业银行总经理
	张冠华	常熟中裕钱庄经理
	刘庆一	九昌绸厂经理
	徐建范	九昌绸厂副理
	王志洪	上海工商银行副理

资料来源:《公司介绍·华丰信托股份有限公司》,中国征信所编:《商情报告》,1940年9月10日;《贸昌信托公司董事监察人名单》,1942年5月11日,上档伪上海特别市经济局档案,档号:R13-1-1928;《众业信托公司发起人姓名经历及认股数目表》,1942年6月18日,上档伪上海特别市社会局档案,档号:R14-1-430;《环球信托股份有限公司发起人认股数目清册》,1942年10月,上档伪上海特别市社会局档案,档号:R14-1-226;《南洋信托公司职员姓名籍贯住所清册》,1942年11月,上档伪上海特别

市经济局档案，档号：R13-1-1215；《福民信托公司发起人姓名经历认股数目清单》，1942 年 12 月 10 日，上档伪上海特别市经济局档案，档号：R13-1-1020；《新亚信托公司发起人认股数目清单》1942 年 12 月 10 日，上档伪上海特别市经济局档案，档号：R13-1-1553；《东亚信托公司发起人姓名经历及认股数目清单》，1942 年 12 月 29 日，上档伪上海特别市经济局档案，档号：R13-1-1553；《和新信托公司续讯》，1943 年 2 月 20 日，上档上海商业储蓄银行档案，档号：Q275-1-1822；《瑞和信托公司发起人认股数目清单》1942 年 11 月 20 日，上档伪上海特别市经济局档案，档号：R13-1-566；《联康信托股份有限公司股东名簿》，1944 年 3 月，上档伪上海特别市经济局档案，档号：R13-1-563。

三、华商信托机构数量剧增的原因

抗日战争时银钱界热衷投资信托业主要与上海市面资金泛滥而金融业正常放款业务难以顺利展开有关。

战事西移以后，1938 年春天开始江浙战区大量富户来沪避难，“资金亦随以俱来”。[①] 下半年广州、武汉相继失守，携资绕道香港来沪人士继续增多。1939 年欧战爆发后，英国的东方属地施行金融统制，大量资金又由香港向上海转移。据上海银行业统计，“欧战发生后，仅香港一埠，流回上海之资金，据统计所示约为十五万万元。”[②]至 1939 年底，“上海一埠之游资，已达三十万万之巨”。[③]

大量的资金汇集上海，各大金融机构的活期存款持续增加，到 1940 年下半年上海银钱业不得不采取降息手段。10 月浙江实业银行首先实行活期存款减息一厘，上海、金城、盐业、中南、大陆、四行储蓄会等相继仿效，银行钱业两联合准备会，也宣布减低同业存款存息一厘。资金壅塞的状况可见一斑。[④]

在活期存款激增的同时，放款这一商业行庄最基本的业务却得不到充分发挥。增加的存款多属活期，银行不得不提高存款准备金比率，防止提存。加上抗日战争时物价飞速上涨，放款风险大大增加，“放出之货币数量与将来收回之数虽同，而其购买力，较前为减，利息之收益尚不足弥补其所失”。金融机构对于放款业务，“均极度审慎，非有确切之担保，不轻易放出”。[⑤] 与其放款给别人，不如用这些资金自己从事其他事业经营，所获利润要大于贷款的利息收入。

大中型行庄纷纷增设各种附属分支机构，从事套购外汇、标金、囤积物资等

---

① 汤心仪：《上海之金融市场》，王季深等编：《战时上海经济》第一辑，1945 年版，第 14 页。

② 《上海商业储蓄银行民国二十八年度营业报告》，《银行周报》第 24 卷第 26 期，1940 年 7 月 2 日，第 3 页。

③ 俞增炽：《我国战时金融之动向及其出路》，《信托季刊》第 5 卷第 3、4 期合刊，1940 年 12 月 31 日，第 99 页。

④ 汤心仪：《上海之金融市场》，《战时上海经济》第一辑，第 23 页。

⑤ 陆树德：《我国信托业务之研究与改进》，《银行周报》第 27 卷第 19、20 期合刊，1943 年 5 月 31 日，第 15 页。

投机业务。如金城银行设立通成公司,浙江实业银行设美盛洋行,新华银行设立外汇部以及华丰股票公司等。以金城银行为例,"八·一三"事变甫一爆发,周作民就指示下属:"法币维持不了多久,物价定必上涨。我们的出路要多拉存款,少做放款,以吸收进来的存款多囤物资,多购外汇。物资方面可由通成公司进行囤积。……套购外汇的事可托港行去做。"[①]设立信托部和信托公司也是银钱界利用充裕资金从事各种投机业务的方式之一。

到太平洋战争爆发以前,工商实业界手头也已经积累了大量富余资金。抗日战争爆发后,租界人口激增,游资充斥,物价飞涨,华资工商实业一度畸形繁荣。纱厂、面粉等业呈现出欣欣向荣的景象,盈余大增。以荣家企业中的申新二厂和九厂为例,在"孤岛"时期,"利润巨大,股东几乎按月、按季取得股息,分到红利"。[②] 为了摆脱行庄对企业的钳制,便利企业本身资金通融,企业家们感到有必要成立自己的金融机构。另一方面,有感于日本三井、三菱集团化经营的模式,他们力求"自办工业、自营商业、自设银行,使自己的企业自成体系"。再加上抗日战争时上海游资充斥,企业自设金融机构,"不仅可以吸收社会游资,以增强企业的营运资金,而且可以分散工业企业集中经营的风险"。[③] 因此,上海一埠实力雄厚的工商企业纷纷添设各种附属投资机构,其中就包括银行、信托公司等金融机构。

华商信托机构大量出现,与 1941 年上海市面投机动向发生变化也有一定关系。1938 年以来上海一方面资金泛滥,另一方面"正当投资之途径异常缺乏,以致资金之运用问题日趋严重,造成空前投机事业之猖獗"。[④] 投机标的物有外汇、黄金、物资、地产、证券等项,在 1938～1940 年,以黄金、外汇、外币投机居多,尤其是外汇投机,获利极高,"一度曾达五分"。[⑤] 银钱界、工商实业界的富余资金大多投向此类业务。如荣鸿元、荣鸿三兄弟,由于纱厂获利丰厚,"随时把股息、红利所得换成黄金、外汇和外币(美钞、港币等)"。[⑥]

1941 年 7 月 25 日,美国冻结日本、中国在美国的资金。7 月 26、29 日,英国冻结日本、中国在英国的资金。12 月 8 日太平洋战争爆发后,日军占领租界,禁

---

① "徐国懋回忆",1960 年 5 月,《金城银行史料》,第 572 页。

② 上海社会科学院经济研究所编:《荣家企业史料》(下),上海人民出版社 1980 年版,第 71、153 页。

③ 上引均见:《荣家企业史料》(下),第 80 页。

④《国内要闻·银钱业实行向内地发展(决与国家银行通力合作)》,《银行周报》第 24 卷第 42 期,1940 年 10 月 22 日,第 1 页。

⑤ 俞增炽:《我国战时金融之动向及其出路》,《信托季刊》第 5 卷第 3、4 期合刊,1940 年 12 月 31 日,第 100 页。

⑥《荣家企业史料》(下),第 153 页。

止美钞、港币等外币和外汇的买卖。因此从1941年下半年开始,套购外汇基本上无利可图。上海市面的资金逐渐转向证券、房地产、物资买卖等投机活动。

根据相关法律的限制,银行除了营业上必需的不动产外,不得买入或承受不动产。1940年8月7日,国民政府财政部颁布《非常时期管理银行暂行办法》,其中第四条规定:“银行不得直接经营商业或囤积货物,并不得以代理部、贸易部或信托部等名义,自行经营或代客买卖货物。”①银钱界和工商实业界可以通过下属的行庄进行黄金买卖或外汇套利业务,属于正常的营业范围,但以行庄的名义进行大额房地产、证券投资以及物资买卖,毕竟不妥。

当时的法律,对信托机构尤其是信托公司的经营范围与设立条件限制较少,从1921年信托业兴起直至1942年,一直没有专门的信托法和信托公司法出台。1943年3月13日,汪伪政府颁布施行了《信托公司暂行条例》,该条例同时适用于信托公司和银行信托部,除了对资本额稍有限制,在业务范围方面并无实质性限制。信托公司可以同时经营信托、代理与兼营部分银行业务,②范围仍然极其广泛。《信托公司暂行条例》第12条明文规定,经财政部核准后,信托公司可以兼营买卖有价证券及不动产。当时信托公司核准的章程,几乎全部列有这两项业务,属于合法经营。可以说,只要打着信托机构的旗号,能够经营的业务范围极大。

由于缺乏法律约束,一些已经设立的信托公司和银行信托部,“其实并非专营信托事业,”而是从事货物买卖、运输等业务,“多有盈余颇巨者,致使一般人误认为信托系如何有为之事业。”③这对正在为手头富余资金寻找生利渠道的银钱界、工商实业界而言,是相当诱人的。他们可以借信托公司的名义,合法经营证券、房地产、物资等投资套利业务,不失为一个较好的资金出路。1941年下半年开始,上海一埠以投资证券、地产为主营业务的信托机构数量大增。

另外,我们还应注意到一种现象,在1942～1943年,上海出现了大量以投资

① 《中华民国金融法规档案资料选编》(上),第642页。

② 《信托公司暂行条例》第十一条规定信托公司经营业务种类如下:“一、财产管理。二、遗嘱执行及遗产管理。三、信托金之收受及运用。四、公债公司债股票及其他有价证券之承募或承受。五、管理公司债及其他股票债券之担保品及基金。六、代理股票债券之登记事项。七、代理买卖有价证券。八、代人保管证券票据契约及其他贵重物品。九、代理房地产经租并介绍房地产之买卖及抵押。十、代理房地产过户登记及纳税。十一、代理保险。十二、出租保管箱及办理露封原封保管。十三、办理清算及整理事项。十四、办理信用保证。十五、代理收付款项。十六、其他经财政部核准之信托事项。”第十二条规定信托公司可以兼营以下业务:“一、收受存款。二、办理放款。三、票据贴现。四、汇兑或押汇。五、买卖有价证券及不动产。六、仓库业。”资料来源:《专载.信托公司暂行条例》,《银行周报》第27卷第19、20期合刊,1943年5月31日,第21～23页。

③ 童蒙正:《金融专业化与信托事业》,《财政评论》第8卷第4期,1942年10月,第21页。

为目的的企业公司。新增企业公司数量虽然远胜于信托公司,[①]但信托公司却拥有企业公司不具备的优势。根据《信托公司暂行条例》,信托公司可以收受存款,吸收社会游资进行投资牟利,企业公司不属于金融机关,无法吸收存款,只能运用自有资金进行地产、证券投资。

因此,在1942～1943年间,一些大型企业公司为了吸收社会游资,扩大证券、地产投资业务,将其信托部改组为独立的信托公司,如南洋信托公司、和新信托公司、新亚信托公司等,就是由企业公司的信托部改组而成。以南洋企业公司为例,该公司1940年5月由金城银行和华侨银行共同出资250万元设立,主要经营南洋贸易,设有贸易、信托、企业三部,“贸易部专任对南洋进出口贸易,信托部的目的企图吸收华侨资本,企业部专办各种企业。”1942年因战事蔓延,航线中断,“故除附设联贸公司改营国内贸易外,并兼营证券、地产等业务”,[②]公司想借机扩大信托部业务,于是向汪伪财政部申请注册信托部。汪伪财政部在批文中指出,以实业公司的名义设立信托部,与即将公布的《信托公司暂行条例》的相关规定“自有未合”,要求该公司“设法改组,将原信托部改为独立组织,继续办理原有业务,与南洋企业股份有限公司资本会计完全划分”。[③] 于是,南洋信托公司应运而生。

第二节 经营特点

除了机构数量剧增以外,抗日战争时上海特殊的政治、经济环境,使信托机构在业务经营方面出现了以下几个特点。

一、信托业务有了一定发展

(一) 保管、仓库、代理房地产、代理保险、代理买卖股票等信托附属业务增长极快。

“八·一三”事变后直至1940年,保管业务发展甚为迅速。由于对抗日战争

① 1942～1943年,上海新设立的企业公司多达100家。资料来源:陈禾章:《上海之企业公司》,《战时上海经济》第一辑,第87页表格。

② 《金城银行史料》,第612、598页。

③ 《汪伪政府财政部对南洋企业公司呈请设立信托部的批示,钱壹字第1987号》,1942年10月3日,上档伪上海特别市经济局档案,档号:R13-1-1215。

时环境颇感不安，上海一地持有贵重物品者，纷纷租用保管箱，各银行及信托公司保管箱“租用一空”。[①] 最紧张时，“竟有因急欲需用而出顶费，与租顶房屋，形成一气”。[②] 保管箱的租费也随之增加。以上海商业储蓄银行为例，1937年下半期，该行信托部“因战事爆发，力事收缩”。但有两种业务却呈畸形发展：一为代管经租房地产业务，一为保管箱业务，“一般人士，因避难迁徙关系，纷向本行租置保管箱，凡本行总分行保管箱，均有租赁一空之势，则亦为战事之一种影响也。”[③]直到1939年度，该信托部的经租房地产、保管及保管箱等业务，“以供求关系，仍极繁忙。”[④]1940年因成本关系，该信托部提高了保管箱租费。一直延续到1943年，上海市面上要想租得一只保管箱，“诚非易易”。[⑤]

抗日战争时囤积买卖物资业务利润丰厚，各银行信托部和信托公司设置仓库、招堆客货业务发展也非常迅速。以中一信托公司为例，1937年度仓库收益仅1 977.25元，占总收益的1%，此后每年递增，1940年仓库收益达154 184.53元，占总收益的15%，1941年后才稍见逊色。[⑥]

抗日战争以来，上海租界人口激增，对房产的需求随之增加，代理不动产业务呈现出活跃的景象。信托公司和银行信托部的代客买卖、经租、代办土地过户登记等业务相当繁忙。1937年下半年，上海商业储蓄银行信托部因其“所管房地产，多在安全区内，故租务特见繁忙”。[⑦] 直至1940年，该信托部的经租房地产业务仍极繁忙。1940年，金城银行信托部代理购买房产的金额为90余万元，1941年飙升至800余万元。[⑧] 太平洋战争后由于“英美行商停业，而土地之价格日见上涨，土地之交易亦日见活泼”，[⑨]代办土地过户登记业务也蓬勃发展。代

---

① 朱斯煌：《我国信托事业之现在与将来》，《银行周报》第27卷第19、20期合刊，1943年5月31日，第8页。

② 陆树德：《我国信托业务之研究与改进》，《银行周报》第27卷第19、20期合刊，1943年5月31日，第14页。

③《上海商业储蓄银行民国二十六年度营业报告》，《银行周报》第22卷第18期，1938年5月10日，第7～8页。

④《上海商业储蓄银行民国二十八年度营业报告》，《银行周报》第24卷第26期，1940年7月2日，第9页。

⑤ 陆树德：《我国信托业务之研究与改进》，《银行周报》第27卷第19、20期合刊，1943年5月31日，第14页。

⑥ 根据《中一信托公司历年帐略》中的数据计算，上档中一信托公司档案，档号：Q329-1-32。

⑦《上海商业储蓄银行民国二十六年度营业报告》，《银行周报》第22卷第18期，1938年5月10日，第8页。

⑧《金城银行史料》，第591页。

⑨ 代办土地过户登记业务也称“土地管业业务”。《上海商业储蓄银行信托部资产负债表(1946年度下届)》1946年12月31日，上档上海商业储蓄银行档案，档号：Q275-1-866。

建房屋、租地造屋业务属于抗日战争时新兴业务,这种新兴业务的风潮"弥漫沪上",信托业也加入了经营该项业务的队伍。①

抗日战争时的特殊环境使保险业有了很大的发展,信托业办理保险多属代理性质,以团体人寿保险为多,如公司、工厂、机关的职工集团保险,个人委托并不多见。也有直接办理保险业务的,如中一信托公司抗日战争前就开始办理水火险业务,抗日战争时继续办理,每年保费收入占总收益的 6%～8%不等。② 1942 年汪伪政府出台了保险业的新法规后,1943 年 3 月 1 日该公司将保险部独立出来,成立中一保险公司。

信托机构的代收款项业务亦见增长。该项业务对信用要求较高,相对而言银行信托部比信托公司更具优势。以金城银行信托部为例,主要侧重于代收公司债、股款。1939 年信托部成立未久,就为新亚制药公司代收公司债 50 万元。1940 年开始为各公司行号代收股款,至 1942 年 11 月底共计代收股款 748 万元。③

代理买卖证券业务也有一定的发展。信托公司代理顾客买卖一切有价证券,如公债、库券、股票、公司债票等,至于价格、数量,均由委托人指定,信托公司照办。在太平洋战事爆发后,由于华股市场的活跃,这项业务发展较为迅速。

(二) 商务管理信托业务有所进展。

上述代理性质的信托附属业务与真正的信托业务有所区别。信托业务必须将信托财产转移到信托公司名下,代理业务则不以信托财产转移于信托公司,仅仅为手续上的代理。抗日战争期间上海信托机构经营的真正信托业务只有两项:商务管理信托与信托投资。

所谓商务管理信托,也称 Voting Trust,在欧美等国,是信托公司比较重要且发展前景最好的业务之一。一般办法是:一些实业公司委托信托公司对其进行管理。实业公司各股东为委托人,信托公司为受托人,各股东自身及债权人等为受益人。委托人将其所有股票,过户转移给受托人保管,换领收据,并与受托人订立合同。原股东对于公司,除了投票权外,仍享有股东的其他一切权利。受托的信托公司在合同期内,全权办理种种事务,等到合同期满,受托人凭原给收

---

① 陆树德:《我国信托业务之研究与改进》,《银行周报》第 27 卷第 19、20 期合刊,1943 年 5 月 31 日,第 15 页。

② 根据《中一信托公司历年帐略》中的数据计算,上档中一信托公司档案,档号:Q329-1-32。

③《金城银行史料》,第 590 页。

据，返还股票，于是公司主权，交还于股东。

1936年诚孚信托公司总部迁沪之前，上海没有一家信托公司开展商务管理信托业务。抗日战争时开展该项业务的主要有正中实业和诚孚两家信托公司。

按照正中实业信托公司发起人的意愿，设立该公司的目的"在于经营信托管理事业，尤着重于工厂之管理"。① 其营业内容包括："一、承受信托财产，用本公司名义，依设定人订明条款，为其本人或受益人处理。二、承任委任事务，用委任人名义，依授权范围，处理其财产。三、办理其他依法令许可之信托业务。四、投资于稳妥易于流通之政府公债或其他依法令许可发行之有价证券或有优先受偿债权之暂时垫款。"②

在实际经营中，正中实业信托公司采取的是银行业务与商务管理信托业务并重的方针。表3-4是其1941年度的收入项目，可见最大的收益项目仍然是抵押放款的利息收入，占52%，而承受信托管理和承任委任事务收益两项属于商务管理信托收入，占40%。

表3-4　1941年度正中实业信托公司收入项目表

收益项目	收益金额(元)	占总收益%	收益项目	收益金额(元)	占总收益%
承受信托管理收益	105 000.00	34	其他抵押放款收益	160 000.00	52
承任委任事务收益	20 000.00	6	合　计	309 000.00	100
有价证券利息收益	24 000.00	8			

资料来源：《正中实业信托公司营业概算书》，1942年，上档华丰纺织印染厂档案，档号：Q199-7-152。

以下是一份正中公司与光明染织厂签订的商务管理信托合同书：

委托人：光明染织厂代表钱保稚

受托人：正中实业信托公司

兹委托人因暂停营业，由股东会议决将资本国币15万元委托受委人代为保管，并附带委托管理所保管资本金产生之利息，代付委托人前有南市工厂租地之租金及职工特薪支项部份，订明条件如后：

一、委托管理标的物：光明染织厂资本国币15万元。

二、期限：不定期限。

---

①《正中实业信托公司创立会记录》，1941年，上档华丰纺织印染厂档案，档号：Q199-7-152。

②《正中实业信托公司营业计划书》，1941年，上档华丰纺织印染厂档案，档号：Q199-7-152。

三、撤销委托：一个月前书面通知。
四、权限：保管资金利息收益代付租金及职工特薪。
五、附带管理权限：支付部份无权增减。
六、帐单：每届年终抄存备阅。
七、管理费用：按利息收益扣取一成。
八、交割费用：书面交换。
九、本合同附件：南市工厂地租档案一件，职工特薪表一件。
中华民国三十一年一月十八日
立委托管理合同
委托人：光明染织厂钱保稚
受托人：正中实业信托股份有限公司代表张锡麟①

在合同中可见这项信托业务的权限不大。正中公司作为受托人仅拥有保管光明染织厂的资本金及其利息，以及代付地租和职工薪金的权利，正中公司收取利息的10％作为该项商务管理信托业务的酬金。

另一家专营商务管理信托业务的诚孚信托公司，1938年增资为600万元。②根据上海商业储蓄银行1939年的调查，“该公司事务繁忙，职工众多，租赁写字间多间，开支颇巨。”公司不进行自营业务，“资本悉存储银行，作为提供委托人之担保”。委托人支付酬金的70％用来维持公司日常开支，“如遇不敷，可随时节缩，……不得以资本利息拨付开支”。酬金的30％加上资本所得的利息用来支付股息。③

抗日战争期间诚孚继续以受托人的身份对上海新裕、天津恒源、天津北洋三家纱厂进行管理，仅收取管理酬金。纱厂的资产和会计都与诚孚分开，“有关工厂的管理费，都是实报实销，诚孚本身费用，另由各厂津贴管理费，各厂盈余红利中，提出30％赠与诚孚，内5％充作职员奖金，25％弥补公司开支”。④

除受委托管理纱厂外，1940年2月诚孚信托公司又为经营染织的上海新华化学工业社代理采办纱花、染料、白坯布及出售各色布疋等事务。同年出价25

① 《正中实业信托公司与光明染织厂合同书》，1942年，上档华丰纺织印染厂档案，档号：Q199－7－152。
② 《中国近代工业史资料》第三辑，第973页。
③ 上引均见：《关于诚孚信托公司的调查报告》，1939年5月2日，上档上海商业储蓄银行档案，档号：Q275－1－1822。
④ 《中国近代工业史资料》第三辑，第974页。

万元收买新华化学工业社,改为上海新华漂染化学厂。① 又设立上海诚孚铁工厂,制造纱厂需要的附件。这两家厂附设在新裕厂下面。

诚孚信托公司历年均有盈利。属于商务管理信托业务收益的管理费和酬劳金两项,在历年总收益中占有绝对优势,见表3-5。

表3-5　诚孚信托公司历年收益分析表(1938～1944年)

年份	总收益(元)	管理费%	酬劳金%	利息%	手续费%	杂收益%	花纱布收益%	证券收益%	其他投资收益%
1938	539 990.39	24	66	9	1				
1939	593 497.53	16	78	6					
1940	750 379.76	25	69	6					
1941	1 319 866.16	21	62	16		1			
1942	1 879 209.72	7	59	4			30		
1943	6 252 844.42	34	16				1	49	
1944	9 177 726.91	83						15	2

资料来源:根据《诚孚信托公司历年损益表》中数据计算所得,上档小投资企业档案,档号:Q374-30-1。

诚孚公司信托业务收入最高在1939、1940年,均占总收入的94%,最低年份在1943年,仍占有50%。1938年至1941年,作为纯粹以信托业务为主的信托公司,管理费和酬劳金收益均占每年总收益的80%以上,1942年公司改名为"诚孚股份有限公司"之后,投资业务收入的比重有所上升。

(三)信托投资业务有了较大的发展。

信托投资指委托人将资金交给信托公司,由其代为投资。抗日战争前由于存款利息较高,且无须承担通货膨胀风险,对存户来说,存款业务比信托投资业务吸引力更大,信托投资因此发展较慢。大陆银行、交通银行、浙江兴业银行等少数银行信托部已经开办了"信托存款"业务,均采取了保本保息分红方式,即使投资失利导致亏损,受益人仍然可以取回本利。这是一种信托投资的变通办法,并非真正意义上的信托投资。

抗日战争爆发后,一方面上海"游资充斥,往往挟财而无法运用,是以信托投

① 《关于诚孚信托公司的调查报告》,1940年6月4日,上档上海商业储蓄银行档案,档号:Q275-1-1822。

资,良可提倡”。[①] 另一方面由于存款利息得不偿失,加上抗日战争时上海市面畸形繁荣,“投资利润加厚,较之存款利息,高出数倍至数十倍”,[②]因此推出信托投资业务的时机较为成熟。

当时拥有大额资金的人一般都自行投资,信托机构收受大额信托金机会较少,针对市面上充斥的分散游资,信托机构重点推出共同投资信托业务。[③]

较早提倡并独立开展这项业务的,有新亚信托公司、环球信托公司、南洋信托公司、金城银行信托部、新华信托储蓄银行信托部,这些信托机构本身及其主要负责人大多有良好的社会知名度和信誉,资金雄厚,容易获取投资者的信任,开办信托投资,“早有良好之成绩”。[④]

新亚信托公司的信托投资以 1 000 元为一单位,委托人至少要参加一单位,由新亚公司发给“新亚信托公司共同信托投资证”。新亚公司的义务是:“将同期各委托人之信托金,合并运用,分散投资多种稳妥之投资品。”一年期满后由新亚公司办理决算,将全部信托投资资产折换成现款,付清各项投资费用以及提取信托手续费后,按委托人认购比例分配发还。作为受托人的新亚信托公司,不享有投资收益,仅按照信托本金额收取千分之五本金手续费,并按净收益额,收取30%收益手续费。新亚信托公司承诺:“所有本项信托投资之损益,悉归同期委托人比例分担或分受。但本公司本善良管理之旨,为保障委托人利益起见,不使委托人受本金上之亏损,并至少给予常年六厘之利息。”甚至提出在“收益合本金年息六厘或以下时,免收收益手续费”。[⑤]

1944 年 8 月上旬中贸、五洲、富华、通华、中国药业、中国烟业六银行联合办理第一期信托投资,承诺“保本保息,并分派红利。”[⑥]8 月下旬富中银行举办第一期联合信托投资,承诺“除保本外并保周息二分半另派红利”。[⑦] 另外,长城银行

---

① 莫仁生:《为本行发展信托业务计划书(其 1)》,《银行周报》第 27 卷第 47、48 期合刊,1943 年 12 月 31 日,第 23 页。

② 钱福田:《略论零星信托金之投资》,《银行周报》第 27 卷第 27、28 期合刊,1943 年 7 月 31 日,第 32 页。

③ 按照信托金收受和投资方式不同,信托投资分为特约信托投资与共同信托投资两种。前者指委托人指定某种投资方式,信托公司惟有照办。共同信托投资则是指,委托人以存款方式以一定的存入数额作为一组,满额时由信托公司代为投资的一种信托投资行为。

④ 朱斯煌:《一年来之上海信托业》,《银行周报》第 29 卷第 9、10、11、12 期合刊,1945 年 3 月 1 日,第 2 页。

⑤ 上引均见莫仁生:《为本行发展信托业务计划书(其 1)》,《银行周报》第 27 卷第 47、48 期合刊,1943 年 12 月 31 日,第 23 页。

⑥《金融消息·本市 6 银行联合办理信托投资讯》,《银行周报》第 28 卷第 29、30 期合刊,1944 年 8 月 15 日,第 27 页。

⑦《金融消息·富中银行举办联合信托投资》,《银行周报》28 卷 33、34 期合刊,1944 年 9 月 15 日,第 32 页。

于10月中旬,大中、联华银行于12月,分别开办共同信托投资。[①]

上述信托机构所办理的所有信托投资业务,均承诺"保本保息,派分红利",实质上还是对真正意义上的信托投资业务进行变通,成为"中国化之业务"。[②]

二、投机性增强

首先,出现了一些纯粹以投机为目的、未经任何主管部门登记注册的非法信托机构。1927～1937年间,上海市面出现的各种类型信托机构,基本上都经过相关主管部门登记注册,属合法金融机构。1938年以来,上海特殊的投机环境下滋生了大量为投机事业服务、未经登记注册的非法小型金融机构,其中就包括信托公司。"代客买卖之所谓'信托公司'及类似之'信托社'应运而生。居然门庭若市,公债、条子、金镑、金票、双马争买之声其嚣尘上。致富者果有人在,涉足而遭倾覆者亦亦不计其数。此等冒名组织贻害社会,扰乱金融,为大众所诟。对于正当之信托业,颇多混淆。"[③]

国民政府和汪伪政府多次采取措施取缔这类非法投机机构,但收效甚微。1940年7月份左右,国民政府财政部专门发文对未经注册的金融机构予以取缔。[④] 同年11月15日,财政部又训令上海银钱两业公会、市商会,取缔未经注册核准营业的行庄,包括性质相似的行号。1942年6月上旬,汪伪政府财政部明令:"凡已开业尚未注册之承做存放各金融业,限于一星期内赶速呈请注册,逾期不呈请注册者,当即严行取缔。"[⑤]但此类小型投机机构生命力强,监管难度大,屡禁不止。

其次,经国民政府财政部、经济部以及汪伪政府财政部、实业部正式注册的信托机构,经营投机业务也相当普遍。抗日战争前除了比较特殊的外资信托机构,绝大部分信托机构虽然不以信托业务为主业,但基本上也不从事投机事业,主要以各种代理业务或银行业务为主业。抗日战争时上海特殊的社会经济环境使信托机构纷纷参与经营投机事业。

---

① 朱斯煌:《一年来之上海信托业》,《银行周报》第29卷第9、10、11、12期合刊,1945年3月1日,第2页。

② 朱斯煌:《何谓信托》,《信托季刊》第1期第1卷,1936年1月1日,第44页。

③ 陆树德:《我国信托业务之研究与改进》,《银行周报》第27卷第19、20期合刊,1943年5月31日,第13页。

④《金融消息汇志·财部取缔无照银号钱庄营业》,《银行周报》第24卷第28期,1940年7月16日,第4页。

⑤《新设金融业限期注册》,《银行周报》第26卷第23、24期合刊,1942年6月13日。

表3－6是抗日战争时上海批发物价上涨的情况。由于物价上涨速度过快，抗日战争前大多数华商信托公司主营的放款业务变得不易经营，信托业务和代理业务手续费的上涨幅度大大落后于物价暴涨的速度。信托机构仅依靠经营银行业务、信托业务或代理业务，盈利非常困难。相当一部分业内人士承认，“在目前信托公司，如单营信托业务，必致亏折，而不能维持。”①

表3－6　上海历年批发物价指数涨落趋势表(1936～1945年)

年份	批发物价指数	年份	批发物价指数
1936	105.9	1 941	1 597.8
1937	124.1	1 942	4 929.0
1938	114.6	1 943	17 602.0
1939	307.5	1 944	250 70.6
1940	652.8	1945年8月	8 640 000.0

注：①1937年1～6月＝100　②本表指数均为各年12月份指数

资料来源：中国科学院上海经济所、上海社会科学院经济研究所编：《上海解放前后物价资料汇编(1921～1957)》，上海人民出版社1958年版，第47页。

以上海商业储蓄银行信托部为例，在抗日战争时仍然坚持主营各种代理业务，经营业绩很快下滑。该信托部的优势项目保管箱业务，是抗日战争时最繁忙的业务之一，但保管箱的“租费收入，抗日战争期间年有亏蚀……虽曾频加调整，然收支仍难两抵”。② 表3－7所示，1939年度信托部的总资产、纯益金和总收益金额均比1936年下降了一半左右，如果考虑到法币贬值的因素，下降幅度更加明显。

表3－7　上海商业储蓄银行信托部1936、1939年度营业能力比较

年份	总资产(元)	纯益金(元)	总收益(元)
1936	8 664 625.49	81 914.29	139 570.33
1939	4 983 628.78	30 961.34	70 723.04

资料来源：根据以下资料中相关数据整理：《全国银行年鉴》1937年版，第D39～D42页；《上海商业储蓄银行民国二十八年度营业报告》，《银行周报》第24卷第26期，1940年7月2日，第4页。

再如表3－8所示，1936年信托部的纯益金占全行纯益金的26%，1939年仅占7%。至于净资产收益率，整整下降了10%。

---

① 童蒙正：《金融专业化与信托事业》，《财政评论》第8卷第4期，1942年10月，第19页。

②《上海商业储蓄银行信托部营业报告(1946年度下届)》，1946年12月31日，上档上海商业储蓄银行档案，档号：Q275－1－866。

表3-8　1936、1939年度信托部在上海商业储蓄银行的地位比较

项目	年份	全行金额(元)	信托部	
			金额(元)	占全行%
纯益金	1936	310 267.94	81 914.29	26
	1939	442 041.66	30 961.34	7
资本金和公积	1936	10 200 000.00	510 000.00	5
	1939	12 600 000.00	510 000.00	4
净资产收益率%	1936	3	16	
	1939	4	6	

根据以下资料中相关数据整理计算:《全国银行年鉴》1937年版,第D39～D42页;《上海商业储蓄银行民国二十八年度营业报告》,《银行周报》第24卷第26期,1940年7月2日,第4页。

抗日战争时上海的证券、地产、物资买卖等各种投机事业极度发达。权衡利弊,信托机构往往会选择经营能带来暴利的各种"投资"业务,如买卖证券、房地产、各种物资等。"现时所有之信托公司信托部,其经营之业务,殆非真正之信托业务,换言之,借信托之名,吸收信托存款,经营工商各业耳。"①这种情况在抗日战争时的上海信托机构中相当普遍。

中一信托公司抗日战争前一直以银行业务为主业,在抗日战争时特殊环境下,该公司也不能免俗。尤其在太平洋战争爆发后,华股市场抬头,证券投机极盛,1942年9月18日中一公司将证券部进行独立组织,另外设立众益股票公司。1943年3月1日又将保险部独立,另设中一保险公司。这两个公司虽然是独立组织,但实际上"和本公司为一体"。② 此外,该公司还与中国、中孚、新丰、华业、长城、泰山、兴华、宝丰、大华等保险公司合作,组织久联办事处。1943年,中一信托公司投入大量资金进行证券和地产买卖,获得了巨额回报,全年证券和地产收益合计占公司总收益的81%,净资产收益率高达361.65%。

再以金城银行信托部为例,1939年刚成立时标榜其营业方针为:"选营严格信托业务而不复营银行或储蓄业务。"③同年12月就推出共同信托投资业务,以3年为一期,每1 000元为一单位。到1940年7月,共收过四期,合计法币160万元。该信托部将这些资金分散投资于"股票、债券及货物各项押款之中"。④但由于"所收手续费极微,亦不足以抵偿开支远甚"等因,1940年7月以后暂时

---

① 童蒙正:《金融专业化与信托事业》,《财政评论》第8卷第4期,1942年10月,第19页。

② 严成德:《专载·中一信托公司股东常会总经理报告辞》,《银行周报》第27卷第19、20期合刊,1943年5月31日,第19页。

③《金城银行史料》,第589页。

④《金城银行史料》,第590页。

停止该项业务,1942年彻底停办,按原投资数加倍发还投资人。此后,该信托部业务就侧重于投机性股票买卖以及代客买卖方面。1942年8月30日至1944年8月30日,有价证券在信托部总资产中所占的比例由11.3%上升为40.72%。[①] 1943年11月,该信托部与金城银行上海分行(沪行)合营丰大号,专事证券投资买卖,资本额为中储券100万元。1944年丰大号净盈利中储券70万元。[②] 除投机股票买卖外,该信托部"同时还利用存款囤购物资,如曾购入进口砂糖等,以图厚利"。[③]

即便是纯粹以商务管理信托业务为主业的诚孚信托公司,也经不住暴利诱惑。"为充实内容,扩充业务起见",1942年干脆改名为"诚孚股份有限公司",资本额改为中储券1 000万元,实收500万元。[④] 同年该公司马上投身花纱布买卖,次年涉足证券投资。如前表3-5所示,1942年开始信托管理费在总收益中的比重迅速下降,买卖花纱布与买卖证券收益则上升极快。1943年度信托管理费与投资业务收益已经平分秋色了。

三、主营方向不明,经营业绩不稳

抗日战争前的上海信托业,整体经营状况比较稳定,停业的机构数量不多,存活率较高。尽管专营信托业务的机构为数不多,但大多数信托机构均呈现出自己鲜明的主营方向:上海、中国、恒顺以循序渐进的方式,由主营投资业务逐渐向银行业务过渡;中一、国安、通汇等一直以银行业务为主业;上海商业储蓄银行信托部一直以经理代理业务为主;大陆、浙江兴业银行信托部以投资地产业务为主业;中央信托局、上海市兴业信托社则主要经营政府信托业务;外资信托机构以经营证券、地产投资为主。

抗日战争期间,经营正常的信托业务与银行业务很难盈利,上海市面的投机动向变幻莫测,信托机构想要盈利,不得不随投机风向相应改变经营策略。绝大部分信托机构抹杀了经营个性,不停地在银行业务、外汇买卖、黄金买卖、房地产投资、证券投资、信托业务、代理业务等各种业务间游走,主营方向极不明确,而经营业绩也随主营业务的不同产生大幅波动。前述诚孚公司、金城银行信托部

① 上引均见:《金城银行史料》,第591页。
② 《金城银行史料》,第592页。
③ 《金城银行史料》,第591页。
④ 《金城银行史料》,第596～597页。

都存在这种情况。下面以中一、生大两家信托公司为例说明这个问题。因为从盈利的角度来说,这两家信托公司对经营动向把握得比较到位,每年均有盈利。

中一信托公司当时已有信托界"翘楚"之称,[①]向来经营作风稳健,自1921年开办以来至1937年,历年银行业务收益均占总收益50%以上,上下波动很少超出20个百分点。从1937年开始,如表3-9所示,中一信托公司的银行业务收益在总收益中的比重上下波动幅度极大,最高1944年占78%,最低1943年仅占16%。个中原因,无非是由于该公司在某些年份加大了房地产和证券投资的力度,在个别年份(如1943年)投资业务带来了超额利润,相比之下,银行业务收益显得不是非常重要了。

表3-9　中一信托公司历年收益分析表(1937～1944年)

年份	总收益(元)	利息、汇水、汇兑%	证券收益%	房地产收益%	各种手续费%	保险费%	其他收益%
1937	332 743.90	52	亏损	22	16	8	2
1938	319 342.86	48	2	25	12	7	6
1939	374 669.83	47	2	21	15	8	7
1940	568 506.78	43	7	23	15	7	5
1941	1 025 258.93	57	亏损	8	21	8	6
1942	1 722 790.97	76	0	2	10	6	6
1943	15 881 722.11	16	25	56	2	—	1
1944	17 060 212.82	78	2	5	11	—	4

注:"各种手续费"包括:"仓库收益"、"保管费"、"手续费"。"其他收益"包括:"杂损益"(1937～1944年)、"上年滚存"(1938～1944年)、"收回呆账"(1944年)。

资料来源:根据《中一信托公司历年帐略》中相关数据整理计算,上档中一信托公司档案,档号:Q329-1-32。

业务定位的不断变化,导致中一信托公司的业绩也随之起伏较大,见表3-10。

表3-10　中一信托公司历年经营业绩分析(1921～1950年)

年份	每百元营业额中纯益金(元)	净资产收益率%	年份	每百元营业额中纯益金(元)	净资产收益率%	年份	每百元营业额中纯益金(元)	净资产收益率%
1921	4.21	5.77	1923	7.44	12.39	1925	4.11	8.03
1922	5.71	9.27	1924	6.26	10.21	1926	4.27	9.75

① 《全国银行年鉴》1937年版,第16页载:中一信托公司,"我国信托事业中,亦足称为翘楚云"。

续　表

年份	每百元营业额中纯益金(元)	净资产收益率%	年份	每百元营业额中纯益金(元)	净资产收益率%	年份	每百元营业额中纯益金(元)	净资产收益率%
1927	2.37	6.17	1935	1.63	7.10	1943	25.31	361.65
1928	3.77	9.85	1936	1.42	6.41	1944	2.63	26.52
1929	3.38	9.73	1937	0.02	0.11	1945	—	—
1930	3.88	11.43	1938	0.72	3.39	1946	8.94	140.11
1931	2.09	7.12	1939	0.87	4.40	1947	14.11	4 048.50
1932	2.68	9.35	1940	1.21	6.97	1948	10.39	173.47
1933	2.71	10.09	1941	1.89	11.63	1949	4.20	56.12
1934	1.90	9.25	1942	3.57	17.53	1950	1.82	66.63

资料来源：根据《中一信托公司历年帐略》中相关数据整理计算，上档中一信托公司档案，档号：Q329-1-32。

表3-10显示，1921～1936年间，中一信托公司净资产收益率最高年份1923年为12.39%，最低的年份是1927年，只有6.17%，上下相差仅6个百分点。每百元营业额中，纯益金最高的是1923年的7.44元，最低的是1936年，仅1.42元，上下相差仅6元。抗日战争时净资产收益率最高的1943年为361.65%，最低1937年为0.11%，每百元营业额中纯益金，最高的是1943年的25.31元，最低1937年仅有0.02元，上下落差悬殊。这其中当然有通货膨胀等因素的影响，但不能否认与中一信托公司营业方针不断变化大有关系。

如表3-11所示，生大信托公司的资产类项目中，放款所占的比重呈波浪式变化。从1937年的28%下降到1940年的2%，然后又开始回升，1944年突然升至31%。投资房地产和证券买卖所占的比重，除了1940年降到历史性最低6%以外，基本上在30%以上，最高的1943年达到70%。起伏最大的是现金及存入同业一项，1940年高达92%，最低的1937年仅占11%。

表3-11　生大信托公司历年主要资产类项目所占比例(1937～1944年)

年份	资产总额(元)	现金及存放同业%	放款%	房地产投资%	证券投资%	其他%
1937	1 541 891.57	11	28	0	32	29
1938	1 348 957.76	31	26	4	39	0
1939	2 089 616.72	62	11	2	24	1
1940	5 787 132.34	92	2	1	5	0
1941	10 359 323.06	66	6	10	16	2

续 表

年份	资产总额(元)	现金及存放同业%	放款%	房地产投资%	证券投资%	其他%
1942	2 452 737.75	35	7	20	36	2
1943	7 358 674.17	21	7	56	14	2
1944	25 725 732.44	29	31	17	14	9

资料来源：根据《生大信托公司历年营业报告》中相关数据计算所得，上档生大信托公司档案，档号：Q75-1-45。

表3-12中的收益分析显示，生大信托公司历年利息收入相对比较稳定，但手续费、证券投资、外币买卖盈余三项收益上下波动剧烈。

表3-12 生大信托公司历年收益分析表(1937～1944年)

年份	总收益(元)	利息%	手续费%	证券盈余%	外币买卖盈余%	房地产损益%	呆账收回%
1937	114 460.32	43	16	41	0	—	—
1938	223 757.72	28	4	—	59	—	9
1939	307 528.87						
1940	578 307.63						
1941	319 822.53						
1942	594 168.10						
1943	868 057.09						
1944	4 179 666.09	39	4	56	—	1	—

注：生大信托公司的损益计算书中，在1937～1944年间，仅有1937、1938、1944三年的报表将利益一项明晰化，其余各年只有"利息及其他收入"一项内容。

资料来源：根据《生大信托公司历年营业报告》整理计算，上档生大信托公司档案，档号：Q75-1-45。

信托机构如果一直坚持明确的主营方向，不善应变，将随时面临停业倒闭的危险。下面考察几家主营业务一直没有发生变化的信托公司经营状况。

恒顺信托公司，以银行业务为主业，抗日战争爆发后，该公司的放款大部分在沦陷区，无法收回，而公司负债方面，"已陆续发还，所余无几"。1938年11月27日，经临时股东会决议，解散清算。①

正中实业信托公司，按照公司发起人的意愿，设立该公司目的"在于经营信托管理事业，尤着重于工厂之管理"。② 太平洋战争爆发后，环境不断恶化，上海

① 《恒顺信托公司解散清算》，《银行周报》第22卷第48期，1938年12月6日，第9页。

② 《正中实业信托公司创立会记录》，1941年，上档华丰纺织印染厂档案，档号：Q199-7-152。

为数较多的工商企业因原料缺乏相继停顿，致"公司原拟经营各种业务均未克进行，仅恃消极方面之一部分业务收入，殊不足维持本公司日常开支"，1943 年 1 月，经临时股东会议决，该公司宣告清算解散。①

华丰信托公司，前身为 1939 年成立的华丰公司，专门代客买卖美国股票，"嗣因上海外商股票交易旺盛，乃亦加入众业公所为会员，业务颇为发达"。1941 年 8 月 15 日，改组成立华丰信托公司，领有财政部、经济部执照。在外商股票交易发达时，该公司"营业旺盛，获利极丰，在华商同业中，可称首屈一指"。太平洋战事爆发后，众业公所停止交易，该公司的营业"遂一落千丈"，②仅仅开业四个月，1941 年 12 月 23 日就停止营业。③

相对而言，中国国际投资信托公司比较幸运。该公司虽然一直以投资外股公司有价证券为主业，但在太平洋战争爆发之前，公司就已经停业清理，否则后果不堪设想。由于该公司投资的各种外股公司有价证券，"除小部份投放于橡皮公司外，余者多集中于本埠"，其经营状况极不稳定，随上海市面状况变动而波动很大。

抗日战争前受 1934～1935 年金融风潮影响，从 1935 年开始，该公司持续亏损。1936 年市面稍稍转好，又遇战争爆发，到 1938 年 3 月止，公司共计亏损 226 039元，④曾数次暂行停付债息。⑤

从 1938 年开始，上海租界呈抗日战争时畸形发展状态，在这种环境下公司所经营的各项业务多能欣欣向荣，投资各企业的股息收入有大幅度增加。如表 3－13 所示，该公司的股息和红利收入，以 1937 年度为基准，1938 年、1939 年的增长率分别为 260%和 424%。

表 3－13　中国国际信托投资公司收益分析(1937～1939 年)

收益项目	1939 年	1938 年	1937 年
利息及红利	742 326.64	456 194.47	175 295.94
(本期亏折	—	—	138 220.41)

① 《正中实业信托公司第二次董事会决议录》，1943 年 1 月 10 日，上档华丰纺织印染厂档案，档号：Q199－7－153。

② 上引均见：《上海商业储蓄银行关于华丰信托公司的调查报告》，1941 年，上档上海商业储蓄银行档案，档号：Q275－1－1822。

③ 《关于华丰信托公司的调查报告》，1948 年 6 月 2 日，上档联合征信所档案，档号：Q78－2－14137。

④ 上引均见：《1938 年度中国国际信托投资公司的营业状况》，1939 年 3 月 19 日，上档上海商业储蓄银行档案，档号：Q275－1－1822。

⑤ 共有三期延期：即 1937 年 9 月底，1938 年 3 月底及 1938 年 9 月底。后来在 1938 年底、1939 年初补付两期。

续　表

收益项目	1939年	1938年	1937年
过户手续费	1 308.00	168.00	177.30
投资股交易收益	150 541.74	7 040.72	—
投资股售讫收益	173 212.36	—	—
(外汇差额损失	201 130.68 扣除)	—	—
合计(元)	1 067 388.74	463 403.19	313 693.65

注：原表中为1940、1939、1938年度损益表。由于该公司年度营业报表截止时间为下一年3月31日，如1937年度营业报表起止时间应为：1937年4月1日至1938年3月31日。

资料来源：《中国近代工业史资料》第二辑，第79页。

根据1940年3月31日编制的资产负债表分析，1939年度该公司资本为4 895 104.89元，公司债为3 821 958.18元，两者合计8 717 06.07元，投资金额为8 882 278.28元。资产、负债两方金额基本一致。①

"八·一三"事变后，外股交易市场极度活跃，"且外股票面均以外币计算，价格因外汇汇率上升而昂腾"。② 中国国际投资信托公司所持股票的市价，要比帐面上的投资数高出很多。1940年3月31日该公司所持股票市价，约值14 216 216.50元。而前一年，即截止1939年3月31日，投资帐面价值9 543 862.00元，市值仅有6 963 780.00元。可见，一年之内中国国际投资信托公司持有的股票市值上升了204%。1939年度该公司将部分投资的股票进行交易，获利300余万元。

由于股息、红利收入的增长，加上所持股票市值的大幅上扬，从1938年度开始中国国际信托投资公司扭亏转盈，此后两年间，如表3-14所示，年度纯益金额，扶摇直上。至1939年3月，中国国际投资信托公司已将所有延期债息全部付清。

表3-14　中国国际投资信托公司历年纯益及股息情况

年度	纯益(元)	每股纯益(元)	每股股息(元)
1937	−138 220	−0.39	—
1938	191 086	0.55	—
1939	763 863	2.18	1.50
1940	4 454 031	8.48	5.00
1941	不详	不详	2.50

资料来源：《沙逊集团在旧中国》，第105页。

① 《沙逊集团在旧中国》，第105页。

② 陈善政：《我国证券市场之发展史》，载《旧上海的证券交易所》，第399页。

1940年3月底该公司决算之后,所持股票市价,曾经历过大起大落。5月初投资额大约为1 800万元,其后因受股票市价的暴落,约跌落50%,[①]根据1941年1月初众业公所的市价估算,该公司投资所值仍在1 300万元以上。[②] 中国国际投资信托公司本身的股票市场价格,波动幅度颇大。如1940年的最高价为5月份的39.25元,最低价为同月的8.60元。同一月间,相差近五倍,"其投机气氛的浓厚,不言可喻"。[③]

第三节 行 业 成 长

一、行业地位

抗日战争爆发后,上海做为全国独一无二的信托业中心的地位有所下降。

首先,一些总部在沪的信托机构随着战事发生,陆续将总管理处或总行迁离上海,削弱了上海的信托业中心地位。

中央信托局的内迁,直接削弱了上海的信托业中心地位。1937年8月内迁前,中央信托局的规模居上海华资信托业之首。迁至重庆后,随着抗日战争的持续进行,国民党政府对其愈发重视,1940年增资至法币1 500万元,1941年增资至法币5 000万元。在政府的扶持下,中央信托局"所负之使命与责任,更加重大,"[④]业务因此有了飞速发展。在原有的信托、储蓄、保险、购料等业务的基础上,新开辟了印制、易货、运输等业务,"不仅以纯粹信托业务为限,且以信托业务与其性质相仿之代理业务并重"。[⑤] 至1944年10月,中央信托局总局设有8个营业部门:信托、储蓄、仓储、产险、寿险、印制、购科、易货,4个管理机构:会计、人事、秘书、稽核。设有昆明、贵阳、桂林、衡阳、成都5个分局,在印度有一个办事处,并在各地中央银行设有代理处。[⑥]

---

① 上引均见:《中国近代工业史资料》第二辑,第79～80页。

② 《沙逊集团在旧中国》,第105页。

③ 《中国近代工业史资料》第二辑,第78页。

④ 陈钟声:《六年来之中央信托局》,《中信通讯》创刊号,1942年1月1日,第2页。

⑤ 《八年来之中央信托局》,上档中央信托局档案,档号:Q72-4-18。

⑥ 《刘攻芸关于中央信托局发展经过组织和业务内容报告稿》,1944年10月,《中华民国史档案资料汇编》第五辑第二编"财政经济"(四),第320页。

一些设有信托部的银行相继将总部从上海迁往重庆，如中国、交通、农民银行等。内迁的信托公司较少，仅有上海信托公司在1940年3月22日设立昆明分公司，又于1942年11月23日设立兰州分公司，由于当时后方与上海已失联系，公司重心移置于昆明。①

其次，散布在全国其他地区的信托机构成为一股不能忽视的力量。

表3－15是抗日战争期间全国各地开展营业的信托公司名称。总部不在上海的信托公司中，除了久安、广东、重庆三家信托公司，其余10家均为抗日战争时期新设。西北通济信托公司于1940年12月在西安设立，资本额为25万元。②1941年3月杜月笙等人在香港发起成立中华实业信托公司，资本为法币500万元，后因日军侵入香港，迁至重庆。③

表3－15　抗日战争期间全国各地的信托公司(上海除外)

公司名称	设立地点	公司名称	设立地点
保宁信托社	北京	联华信托公司	苏州(通讯处)
信诚信托部	北京	联华信托公司	无锡(通讯处)
久安信托公司	天津	华一信托公司	江苏常州
正信信托公司	天津	宏昌信托公司	贵阳
通孚信托公司	天津	广东信托公司	香港
诚孚信托公司	天津(分公司)	互利信托公司	成都
大元信托总公司	江苏镇江	西北通济信托公司	西安
民益信托公司	苏州(分公司)	中华实业信托公司	香港
民益信托公司	无锡(分公司)	重庆信托公司	重庆
民益信托公司	江苏常州(分公司)		

资料来源：许晚成编：《全国金融市场调查录》上编上海之部，载金融史编委会编：《旧中国交易所股票金融市场资料汇编》下，第2121、2010页；《联合征信所关于中华实业信托公司的调查报告》，1946年7月24日，上档联合征信所档案，档号：Q78－2－14118；童蒙正：《金融专业化与信托事业》，《财政评论》第8卷第4期，1942年10月，第20～21页；张白衣：《二十六年来之中国信托事业》，载中国通商银行编《五十年来之中国经济》1947年版，第216页。

抗日战争发生后国民党政府对国营信托事业倍加重视。除了扩大中央信托局的规模以外，财政部还命令各省地方银行成立信托机构，如表3－16所示，各省地方银行纷纷遵令设立信托部。这些省银行信托部主要有两项任务："(一)为受贸易委员会及中央物资专营机关之委托，代为收购及运输物资之工作。

① 《联合征信所关于上海信托公司的调查报告》，上档联合征信所档案，档号：Q78－2－14147。
② 童蒙正：《金融专业化与信托事业》，《财政评论》第8卷第4期，1942年10月，第21页。
③ 《联合征信所关于中华实业信托公司的调查报告》，1946年7月24日，上档联合征信所档案，档号：Q78－2－14118；《中国近代工业史资料》第三辑，第989页。

(二)遵奉中央经济国策,投资生产事业扶助地方经济之发展。”①

表 3－16 抗日战争期间新设立的各省银行信托部

信托部名称	设立时间	总行所在地	资本额(法币元)
安徽省银行信托部	1937 年 7 月	芜湖	1 000 000
广东省银行信托部	1937 年 8 月 10 日	广州	1 000 000
湖北省银行信托部	1939 年 1 月	汉口	1 000 000
湖南省银行信托部	1939 年 4 月	长沙	不详
甘肃省银行信托部	1939 年 8 月 1 日	皋兰	500 000
陕西省银行信托部	1939 年 12 月 5 日	西安	500 000
贵州银行信托部	1944 年 3 月 5 日	贵阳	不详
广西省银行信托部	1945 年 6 月	桂林	不详
四川省银行储信部	不详	成都	不详

资料来源:沈雷春编:《中国金融年鉴 1946 年》,中国金融年鉴社 1947 年版,第 B4～B9 页。

抗日战争期间,重庆几乎成为可以与上海相提并论的信托业经营中心。除了一些大型信托机构内迁至重庆以外,相当多设有信托部的银行在重庆设立分支机构,如浙江兴业银行、中国国货银行、中国实业银行、金城银行、大陆银行、盐业银行、中南银行、新华银行等。② 一些总部在重庆的银行原本就设有信托部,如聚兴诚银行、四川美丰银行、川康平民银行、重庆银行、川盐银行、四川建设银行等,加上重庆信托公司,重庆信托机构数量相当可观。

全国其他地区信托机构力量的增强,动摇了上海作为全国信托业经营中心的地位,但由于抗日战争时期上海华商信托机构的极度“繁荣”,其他地区的华商信托机构力量相对薄弱,因此上海仍然是全国华商信托业的经营中心。

考察上海信托业的行业地位,还必须对其在上海金融业中的地位加以关注。与抗日战争前相比信托业在上海金融业中的地位有所提高,主要体现在与银行业的关系日益密切。“凡是银行的公共组织,信托公司也有加入的资格”,如中一信托公司可以加入银行票据交换所和银行承兑所。银行业所有的贴现政策,都把银行和信托两业,“一视同仁,无分轩轾。”③

但从行业的综合实力来看,根据朱斯煌的统计,如表 3－17 所示,上海信托业在上海金融组织中的地位,“实远在银行钱庄之后,而资力亦远不逮及”。④

① 邹宗伊:《信托事业与产业发展之关系》,《财政评论》第 11 卷第 5 期,1944 年 5 月,第 10 页。
② 重庆市档案馆等编:《四联总处史料》下,档案出版社 1993 年版,第 410 页。
③ 朱斯煌:《信托业在非常时期的责任》,《信托季刊》第 2 卷第 4 期,1937 年 12 月 31 日,第 7 页。
④ 朱斯煌:《上海之信托业》,1945 年 7 月 1 日,《战时上海经济》第一辑,第 156 页。

表3-17　1945年5月上海金融组织资力比较

类别	家数	总资本额(亿元)
银行	约200	约40
钱庄	约200余	约20
信托公司	约30	约10(加上银行信托部划拨资本)

资料来源：朱斯煌：《上海之信托业》,《战时上海经济》第一辑,第156页。

二、行业规模

从机构数量的角度来说,抗日战争前与抗日战争胜利后在上海开展经营的信托机构数量,从未达到抗日战争时水平。可以说抗日战争时期上海信托业的行业规模处于鼎盛时期。但是从信托机构的存活率来看,与1927～1937年7月期间比较,则有大幅下降。

一些不知名的非法小型信托机构,其存活情况必然是不佳的,对此姑且不论。单以前述有名可考的58家华商信托公司加上6家外资信托公司考察,抗日战争时共有64家信托公司在上海开展营业,实际情况恐怕要超出这一数字。根据朱斯煌的统计,至1945年5月上海约有30家信托公司,存活率不到50%。

造成信托公司数量下降的原因,一方面是由于一部分信托公司因经营不善自动停业,如表3-18所示。

表3-18　抗日战争期间部分自动停业的信托公司

信托公司名称	停业时间	停业原因
恒顺	1938年11月	如前述
中国国际投资	1941年9月	如前述
同康	1941年12月	"因战事停业。"
华丰	1941年12月	如前述
环球	1942年前后	不详,估计与太平洋战争爆发有关
国安	1942年8月	"因拒向伪财政、实业部注册、登记,自动停业。"
中级信用	1942年	"因不堪敌伪压迫,暂行停业。"
正中实业	1943年1月	如前述
福源	1943年7月	"因与钱庄相同,致有妨碍,应暂停止营业。"

资料来源:《恒顺信托公司解散清算》,《银行周报》第22卷第48期,1938年12月6日,第9页;《有关同康信托公司的复业情况》,1946年12月10日,上档上海商业储蓄银行档案,档号:Q275-1-1822;《国安信托公司为增加资本变更章程等呈上海市社会局文》,1947年4月4日,上档王海帆会计师事务所档案,档号:Q93-1-474;《中信商业银行历次增资情形报告》,1951年,上档中信商业银行档案,档号:Q294-1-1;《正中实业信托公司第二次董事会决议录》,1943年1月10日,上档华丰纺织印染厂档案,档

号：Q199－7－153;《联合征信所关于华丰信托公司筹备复业的调查报告》,1948年6月2日,上档联合征信所档案,档号：Q78－2－14137;《福源信托公司第7届董事会决议录》,1943年5月12日,上档福源钱庄档案,档号：Q76－2－6。

另外,还应注意到汪伪统治时期信托公司的一种特殊倾向。从1942年底开始,一些经营业绩较好、实力相对雄厚的信托公司相继改称银行。如表3－19所见,从1942年11月10日久安信托公司改称银行开始,在1942年至1945年之间,有相当数量的信托公司陆续改称银行,尤以1944年为多。

表3－19　信托公司改名情况表(1942～1945年8月)

原名	改名时间	改变后的名称
久安信托公司	1942年11月10日	久安银行
环球信托公司	1943年7月1日	环球信托银行
联华信托公司	1943年11月1日	联华银行
民益信托公司	1944年6月1日	民益银行
利生信托公司	1944年6月1日	利生信托银行
国富信托公司	1944年7月1日	国富银行
联康信托公司	1944年6月24日	联康信托银行
和丰信托银行	1944年7月14日	和丰信托银行
上海安达信托公司	1944年8月1日	上海安达信托银行
中一信托公司	1944年10月1日	中一信托银行
福民信托公司	1944年10月10日	福民银行
有恒投资信托公司	1945年6月1日	有恒投资信托银行

资料来源：朱斯煌：《上海之信托业》,1945年7月1日,《战时上海经济》第一辑,第153页;《金融消息·更改名称之信托公司》,《银行周报》第29卷第25、26、27、28期合刊,1945年7月1日。

信托公司改称银行主要与汪伪政府的相关规定有关。根据1943年3月颁布的《信托公司暂行条例》及6月修正后的该条例,如果同时经营银行与信托业务,信托公司的实收资本要比银行少许多,这对信托公司较为有利。但1943年下半年修正的《银行注册章程》、《储蓄银行法》又规定,股份有限公司组织的普通银行如果兼营信托和储蓄业务,必须收足资本700万元。股份有限公司组织的信托公司如果兼营银行、储蓄业务,"与银行应收之资本数额相同"。[①] 这样一来,如果一家信托公司想兼营储蓄、银行业务,必须缴纳的实收资本数额与普通商业银行没有任何区别。在缴纳资本额相同的情况下,打着银行的旗号相对来说会更吸引客户,很多信托公司就会考虑改称银行。

① 《金融消息·信托公司兼营银行储蓄业务应实收资本数额》,《银行周报》第27卷第43、44期合刊,1943年11月30日,第31页。

再从资本总额和资产总额角度来看，考虑到通货膨胀的因素，抗日战争时期上海信托业的规模，与抗日战争前相比大大缩水。

以1937年1～6月上海批发物价指数等于100，1945年5月上海的批发物价指数为803 580.0，①上涨了8 036倍。那么1945年5月上海信托业10亿元中储券的资本总额折合成1937年6月底的物价水平，不到13万元法币。1937抗日战争前夕即使数十家银行信托部和数家外资信托机构不计在内，仅中一、上海、东南、生大、国安、通汇、中国、中级、中央信托局、上海兴业信托社10家信托机构，资本总额就接近2 000万元法币。与抗日战争前相比，上海信托业的资本总额相去甚远。

另外，考察上海信托业的资本总额，还必须考虑到一个非常重要的因素：10亿元的资本总额，并非是上海信托业自行发展的结果，而是经历了汪伪政府多次硬性增资要求达到的。

1942年6月1日，汪伪财政部命令，所有金融机关资本公积以法币二对一折合中储券。绝大部分信托机构因此资本额缩水一半，少数如中一信托公司因为实力雄厚，将股本公积升作原值不变。

1943年3月13日，汪伪政府颁布施行了《信托公司暂行条例》，规定"银行收足资本在100万元以上者得兼营信托业务"，"股份有限公司、两合公司、股份两合公司组织之信托公司其资本至少须达50万元"。② 由于信托公司多属股份有限公司性质，只要收足25万元资本，实际上就可以营业了。

6月24日汪伪政府又对该条例进行修正。修正后的第三条规定："银行收足资本在500万元以上者，得兼营信托业务。"第五条规定："股份有限公司、两合公司、股份两合公司组织之信托公司其资本至少须达600万元。"第六条规定："兼营信托业务之银行，其信托部资金，至少须拨足200万元。"③再结合公司法，信托公司要收足600万元的一半即300万元，才可营业，而兼营信托业务的银行则至少须收足500万元。

1943年下半年相继修正的《银行注册章程》、《储蓄银行法》又规定，股份有限公司组织的普通银行如果兼营信托和储蓄业务，必须收足资本700万元，其中300万元为银行部的资本，400万元为信托储蓄部份资本。而"股份有限公司组

① 资料来源：《上海解放前后物价资料汇编(1921～1957年)》，第163～168页表格。

② 下引关于《信托公司暂行条例》的内容均见：《专载·信托公司暂行条例》，《银行周报》第27卷第19、20期合刊，1943年5月31日第21～23页。

③ 《金融消息·信托公司暂行条例修正第3、5、6条条文》，《银行周报》第27卷第25、26期合刊，1943年7月15日，第34页。

织之信托公司,本身资本总额至少为600万元,实收至少300万元,兼营银行或储蓄者,至少另添实收资本200万元,其同兼银行储蓄者,至少另添实收资本400万元,与银行应收之资本数额相同云。"[①]如此一来,银行与信托公司如果想兼营业务的话,都必须缴足700万元。

1944年10月,伪政府公布施行了《强化上海特别市金融机关业务纲要》,[②]根据第三条的规定,信托公司每日平均存款数额至少为2 000万元,兼营银行业务的,其兼营部份的存款数额,应加1 000万元,共为3 000万元。至于银行只兼营信托业务的,应共有4 000万元的存款。钱庄只兼营信托业务的,应共有2 300万元的存款。如未能在限期之内,符合上项存款数额标准者,则应增资或合并。根据该纲要第四条的规定,增资后的最低资本额,信托公司为实收1 000万元,兼营银行业务的,其兼营部份资本数额,应加500万元,共为1 500万元。银行只兼营信托业务的,其实收资本应共有2 000万元。钱庄只兼营信托业务的,其实收资本应共有1 300万元。期限为1945年3月下旬,否则加以取缔或停止营业。

在汪伪政府不断硬性要求增资之后,如下表所示,在1943年至1944年间,大部分的信托公司忙于增加资本,个别的甚至经历2到3次增资。

表3-20 部分信托公司资本额变更情况表(1942年6月1日至1945年8月)

信托公司名称	原有资本额(万元)	资本变更时间	变更后的资本额(万元)
东南	100	1944年	600
		1945年1月	1 500
福中	100	1944年3月	600(实收300)
联康	1 000(实收600)	1944年5月	1 200(实收600)
贸昌	50	1944年3月	600(实收300)
南洋	100	1944年3月	1 000
生大	300	1943年	600
		1944年	800(实收600)
通汇	100(实收50)	1944年9月	800(实收500)
有恒	50	1943年12月	600
环球	100	1943年4月	500

① 《金融消息·信托公司兼营银行储蓄业务应实收资本数额》,《银行周报》第27卷第43、44期合刊,1943年11月30日,第31页。

② 上海市档案馆编:《日伪上海市政府》,档案出版社1986年版,第728页。

续 表

信托公司名称	原有资本额(万元)	资本变更时间	变更后的资本额(万元)
通易	150	1943年5月	500
		1943年12月	1 000
和丰	100	1943年10月	1 000
和新	100	1943年8月	600
		1944年5月	1 200
		1945年1月	2 000
上海	100	1943年7月	300
利生	50	1945年4月	3 000
中一	300	1943年12月	900
中国	100	1942年8月	1 000
		1944年2月	3 000
中新	100	1943年6月	600(实收300)

资料来源:《伪上海特别市经济局关于各信托公司申报增资文件》,上档伪上海特别市经济局档案,档号:R13-1-1641、R13-1-1016、R13-1-563、R13-1-1928、R13-1-1215、R13-1-1073、R13-1-1322、R13-1-1599;《东南信托公司第105届董监联席会》,1945年1月12日,上档东南信托公司档案,档号:Q315-1-2;《生大信托公司历年营业报告》,上档生大信托公司档案,档号:Q75-1-45;《伪上海特别市商会关于和新信托公司资本情况的有关文件》,上档伪上海特别市商会档案,档号:R47-2-69;《利生信托公司为设立信托公司呈伪国民政府行政院文》,1942年6月13日,上档王海帆会计师事务所档案,档号:Q93-1-556;《上海商业储蓄银行对中新信托公司的调查报告》,1943年11月26日,上档上海商业储蓄银行档案,档号:Q275-1-1822;《金融消息》,《银行周报》第27卷第13、14合并号,1943年4月15日,第1页;第27卷第19、20合并号,1943年5月31日,第34页;第27卷第47、48合并号,1943年12月31日,第32页;第27卷第25、26合并号,1943年7月15日,第31页;第27卷第27、28合并号,1943年7月31日,第36页;第29卷第17、18、19合并号,1945年5月1日。

至于单个信托公司的资产总额,也大幅缩水。以设立时间最久的中一信托公司为例,图3-1中所示,在1937年至1943年中一信托公司的总资产额和纯

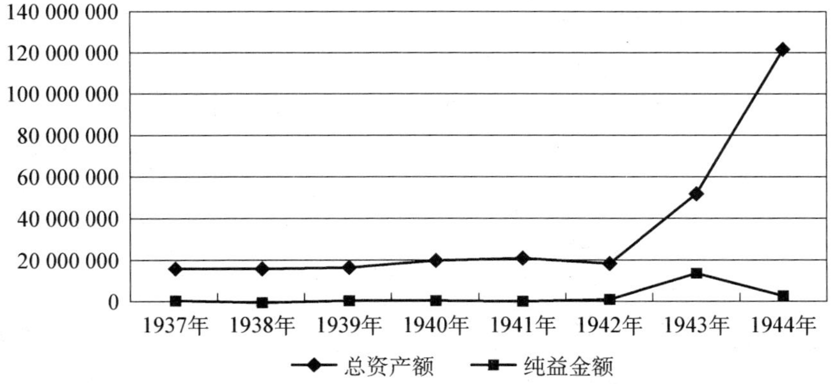

图3-1 1937~1944年中一信托公司资产总额和纯益金走势图(单位:元)

资料来源:《中一信托公司历年帐略》,上档中一信托公司档案,档号:Q329-1-32。

益金呈稳步上升趋势。从绝对数值来看,1944 年中一信托公司资产总额最高,达到 120 835 779.33 元(中储券),与 1937 年度的 15 834 947.81 元(法币)相比,绝对数值增加了 763%。考虑到当时物价上涨的因素,①那么中一信托公司 1944 年的资产总额仅相当于 1937 年底的 6 万元法币。

三、行业建设

(一) 宣传、推广工作的创新。

抗日战争爆发后,业内人士对信托业的发展前景极其乐观。"八·一三"事变过后不久,朱斯煌就断言,"经过这次战事以后,一切纷乱不堪,无论在个人在团体,小至保管财物,大至调整产业,格外需要专门机关的帮忙或代理。信托公司对社会服务的机会,必将更多;社会对于信托公司的需要,也将更切;信托公司将来受托的责任,自也更重;信托业务的发达,也将从此开始了"。②

信托业欲图进一步发展,首先必须使普通的社会民众"彻底认识信托公司和信托业务,并信任信托公司地位的稳实和态度的诚恳,随时随地尽量的来利用信托公司"。③ 当时一般社会人士只知有信托公司,对其具体经营内容以及业务办理手续并不熟悉。因此信托机构的宣传、推广工作,显得格外重要。

与抗日战争前相比,抗日战争时上海信托业的宣传和推广方式,多了一些新鲜创意。

其一,成立了促进华商企业股票交易的自发性组织——中国股票推进会。

抗日战争时信托界在宣传和推广业务时,更注重以同业协作的方式进行。"推广新兴之业务,首贵业务之宣传,然一家宣传之力量有限,合力宣传之效用方宏。我国信托业务,尚属幼稚,合力宣传,更为切要。"同时信托业与本国实业之间的关系越来越受重视。由于缺乏成熟的资本市场,致使"游资之未能集中运用,导入正轨",④在一定程度上影响了工商实业的发展。信托业务与资本市场

---

① 以 1937 年 1～6 月批发物价指数=100,1937 年 12 月上海批发物价指数为 124.1,1944 年为 250 970.6,上涨了 2 022 倍。数据来源:《上海解放前后物价资料汇编(1921～1957 年)》,第 47 页表格。

② 朱斯煌:《信托业在非常时期的责任》,《信托季刊》第 2 卷第 4 期,1937 年 12 月 31 日,第 7～8 页。

③ 朱斯煌:《信托业在非常时期的责任》,《信托季刊》第 2 卷第 4 期,1937 年 12 月 31 日,第 8 页。

④ 上引均见稚敏:《关于中国股票推进会》,《信托季刊》第 5 卷第 3、4 期合刊,1940 年 12 月 31 日,第 8、5 页。

关系如此密切,推进资本市场的建设对信托业来说具有不可推卸的责任。

1940年7月间信托业同人联欢会部分成员"以会员接受客户委托买卖中国股票者日多"为由,[①]创议组织中国股票推进会。同年12月16日,该推进会成立,明确提出"以推进中国股票之流通,便利投资,提倡实业为宗旨"。[②]

中国股票推进会本着自由参加的原则,初始会员有新华银行、永大银行、中华劝工银行信托部、上海信托公司、中一信托公司、中国信托公司、久安信托公司、生大信托公司、通易信托公司、环球信托公司及和祥信托公司等11家。其主要事务有：为会员介绍买卖经正式注册的华资股份有限公司股票,调查各公司内容,登记、报告买卖价格及数量,并办理其他相关事项。由参加会员各家另派交易员办理,规定除星期日及例假日外,每天下午二时至三时交易员集会一次,办理交易。股票交易全部以现货买卖。第一批介绍上市交易的,有78家华商企业股票。[③]

太平洋战争爆发后,该会宣告停业。在成立仅一年时间里,股票推进会对推动华商股票交易起了不小作用。当时日本华中振兴株式会社调查课认为,"推进会成立后,上海华商股票界的面貌一新"。经该推进会介绍上市交易的华商企业股票,价格大都呈上涨趋势。[④]

其二,出现第一家专门培训信托从业人员的机构——新亚信托人员训练所。

随着信托业的发展,对从业人员的培训工作日益受到各方重视。"信托业对于社会之服务,既甚广泛,故信托人员须有广泛之知识,方能应信一切。……要知信托事业为我国之新兴事业,前途之发展无量,人材之需要甚殷。"[⑤]

1943年4月1日,新亚信托公司与银行学会合作,由该公司主办成立新亚信托人员训练所,"以研究信托学术,讨论信托实务,并灌输各种金融学识及技能,以期造就人材,发展信托银行业务为宗旨"。[⑥] 聘请了李权时、王雨桐、朱斯煌等一批有丰富金融从业经验或研究教学经验人士担任教授,首期开学时,共有97名学员。1943年7月31日刊行的《银行周报》上开辟了专栏,刊登该所学员

---

① 王海波:《上海银钱业团体述要》,《日用经济月刊》第3卷第2期,1941年2月,第786页。

② 稚敏:《关于中国股票推进会》,《信托季刊》第5卷第3、4期合刊,1940年12月31日,第5页。

③ 稚敏:《关于中国股票推进会》,《信托季刊》第5卷第3、4期合刊,1940年12月31日,第9～10页。

④ "振兴调查资料第28号"《上海华商证券业概况》,中支那振兴株式会社调查课,昭和十六(1941)年版,第56页。转引自:朱荫贵:《抗战时期的上海中国股票推进会》,《中国经济史研究》2006年第4期,第46页。

⑤ 朱斯煌:《我国信托业之三大问题》,《银行周报》第27卷第27、28期合刊,1943年7月31日,第4页。

⑥《专载·新亚信托公司信托人员训练所概况》,《银行周报》第27卷第19、20期合刊,1943年5月31日,第20页。

对信托业发展的一些建议和感想,取得了较好的社会效应。

(二) 第一个正式的信托业同业组织成立。

1932年成立的非正式同业组织——上海信托业同人联欢会发展到1943年时,会员有中一、上海、中国、东南、通易、通汇、国安、生大、和祥、福源等信托公司,以及上海、交通、新华、国华、金城、久安、浙江实业、浙江兴业、中华劝工、环球信托、中国药业等银行的信托部,共计63家。至1945年该联欢会已成立13年,每月一次的叙餐座谈从未间断,颇有成效。

由于信托业同人联欢会不是一个正式的商业团体,只是属于联欢会和研究机关的性质,无法以同业组织的名义与政府以及相关机构进行交涉,"对于业务上之不便,自无待言"。1943年左右信托界就同业组织问题产生了不同意见。相当一部分人认为,鉴于银行、钱业早有独立的同业组织,信托机构已达数十家,理应成立独立的同业组织。以朱斯煌为代表的另一部分人则认为,银行业与信托业在业务上互有交叉,如能同属一个公会之下,在银行与信托公司之间的业务联络与消息沟通方面将会给双方带来很多便利。况且当时信托机构之间关系松散,应该先将它们纠集在银行公会之下,使其"不愿支离分赴,各标异帜"。因此,第二派的意见是"准许信托公司加入银行业同业公会,乃为上策"。[①]

最后,前一派的意见占了上风。1944年1月22日上海特别市信托业同业公会成立,当时加入的会员有上海、中国、中一、通易、新亚、南洋、生大、利生、和祥、中新、福中、福民、贸昌、三民、和新、阜丰、中孚、国富、东南、众业、和丰、裕民等信托公司和数家银行及一家钱庄的信托部,共计29家。[②]

小　　结

在近代上海信托业的发展进程中,抗日战争时期的8年间信托业达到了前所未有的"鼎盛"状态:信托机构的数量大大超出其他任何一个阶段,华商信托业逐渐成为上海信托业的主流,成立了第一个正式的信托业同业组织。

---

① 上引均见朱斯煌:《我国信托业之三大问题》,《银行周报》第27卷第27、28期合刊,1943年7月31日,第3页。

② 《金融消息·信托业同业公会举行成立大会》,《银行周报》第28卷第3、4期合刊,1944年1月31日,第35页;朱斯煌:《中国信托事业之过去与将来》,《银行周报》第28卷第27、28期合刊,1944年7月31日,第6页。

但是从行业的成长性来考察,这种貌似"繁荣"的背后,隐匿着一系列不健康的因素:经营中投机性与不稳定性大大增强,信托本业所占比重仍然过少,行业的整体资本与资产总额严重缩水,机构存活率下降等等。一言以蔽之,抗日战争时的上海信托业实际上处于一种"畸形繁荣"状态。

这种"畸形繁荣"之风,不仅限于信托业,而是弥漫在抗日战争时整个上海金融界。以银行业为例,抗日战争爆发前夕,在上海设立总部或分支机构的银行共有 85 家,①抗日战争期间,除去汪伪政府所设的银行,上海新设银行共有 120 家左右,②至 1945 年抗日战争胜利前夕,各类银行数量仍有 193 家,③一派繁荣景象。但从业务经营来看,除了中储行等特殊银行以外,在上海的商业银行中,"南三"、"北四"、新华、国华、垦业等老牌银行,"有的根本坐吃,有的只做少量放款以敷开支,大体均务本稳实,不涉投机",大部分中小银行则以从事各种投机业务为主。抗日战争前银行界因为拥有庞大的资力,可以支配产业界的活动。战事爆发后,币值不断下跌,物价飞速上涨,导致"银行界和产业界资力的比重愈来愈不相称,银行界非但不能支配产业界,甚且为后者所劫持,地位相对的日趋低落了"。④

可见,抗日战争时上海信托业的发展状况与银行业极其相似。游资充斥与恶性通货膨胀是导致这种"畸形繁荣"现象出现的首要因素,另外,抗日战争期间特殊的政治格局,使上海一地的金融监管缺乏应有的力度和连贯性,也为上海金融业滋长投机和不稳定性提供了温床。

抗日战争前一直困扰上海信托业的核心问题是:诸多信托机构的总体业务构成中,信托业务所占比重微不足道,信托机构或者沦为投机的工具,或者成为银行的附庸,始终没有发挥最重要的两大基本功能:财产管理和长期资金融通。信托业无法成长为一个独立的金融分业。

上述问题在抗日战争时仍然无法得到根本解决。虽然保管、仓库、代理保险、代理不动产、代收款项等信托附属业务和代理业务的需求比抗日战争前有大幅上升,但社会上对真正的信托业务(如执行遗嘱、公司债信托、财产管理、信托投资、商务管理信托等)的需求仍无多大起色。而另一方面,信托机构的数量却

① 沈雷春:《事变前上海金融业概况》,《银行周报》第 28 卷第 41、42、43、44 期合刊,1944 年 11 月 30 日,第 9 页。

② 吴承禧:《胜利前后之上海银行业》,《银行周报》第 30 卷第 3、4 期合刊,1946 年 1 月 16 日,第 18 页。

③ 朱斯煌:《民元来我国之银行业》,《银行周报》第 31 卷第 9、10 期,1947 年 3 月 10 日,第 8 页。

④ 上引均见吴承禧:《胜利前后之上海银行业》,《银行周报》第 30 卷第 3、4 期合刊,1946 年 1 月 16 日,第 18～19 页。

过度增长，导致金融信托市场供大于求的矛盾愈演愈烈。而抗日战争时上海特殊的政治、经济格局，助长了信托业的投机倾向。

抗日战争期间的上海信托业，尽管有数量可观的信托机构设立，并成立了独立的同业组织，俨然与银行业、钱庄业一样成长为一个“独立”的行业，但从其实际发挥的功能来看，依旧没有成长为能够独立承担长期资金融通和财产管理功能的金融分业，充其量，不过是充当了上海市面游资谋取暴利的一个载体。

第四章　抗日战争胜利后的上海信托业（1945 年 9 月～1949 年 5 月）

抗日战争胜利以后至上海解放前夕，基本上已没有外资信托机构在上海开展营业，华商信托机构经清理、复业后数量大减。随着国营信托机构相继回迁至沪，上海信托业的基本格局由华资商营信托业与国营信托业两大阵营组成。

第一节　华商信托业

抗日战争胜利后，国民政府出台一系列针对私营金融业的限制、整顿措施，华商信托业的发展步入停滞衰退期。在抗日战争胜利后四年多时间里，上海没有一家新增华商信托机构，已有的信托机构数量不断下降，各种业务经营也面临重重困难，与抗日战争时期的"繁荣"景象形成鲜明对比。

一、机构数量递减

1945 年 9 月底，国民政府财政部相继出台了一系列法令，专门针对收复区金融机关的清理和复业。

9 月 27 日公布的《收复区敌伪钞票及金融机关处理办法》第五条规定："收复区内经敌伪核准设立之金融机关，其执照一律无效，并予清理。"绝大部分在抗日战争时新设的信托公司和银行均属于此列，不得不奉命清理。

9 月 28 日公布的《收复区商业银行复员办法》第二条规定："凡经财政部核准注册之银行，因抗日战争发生停止营业，或移撤后方者，得呈经财政部核准，在原设地方复业。"抗日战争前成立的同康、国安、中级信用 3 家信托公司在抗日战争时自动停业，根据该项办法，于 1946 年 12 月复业。

9月29日公布的《收复区商营金融机关清理办法》第三条规定:“收复区抗日战争前经财政部核准设立抗日战争时仍继续营业之银行,应由财政金融特派员查明过去业务,报部核实,在清查期间,暂仍继续营业。”[①]上海一地继续营业的信托公司中,中一、东南、通汇、生大、中国、上海、和祥、阜丰、通易、久安10家在太平洋战争爆发之前设立,领有国民政府财政部颁发的执照。根据上项办法,这10家信托公司可以继续营业。中一信托公司的情况比较特殊,1944年10月该公司曾向伪政府财政部重新注册,改名为中一信托银行,抗日战争胜利后先是奉令清理,1946年4月1日起恢复中一信托公司原名继续营业。[②]

经过清理以后,华商信托公司数量骤减。到1946年底,继续营业的13家信托公司加上由重庆迁至上海的中华实业信托公司和荣丰实业信托公司,[③]上海一地共有15家华商信托公司。其基本概况如表4-1所示。

表4-1 1946年底上海华商信托公司概况表

信托公司名称	实收资本额(法币元)	总公司地址	分支机构所在地	主要负责人
上海	35 000 000	北京东路190号	昆明、兰州	董事长:徐寄庼,总经理:齐致
中一	60 000 000	北京路270号	上海、余姚、汉口	董事长:王晓籁,总经理:严成德
中级信用	300 000 000	山西南路191号	无	董事长:许静仁,总经理:毛啸岑
中国	500 000	香港	上海、台山	董事长:麦佐衡,总经理:欧伟国
生大	15 000 000	宁波路80号	无	董事长:林炳炎,总经理:林毅伯
同康	100 000 000	江西中路382号	无	董事长:李景韩,总经理:金季玉
阜丰	3 000 000	北京东路106号	无	董事长:李声洪,总经理:刘慕周

① 上引法规均见:《最近金融处理办法汇志.应清理之金融机关》,《银行周报》第29卷第37、38、39、40期合刊,1945年10月1日,第15～16页。

②《关于中一信托公司的调查报告》,1946年6月25日,上档联合征信所档案,档号:Q78-2-14115。

③ 荣丰实业信托公司成立于重庆,1945年2月6日经国民政府经济部注册登记,“经营代理买卖、代理保险、投资管理各种生产事业及办理房地产之租赁及移转等业务”。同年9月3日,经股东会议决迁至上海。资料来源:《荣丰实业信托股份有限公司呈经济部准予变更登记呈请书》,1946年5月,上档立信会计师事务所档案,档号:Q90-1-224。

续　表

信托公司名称	实收资本额（法币元）	总公司地址	分支机构所在地	主要负责人
东南	120 000 000	中正路 134 号	无	董事长：李祖永，总经理：李祖基
和祥	50 000 000	河南中路 359 号	无	董事长：刘子益，经理：叶晋蕃
通易	20 000 000	北京东路 384 号	无	董事长：王晓籁，总经理：陈志皋
通汇	100 000 000	九江路 150 号	无	董事长：金鸿翔，总经理：邱念屺
国安	10 000 000	江西中路 321 号	无	董事长：王子崧，总经理：宝耀庭
中华实业	100 000 000	爱多亚路中汇大楼 2 楼 215 号 B	无	董事长：杜月笙，总经理：杨管北
荣丰实业	100 000 000	天津路 238 号丰业大楼	无	总经理：马仲文
久安	50 000 000	天津	上海等 2 处	董事长：周志辅，总经理：杨天受

注：中国信托公司上海分公司地址：四川路 524 号。

资料来源：《联合征信所关于各信托公司的调查报告》，上档联合征信所档案，档号：Q78－2－14147、Q78－2－14115、Q78－2－14119、Q78－2－1414、Q78－2－13770、Q78－2－14145、Q78－2－14336、Q78－2－14142、Q78－2－14146、Q78－2－14118；《中信商业银行历次增资情形报告》1951 年，上档中信商业银行档案，档号：Q294－1－1；《国安信托公司呈财政部文》，1947 年 4 月 3 日，上档王海帆会计师事务所档案，档号：Q93－1－474；《荣丰实业信托股份有限公司呈经济部准予变更登记呈请书》，1946 年 5 月，上档立信会计师事务所档案，档号：Q90－1－224；《中国金融年鉴 1946 年》，第 B188～B190页。

经停业清理的设有信托部的银行为数也不少，主要有：上海汇源银行、利民银行、上海工业银行、南洋商业银行、中国烟业银行、五洲商业储蓄银行、上海纱业银行、久安银行、中国棉业商业储蓄银行、环球信托银行、富中银行、中业信托银行、联华银行、民益银行、和丰信托银行、联康信托银行、安达信托银行、利生信托银行、福中信托银行、有恒投资信托银行等。[①] 截止 1946 年底，全国范围内有 30 家华商银行设有信托部或储信部，加上四行信托部，共有 31 个华商银行信托部或储信部。其中，总行在上海的银行信托部有 19 个，另有 7 家外地银行信托

① 《上海市奉命停业之银行调查表》，《金融周报》第 14 卷第 6、7 期合刊，1946 年 2 月 13 日，第 1、2 页。

部在上海开展营业。[①] 表 4 - 2 是 1946 年底在上海开展营业的 26 家银行信托部的概况。

表 4 - 2　1946 年底上海部分华商银行信托部概况

银行名称	信托部资本额(元)	总行所在地
上海商业储蓄银行	2 000 000	上海
大陆银行	2 000 000	上海
中南银行	不详	上海
中贸银行	20 000 000	上海
中汇银行	5 000 000	上海
金城银行	1 000 000	上海
茂华商业银行	5 000 000	上海
振业商业储蓄银行	不详	上海
浙江建业商业储蓄银行	20 000 000	上海
浙江兴业银行	2 000 000	上海
国华银行	2 000 000	上海
新华信托储蓄银行	3 000 000	上海
上海绸业银行	5 000 000	上海
中国国货银行	50 000	上海
中国垦业银行	不详	上海
中华劝工银行	2 000 000	上海
四行信托部	1 000 000	上海
大同银行	2 000 000	总行原设重庆，抗日战争胜利后迁上海
东莱银行	5 000 000	上海
四川美丰银行	100 000	重庆
聚兴诚银行	1 000 000	重庆
和成银行	500 000	重庆
云南实业银行	1 000 000	昆明
川康平民商业银行	5 000 000	重庆
亚西实业银行	1 000 000	重庆
开源银行	不详	重庆

资料来源：根据以下资料中的相关内容统计：《中国金融年鉴 1946 年》，根据第 B82～B115 页。朱斯煌：《民元来我国之银行业》，《民国经济史》，第 38～42 页。

除了中华实业信托公司、荣丰实业信托公司、大同银行信托部等少数从内地迁往上海的信托机构，抗日战争胜利后上海再无新增的华商信托机构。这主要

① 另有 5 家设有信托部或储信部的外地华商银行为：永利银行(汉口)、重庆商业银行(重庆)、华南商业银行(台北)、通惠实业银行(重庆)、台湾土地银行(台北)。资料来源：《中国金融年鉴 1946 年》，根据第 A239～A243 页相关内容统计。

与国民政府颁布的相关法令有关。

国民政府于 1943 年 1 月 7 日第四次修正的《非常时期管理银行暂行办法》规定:“新设银行除县银行外,一概不得设立。银行设立分支行处,应先呈请财政部核准。”“银行不得经营商业或囤积货物,并不得设置代理部、贸易部等机构,或以信托部名义,或另设其他商号,自行经营或代客买卖货物。”[①]

抗日战争胜利后,各地向京沪区金融特派员办公处申请新设银行。财政部的回复是,在新银行法还未公布施行前,1943 年修正的《非常时期管理银行暂行办法》仍然有效,新设银行“暂从缓议”。[②]

1946 年 4 月 17 日,财政部废除上述暂行办法,同日公布的《管理银行办法》规定:“银行除在本办法公布前已经财政部核准领有营业执照者外,一律不得设立。但县银行不在此限。”“银行不得直接经营工商事业,并不得囤积货物或设置代理部、贸易部等机构,或以信托部名义代客买卖货物,或为其他投机买卖之行为。”[③]由于信托公司在申请执照时,一直视同银行,上述法规同样适用于信托公司。这一法规的颁布等于宣告禁止新设信托公司和银行信托部。

随着金融管制进一步加强,已有的华商信托公司数量不断下降。

1947 年 9 月 1 日颁布施行的新《银行法》第 83 条规定“凡以信托方法收受运用或经理款项及财产者,为信托公司。在本法公布施行前已经核准营业登记之信托公司,其兼营商业或储蓄银行业务者,其兼营部份应依第三章或第五章规定办理。”[④]这就意味着,已经设立的信托公司仍然可以继续兼营银行、储蓄业务,但今后新设的信托公司却只能经营信托业务。新银行法第 28 条规定:“商业银行、实业银行得附设储蓄部及信托部。”[⑤]相比之下,新设立的银行可以继续实施混业经营,而信托公司却只能分业经营,这对信托公司的今后发展极其不利。

绝大部分的信托公司向来兼营银行、储蓄业务,而且在相当长时间里主要依靠银行业务盈利。尤其在抗日战争胜利后通货恶性膨胀之下,吸收带有长期运用性质的信托财产困难重重,信托公司的自有资本额和公积金大幅缩水,其营运资金主要依赖吸收普通存款。新银行法的这一规定无疑给信托公司当头一棒。

---

① 《中华民国金融法规档案资料选编》(上),第 671 页。

② 《金融消息·申请开放新设银行财部电复暂从缓议》,《银行周报》第 30 卷第 3、4 期合刊,1946 年 1 月 16 日,第 31 页。

③ 《中华民国金融法规档案资料选编》(上),第 697～699 页。

④ 《中华民国金融法规档案资料选编》(上),第 753 页。

⑤ 《中华民国金融法规档案资料选编》(上),第 745 页。

信托界的不满情绪,难于言表,“今于立法除对现设之信托公司外,已将信托公司兼营银行之门,予以关闭。亦即对将来新信托公司之设立,摒拒于门外。窃为我国信托业之前途,深抱杞忧。此为银行法所予信托业最大之致命伤”。①

1948年“八·一九”币制改革,规定以法币300万元折合金圆券1元。同日,国民政府行政院颁布《整理财政及加强管制经济办法》,第30条规定:“财政部应即参照抗日战争前银行法规定之银行最低资本额,拟定各区银行、钱庄、信托公司之最低资本额,报经行政院核定后,限分于两个月内增达最低资本额。其现金增资部份,不得少于50%。逾限无力增足者,一律勒令停业,限期清理。”②

9月6日行政院随即公布《商业银行调整资本办法》,第3条规定,上海、天津、广州三地以有限公司组织的商业银行、实业银行、储蓄银行及信托公司的最低资本额,为50万元,无限公司、两合公司及股份两合公司组织的为25万元。商业银行、实业银行或钱庄如果附设信托部、储蓄部,每附设一部,资本额需再增加二分之一。如果增设分支机构,每增设一处,就需增加十分之一资本额。③

当时刚刚经历法币300万元折合1圆金圆券,这样的增资要求,“殊非一般银行所能负荷”。④ 经一再请求变通及延期,后核准展期至1948年底。

增资办法对信托公司来说无疑是雪上加霜,信托公司数量锐减。因为根据这一办法,信托公司兼营银行、储蓄业务,必须缴纳的资本数与商业银行无任何区别。再结合新银行法的相关规定,以银行名义经营业务比信托公司更为方便。于是,信托公司纷纷改组为银行,“此次财部命令金融业限期办理增资手续后,信托公司为了增资的便利,有很多家信托公司准备改为商业银行”。⑤ 如表4-3所示,1949年元旦开始,共有6家信托公司相继改组为银行。

表4-3 1949年信托公司改名情况表

原名	改组时间	改组后名称
东南信托公司	1949年1月1日	东南商业信托银行
中级信用信托公司	1949年2月1日	中信商业银行
阜丰信托公司	1949年2月1日	阜丰商业银行

① 朱斯煌:《1年来我国之信托业》,《银行周报》第32卷第28期,1948年7月12日,第14页。
② 《中华民国金融法规档案资料选编》(上),第786页。
③ 《中华民国金融法规档案资料选编》(上),第788～789页。
④ 朱斯煌:《民国37年我国之金融业》,《银行周报》第33卷第4期,1949年1月24日,第9页。
⑤ 《沪七信托公司改商业银行》,《银行周报》第33卷第3期,1949年1月17日,第50页。

续　表

原名	改组时间	改组后名称
国安信托公司	1949年3月1日	国安商业银行
通汇信托公司	1949年3月1日	通汇信托商业银行
和祥信托公司	不详	和祥商业银行

资料来源:《金融消息》,《银行周报》第33卷第3期,1949年1月17日;第33卷第7期1949年2月14日;第33卷第12、13期合刊,1949年3月28日;鹤夫:《解放后上海的银钱业》,《银行周报》第33卷第44期,1949年10月31日,第8～9页。

表4-1中的15家华商信托公司,除了改组为银行的6家外,另有通易信托公司于1948年9月18日被上海市金融管理局吊销营业执照,勒令停业清理。[①] 到1949年5月上海解放前夕,仅剩下中国、上海、中一、生大、同康5家信托公司继续营业。[②] 与1945年5月30家上下的数量相比,[③]抗日战争胜利后华商信托公司的数量呈明显下降趋势。

表4-4是中央银行稽核处对1947年底上海行庄的统计结果。信托业在上海整个华商金融业中的地位,比抗日战争时稍有提升。虽然机构数量方面仍然落后于银行、钱庄,但差距有所缩小。资产总额方面,已超过钱庄,至于存款和放款总数,仍远远不及银行和钱庄。

表4-4　1947年12月上海行庄规模分类比较

行庄类别	家数	资产总数	负债总数	存款总数	放款总数
华商银行	147	294 889	284 894	158 099	224 793
外商银行	12	236 398	235 260	49 133	60 272
钱庄	79	55 053	52 013	37 104	32 178
行庄信托部及信托公司	40	69 631	68 510	15 064	10 659
合计(千万元)	278	655 912	640 678	259 401	327 903

注:"行庄信托部及信托公司"一项,包括中一、东南、通汇、生大、中国、上海、和祥、通易、国安、阜丰、中级、同康12家华商信托公司以及上海市兴业信托社,27家行庄信托部。国营行局不包括在内。

资料来源:《金融消息·1947年12月份行庄资负存放统计》,《银行周报》第32卷第17期,1948年4月26日。

与抗日战争前相比,华商信托机构的平均资产总额大大缩水。表4-4中40家华商信托机构的资产总额折合成1936年底的物价水平,约合法币733万余

① 《联合征信所对通易信托公司的调查报告》,上档联合征信所档案,档号:Q78-2-14142。

② 鹤夫:《解放后上海的银钱业》,《银行周报》第33卷第44期,1949年10月31日,第7页。

③ 朱斯煌:《上海之信托业》,《战时上海经济》第一辑,第156页。

元,平均每家仅为18万余元。如前所述,1936年底中一等8家华商信托公司的平均资产总额为法币464万元左右。另单独以中一信托公司为例,如表4-5所示,1947年度该公司账面资本、资产数额分别是1936年度的20倍和1 382倍,但折合为1936年的物价水平,则远不及1936年度的账面数额。

表4-5 1936、1947年底中一信托公司资本、资产额比较分析

项目	1947年底	折合为1936年底物价水平	1936年底
资本额(元)	60 000 000.00	631.42	3 000 000.00
资产总额(元)	21 065 591 335.73	221 687.98	15 248 523.05

注:以1937年1～6月上海批发物价指数=100,1936年12月指数为105.9,1947年12月为10 063 000.0,是1936年12月的95 924倍。

资料来源:根据以下资料中的相关数据整理计算:《中一信托公司历年帐略》,上档中一信托公司档案,档号:Q329-1-32;《上海解放前后物价资料汇编(1921～1957年)》,第47页。

二、经营面临困境

(一) 信托与信托附属业务面临的问题

抗日战争胜利后的华商信托业,“就信托本业而论,信托业还很幼稚”。[①] 普通民众委托信托机构办理财产管理、执行遗嘱等事项的习惯,“非一朝一夕所能养成”。[②] 信托投资业务的经营难度比抗日战争时明显增加。如表4-6所示,上

表4-6 上海历年批发物价指数涨落趋势表(1945年8月～1949年5月)

时间	批发物价指数	时间	批发物价指数
1945年8月	8 640 000.0	1948年8月	564 570 000.0
1945年12月	88 544.2	1948年12月	3 979.4
1946年12月	681 600.0	1949年5月	1 212 200 000.0
1947年12月	10 063 000.0		

注:1937年1～6月=100。

资料来源:《上海解放前后物价资料汇编(1921～1957)》,第47页。

① 《沪信托业公会理事长及秘书长谈36年度沪市信托业概况》,《银行周报》第32卷第3期,1948年1月19日,第62页。

② 金学骥:《商业银行目前营业之困难》,《银行周报》第30卷第23、24期合刊,1946年6月1日,第11页。

海物价上涨的速度,与抗日战争时相比有过之而无不及。“一般人皆以弃币存货之心理,造成投机囤积之风,因是行庄的存款,日渐减缩。”①各大银行招揽普通存款难度明显加大,吸收存期较长的信托存款更加不易。

物价上涨对经营信托附属业务也带来负面影响。抗日战争胜利后华商信托业相对比较发达的信托附属业务主要有保管、仓库业务,以及代理买卖有价证券等。这类业务在抗日战争胜利后虽然存在着不小需求,但物价的直线上涨抵消了大部分手续费。因此,信托机构经营这类附属业务并不轻松。“信托事项,每多手续繁琐,而利益有限,即在平时,收支有难于自给自者,际此开支庞大之时,尤感困难,故目前各银行之信托业务,未能臻于发达也。”②

以保管箱业务为例,这是抗日战争胜利后比较繁忙的业务之一,尤其是银行信托部经营保管箱比较得法。1947年5月左右,上海共有33家银行设有7万余只保管箱。保管箱数量排名前三位的华商银行是:上海商业储蓄银行6 341只,浙江兴业银行4 150只,四行储蓄会3 433只。③ 在抗日战争胜利后的上海保管箱仍然比较抢手,尤其到淮海战役前夕,“上海市保管箱需要最殷,几乎每一家的箱子都没有空的”。1949年4月23日南京解放后,寄居在上海的富户纷纷准备外逃,一时间形成了开箱提取物品的高潮,此后退租人数虽然不断增加,但直到1949年10月,空箱数量占保管箱总数仍然只有一到二成。④

抗日战争胜利后保管箱业务面临的问题,除了“租用人常有延期不付费用情事”以外,⑤还因物价飞涨导致该项业务入不敷出,只好频频调整租费。以上海商业储蓄银行为例,1946年信托部的6 000余只保管箱的平均租费比1945年底约增加84倍。⑥ 1946年11月,保管箱租费经银钱同业公议,以中国银行五寸箱为标准,每半年收租费11 000元,保证金6万元。后因物价上涨过快,第二年4月中旬起不得不再次调整租费,议定五寸箱租金由11 000元增为40 000元半年。⑦ 此后上海的保管箱租费仍多次提高。租费不断提高,实际上反映了租费

① 汤寿康:《金融机构之分布与管制》,《银行周报》第32卷第38期,1948年9月20日,第13页。
② 金学骥:《商业银行目前营业之困难》,《银行周报》第30卷第23、24期合刊,1946年6月1日,第11～12页。
③《银行保管箱租费提高》,《银行周报》第31卷第18期,1947年5月5日。
④ 上引均见吴兆杰:《解放前后上海市保管箱业务》,《银行周报》第33卷第43期,1949年10月24日,第10～11页。
⑤ 上引均见:《银行保管箱租费提高》,《银行周报》第31卷第18期,1947年5月5日。
⑥《上海商业储蓄银行信托部资产负债表(1946年度下届)》,1946年12月31日,上档上海商业储蓄银行档案,档号:Q275-1-866。
⑦《银行保管箱租费提高》,《银行周报》第31卷第18期,1947年5月5日。

与物价之间存在着较大落差，物价上涨抵消了大部分经营利润，租费相对低廉。

仓库业务也有一定发展。至 1947 年 5 月左右，上海的金融业仓库共计 1 674 880 平方尺，大概占上海仓库总面积的 12%。大部分金融仓库由银行和钱庄附设，银行有将仓库设于银行部下，也有设于信托部下。信托公司中附设仓库的并不多，中一信托公司设在北苏州路 988 号的仓库较大，面积达 32 000 平方尺。① 根据 1947 年 3 月新修正的《上海市银钱信托业仓库营业规则》第 2 条规定，银行钱庄信托公司的仓库，主要"以经营寄托物之保管及其有关业务为营业"。② 在实际经营中，"并不指定专以经营押品之存储为限"。③ 尤其在物价飞涨，投机倒卖物资盛行时，相当一部分金融仓库充当了囤积物资的场所。

代理买卖证券业务在抗日战争胜利后的某些时候曾经比较发达。从 1946 年 9 月 16 日上海证券交易所开业至 1948 年 8 月奉令停业之前，证券交易一度相当活跃。尤其在 1947 年上半年，"股市如火如荼，一时称盛，任何证券行号中，人头簇簇"，④各信托机构的代理买卖证券业务因此较为繁忙。根据 1947 年 9 月 1 日公布施行的新银行法规定，信托公司经营的十二类业务中，"代理买卖证券"不计在内，1948 年 5 月上海信托业同业公会制订的业规，经营业务中第 8 项内容就是"代理买卖证券"，后呈请财政部备案时，财政部上海金融管理局训令将该项内容删去。根据财政部的指令，信托业已不能经营代理买卖证券业务。

代收款项业务发展得较好的，有新华银行信托部。主要代理收付学费、公用事业款项等。表 4-7 是 1947～1948 年该行信托部在上海地区代收学费的情

表 4-7 1947～1948 年新华银行信托部代收学费情况表(沪区)

时间	代收学费学校数	增长率%	代收学费学生数	增长率%
1947 年上期	49 校	100	24 521 人	100
1947 年下期	53 校	107	30 412 人	124
1948 年上期	58 校	118	36 866 人	150
1948 年下期	56 校	112	37 771 人	154

资料来源:《新华信托储蓄商业银行解放前业务之分析》,1950 年,上档新华银行档案,档号:Q269-1-813。

① 上引均见赵以福:《上海金融业仓库近况概论》,《银行周报》第 31 卷第 22 期,1947 年 6 月 2 日,第 6 页;赵以福:《一年来上海之仓库业》,《银行周报》第 32 卷第 6 期,1948 年 2 月 9 日,第 11 页。

②《上海市银钱信托业仓库营业规则》,《民国经济史》,第 599 页。

③ 赵以福:《上海金融业仓库近况概论》,《银行周报》第 31 卷第 22 期,1947 年 6 月 2 日,第 11 页。

④ 汤心仪:《一年来之上海证券市场》,《银行周报》第 32 卷第 11 期,1948 年 3 月 8 日,第 14 页。

况。该公司还为上海地区的公司代收款项,客户主要有:法商水电公司、华商电气公司、内地自来水公司、闸北水电公司、上海煤气公司、上海自来水公司。[①]

因抗日战争胜利后上海地产生意清淡,抗日战争时比较火爆的代理地产业务"不如从前活跃"。[②] 以代理房地产过户登记业务为例,抗日战争胜利后上海市政当局整理地权,1945年11月18日颁布公告开办黄浦、沪南、法华、闸北、漕泾、引翔六区土地总登记,[③]彻底清除一切旧式地契,另外颁发土地所有权状。由于对重新登记的手续规定极其繁琐,开展代理不动产过户登记业务多有不便。另外,地政当局以商业银行代办地产过户登记"无法理之根据"为由,限令华商银行停办并清理结束该项业务,[④]改由当局委托中国银行、交通银行等国营银行代办。

(二) 投资业务面临的问题

抗日战争时期华商信托机构涉足较多的投资业务无非是地产、证券、囤积物资等。抗日战争胜利后上海地产的租金上涨速度远不及物价,"租金收益所入,不敷支出,逐月有赔贴之虞"。[⑤] 加上地政当局举办的土地登记手续过繁等因,导致地价低落,地产交易极其清淡。

物价上涨无度加上国民政府对证券市场的监管政策变化无常,抗日战争胜利后投资证券并非易事。1946年9月16日上海证券交易所开业后,先办现期交易,后因交易不盛,于11月试办递延交割交易。1947年上半年证券市况一度比较兴旺。但就全年来看,"可以说是长期疲弱,短期坚挺,有时竟与物价背道而驰。因物价上涨速度,远在股票之上,游资遂舍股票而趋于商品投机"。[⑥] 1948年4月5日,行政院命令财政、经济部,转饬交易所停办递交,对华股市场造成不少打击。"使得一部分游资,去而之他"。[⑦] 8月华股市场好不容易有了转机,又逢8月19日币制改革,根据《整理财政管制经济办法》第31条规定:"上海天津

① 《新华信托储蓄商业银行解放前业务之分析》,1950年,上档新华银行档案,档号:Q269-1-813。
② 《沪信托业公会理事长及秘书长谈36年度沪市信托业概况》,《银行周报》第32卷第3期,1948年1月19日,第62页。
③ 《中国银行1946年度业务报告》,《中国银行行史资料汇编》上编(1912～1949年)三,第2339～2340页。
④ 《上海商业储蓄银行信托部资产负债表(1946年度下届)》,1946年12月31日,上档上海商业储蓄银行档案,档号:Q275-1-866。
⑤ 李伯涵:《民元来上海之地产业》,《民国经济史》,第104页。
⑥ 朱荣廷:《1年来上海之金融市场》,《银行周报》第32卷第3期,1948年1月19日,第28页。
⑦ 朱斯煌等:《民国三十七年度国内经济总检讨》,《银行周报》第33卷第1期,1949年1月1日,第35页。

证券交易所应即暂停营业,非经行政院核准,不得复业。”①于是上海证券交易所又不得不宣告停业,直至 1949 年 2 月 21 日才正式复业。

(三) 银行业务的不易经营

单从账面看,与抗日战争时比较,相当一部分信托机构的银行业务比重反而有所上升。抗日战争时中一信托公司的银行业务收入在总收益中的比重一度降到了 20%以下。表 4－8 显示,抗日战争胜利后利息收入又占了绝对优势。1946 年至 1949 年四年间,利息占总收益的比例,属 1948 年度最低,但也高达 58%。

表 4－8　中一信托公司历年收益分析表(1946～1949 年)

年份	总收益%	利息收入%	手续费%	证券及其他损益%
1946	1 075 712 924.88	74	18	8
1947	10 843 870 241.94	73	18	9
1948	1 381 875.06	58	24	18
1949	548 965 062.53	75	8	17

资料来源:根据《中一信托公司历年帐略》整理计算,上档中一信托公司档案,档号:Q329－1－32。

表 4－9 是 1948 年度中一信托公司的资产负债表。其负债项目中,最重要

表 4－9　1948 年度中一信托公司资产负债表

资产	金额(圆)	占%	负债	金额(圆)	占%
现金	154 984.91	4	同业存款	121 450.87	4
存款准备金	105 129.62	3	转贴现及借入款	10 000.00	0
存放同业	1 235 445.62	36	活期存款	1 446 018.36	54
活期放款及透支	349 524.26	10	定期存款	152 471.55	6
定期放款	746 000.01	22	汇款	78 785.88	3
证券及投资	6 283.48	0	应付款项	67 856.83	2
应收款项	13 256.77	0	代收款项	2 022.80	0
房地产及器具	597 017.06	17	其他负债	89 382.52	3
其他资产	187 510.78	5	保证负债	100 000.00	4
保证资产	100 000.00	3	资本	90 000.00	3
			公积	146 757.31	5
			本年纯益	410 706.39	16
合计	3 952 506.60	100	合计	3 952 506.60	100

资料来源:根据《中一信托公司历年帐略》中相关数据整理计算,上档中一信托公司档案,档号:Q329－1－32。

① 《中华民国金融法规档案资料选编》(上),第 786 页。

的仍然是吸收存款,其中活期存款占总负债的 54%,定期存款占 6%。资产项目中,存放同业、活期放款、定期放款合计占总资产的 68%。

生大信托公司在 1945 年以前,大部分年份靠投资盈利,但表 4－10 中可见,银行业务收入已成为其最主要的收益,其次是各种代理业务的手续费收入。

表 4－10 生大信托公司历年收益分析

年份	总收益(元)	利息、兑换%	手续费%	证券损益%	地产损益%	其他%
1945	1 872 502.08	48	30	—	9	14
1946	367 720 165.65	57	43	亏损	0	0
1947	1 971 550 768.51	43	30	25	2	0
1948	228 867.78	73	11	10	5	0

资料来源:根据《生大信托公司历年营业报告》中数据计算所得,上档生大信托公司档案,档号:Q75－1－45。

上海商业储蓄银行信托部一直以经营各种代理业务为主,不吸收存款。从 1946 年度的营业报表来看,该信托部总负债为 735 662 251.36 元,其中吸收定期存款 69 800 000 元,占总负债的 10%左右,总资产中的 27%用于各种定期放款。表 4－11 中的收益分析可见,利息收入已成为该信托部最主要的收益。

表 4－11 1946 年度上海商业储蓄银行信托部收益分析

收益项目	金额(元)	小计金额(元)	%
利息收入		25 211 075.06	65
贴现放款息	20 999 103.00		
活期质押放款息	1 393 600.00		
定期放款息	20 691 170.00		
定期质押放款息	63 140 010.00		
战区放款息	664 582.52		
存款准备金息	669 000.00		
本行往来息	16 693 372.38		
什息	960 237.16		
手续费收入		48 413 048.97	25
代收手续费	164 914.00		
证券手续费	669 859.00		
承兑手续费	6 591 700.00		
经租手续费	4 320 661.00		
保险手续费	1 055 873.47		
担保手续费	10 704 128.50		

续　表

收益项目	金额(元)	小计金额(元)	%
代办手续费	5 985 000.00		
保管	1 072 320.00		
什项	17 848 593.00		
保管费		17 212 172.63	9
什项收入		1 987 270.29	1
合计		192 823 566.95	100

资料来源：根据《上海商业储蓄银行信托部资产负债表(1946年度下届)》相关数据整理计算，上档上海商业储蓄银行档案，档号：Q275-1-866。

在政府的重重管制下，抗日战争胜利后上海金融界确实“亦有不少战战兢兢守法营业的行庄，此类行庄，悉以存放为主要业务”。[①] 很难判断上述几家信托机构是否属于此类守法行庄，在实际经营中是否如帐面所体现的那样，恪守各项金融法规，从事正规的存放款业务？

可以肯定的是，抗日战争胜利后畸形的金融环境以及国民政府的种种管制措施，“均使愈是守法越是吃亏”。[②] 因物价高涨，投机盛行，经营存放款业务一年难于一年。“多数人向银钱行庄，开户往来，匪为存款，乃为贷款而来。同时客户利用银行支票，先做商品交易，开付银行支票后，再向银行补足头寸或临时拆借。”行庄增加存款非常有限，而且增加的大都为活期存款。以1947年为例，全年上海银钱业存款总额较上年增加8倍左右，其中定期存款占存款总额比例由年初的20%下降至10月的10%。[③] 考虑到通货膨胀的因素，行庄存款总额实际上呈下降趋势。由于存款以活期居多，行庄不得不提高准备金比率，加上物价疯狂飞涨，“借出去的一万块钱，当时可买很多东西，但等到收回来时，却买不到一刀草纸了”。[④] 经营放款业务非常不易。

银行业务盈利主要依靠存放款利差。抗日战争胜利后国民政府对商业行庄的存放款利率实行严格管制，黑市暗息远高于银钱业存放款利率。1947年初银钱业的同业日折由每千元3～3.5元增至年底4.5元，放款日拆由每千元5～5.5元增至6.5元，同期黑市暗息却“上升几及一倍”。[⑤] 银钱业既不能以高利率

① 《论商业行庄调整资本办法》，《银行周报》第32卷第40期，1948年10月4日，第2页。
② 《论商业行庄调整资本办法》，《银行周报》第32卷第40期，1948年10月4日，第2页。
③ 上引均见朱荣廷：《1年来上海之金融市场》，《银行周报》第32卷第3期，1948年1月19日，第26页。
④ 《黄慕兰自传》，第349页。
⑤ 朱荣廷：《1年来上海之金融市场》，《银行周报》第32卷第3期，1948年1月19日，第26页。

吸收存款，又不能照暗息放款，经营难度可想而知。除了对利率实施管制以外，抗日战争胜利后国民政府对银钱业的其他各种管制法令，“亦层出不穷，愈来愈紧，正当银钱业，因此益小心翼翼，不敢越雷池一步，其结果，大量资金，不再透过银钱业，而入于地下钱庄之手”。① 到了1949年初，华商行庄信托公司的处境，按朱斯煌的原话形容，“昔为百业之冠，今为强弩之末。顾镜自怜，曷堪回首”!②

(四) 投机业务盛行

数年持续通货膨胀后，一些金融机构不可避免地参与投机，“从事非法经营，以博取更高之利润者，否则亦不足以维持其浩大开支”。③ 这种情况在抗日战争胜利后华商信托业中并不少见。1948年9月，通易信托公司因从事投机业务被上海金管局吊销执照，勒令停业清理。据金管局调查，该公司“虚设暗户或假借客户名义，套用公司款项，经营商业，并为证券场外交易，以及购买黄金等不法行为”。④ 1949年2月，金管局又查出中国信托公司“有私设暗户，帐目不明嫌疑”，⑤将其上海分公司信托部经理梁荣春、副经理戴家驹两人移交地检处侦查，按违反银行法提起公诉。1949年11、12月，中国、同康2家信托公司，以及由信托公司改组的通汇信托银行与和祥商业银行，也因违法经营被中国人民银行华东分行分别予以警告、罚金、停业的处置。⑥ 可以推断，这几家机构在此前就存在着违法经营的情况。

三、行业建设日趋成熟

抗日战争胜利后上海华商信托业的总体发展状况乏善可陈，这并非华商金融业中的特例，事实上信托业的这种情况，“与一般银钱业相同，时至今日整个金融业资力微薄，尚恐不及抗日战争前资力百分之一。故目前社会经济的重心，已不在金融业手中，金融业经营的困难，是银钱信托三业所共同感觉者”。⑦

---

① 朱荣廷:《1年来上海之金融市场》,《银行周报》第32卷第3期,1948年1月19日,第34页。

② 朱斯煌:《民国37年我国之金融业》,《银行周报》第33卷第4期,1949年1月24日,第10页。

③ 汤寿康:《金融机构之分布与管制》,《银行周报》第32卷第38期,1948年9月20日,第7页。

④《联合征信所对通易信托公司的调查报告》,上档联合征信所档案,档号: Q78-2-14142。

⑤《联合征信所对中国信托公司的调查报告》,上档联合征信所档案,档号: Q78-2-14119。

⑥《沪27家行庄受警告》,《银行周报》第33卷第50期(上),1949年12月12日,第42页;《沪停业7行庄之处理》,《银行周报》第34卷第6期,1950年2月6日,第40页。

⑦《沪信托业公会理事长及秘书长谈36年度沪市信托业概况》,《银行周报》第32卷第3期,1948年1月19日,第62页。

唯一值得称道的是这一阶段华商信托业的行业建设比以往任何阶段都成熟。1947年5月正式成立的上海市信托商业同业公会，真正发挥了同业组织应有的作用。信托商业同业公会于1946年3月开始筹备成立，历时一年有余，于1947年5月15日召开首届成立大会，选举成立理监事会，名单如表4-12所示。

表4-12 上海市信托商业同业公会首届理监事会名录(1947年5月)

职务	姓 名
理事长	齐致
常务理事	王晓籁、陈志皋
常务监事	吴明然
秘书长	朱斯煌
理事	李北良、张叔培、葛清华、齐致、陈志皋、陈震夏、王晓籁、李鸿球、严成德
监事	许少甫、吴明然、汪国璇
候补理事	盛清生、高维铸、陈振九
候补监事	叶晋蕃、王伯民

资料来源：《上海市信托商业同业公会第1届会员大会报告》,《银行周报》第31卷第26期，1947年6月30日，根据第18页相关内容整理。

同业公会刚成立时，共有会员10家，分别是中一、东南、通汇、生大、中国、上海、和祥、通易、国安信托公司以及上海市兴业信托社，后又有阜丰、中级、同康3家加入，增至13家。1948年3月，因上海市兴业信托社并入上海市银行总行信托部，退出公会，会员减至12家。公会的会址原设于北京东路190号上海信托公司内，1947年6月征得银行学会同意，向该会借用一间为办公处。其经费来源，除每一会员一次性缴纳会员费30万元以外，其余按月费收入，作为经常支出。后因物价上涨，于1947年11月起，上调月费。[①]

信托商业同业公会成立以后，主要在以下几个方面发挥了重要作用。

第一，为会员代向相关机构接洽推进业务。如代会员协商充任证券交易所经纪人、参加银钱业联合准备会、代会员公司接洽参加美金公债等事项。

第二，减轻会员负担。统一为会员审查相关税收以及办理所得税申报等事宜。会员认购同盟胜利公债时，出面向市政府要求，将会员公司总认购数额由3 000万元减为2 500万元。

第三，就新银行法草案信托部分向政府提供意见。1947年在《银行法》制订

① 《上海市信托商业同业公会第1届会员大会报告》,《银行周报》第31卷第26期，1947年6月30日，第18～19页；《上海市信托商业同业公会第3届会员大会会议录》《银行周报》第32卷第24期，1948年6月14日，第14页。

之前,立法院曾二度征询信托业意见。朱斯煌、陈志皋代表信托业表达了意见,主要内容有六项:"(一)信托公司必须兼营银行及储蓄业务。(二)免除信托公司董监经理连带无限责任。(三)信托款项及信托存款不能缴存准备金。(四)业务上之限制,重请考虑。(五)保证金之计算,拟予复位标准。(六)其它条文上词义之商榷等项。"[①]除了第一项没有得到满足,其余几项基本上被采纳。

第四,改进同业业务,注重与银钱两公会密切合作。抗日战争胜利后信托业更加注重与银钱业的联系和合作,"本会为金融业之一环,与银钱两业,休戚相关,故凡修正规章及有关业务上之改进者,莫不与银钱两业,会同办理,俾可取得一致步骤。"[②]1947年3月,银钱信托三公会联合对《上海市银钱信托业仓库营业规则》《上海市银钱信托业保管箱租用规则》进行修正,同年5月15日施行。三公会还就业务经营联合刊登公告。另外,针对国民政府多项金融管制措施联合呈请财政部发表意见。

第五,承转财政部、中央银行、上海市政府财政局、社会局、市商会等文件。这是该公会事务中最烦重的部分。

第六,注重业规建设。早在1943年朱斯煌就曾提出:"订定信托业业规,以补信托法规之阙,实为当务之急。"[③]新《银行法》中关于信托公司一章的规定,实际上属于信托公司法性质,并没有解决信托关系中的若干问题。1948年5月23日,第3届信托业同业公会会员大会通过了业规草案。该草案在以下几方面具有重要意义:一、针对信托关系中的三方进行定义,业规草案第3条规定:"顾客以其财物或款项,交入信托公司委托代为管理运用保管或处分者,为委托人。前项财物或款项为信托财产,享受信托财产之孳息或利益者为受益人。信托事务结束信托公司交还信托财产时,其接受是项财产者,为信托财产之归属人。"二、业规第7条规定了信托公司的营业种类,基本内容与《银行法》第85条规定信托公司经营内容相似,只是多了几项银行法遗漏的重要内容,如代理收付款项、代客保管及办理仓库等。三、业规第9条、第10条还规定了利率、手续费、保管费及其他相关费用的规定。四、业规第11至第17条则规定了信托业务的重要手续。[④]

上海信托业商业同业公会作为一个正式的商业团体,代表会员公司向相关

---

① 《上海市信托商业同业公会第3届会员大会会务报告》,《银行周报》第32卷第24期,1948年6月14日,第15页。

② 《上海市信托商业同业公会第1届会员大会报告》,《银行周报》第31卷第26期,1947年6月30日,第19页。

③ 朱斯煌:《我国信托业之三大问题》,《银行周报》第27卷第27、28期合刊,1943年7月31日,第4页。

④ 上引均见:《上海市信托业业规》,《银行周报》32卷24期,1948年6月14日,第23～26页。

机构团体交涉行业发展事宜,为信托业的建设和发展尽到了应有的责任和义务。由于与银钱两业密切合作,信托公会的存在一定程度上提高了信托业在上海金融业中的地位。但就促进信托业发展的实际效果来看,该公会所起的作用不大。抗日战争胜利后金融业面临的客观社会经济环境日益恶化,信托公会的种种主观努力很难获得理想效果。1948 年 5 月在信托公会第 3 届会员大会上,秘书长朱斯煌大倒苦水,直言信托公会成立后的主要会务,"大部分是应付环境,解决难题,特别是对于管制法令的重叠,以及捐税的繁多,不但同业无力应付,而且叠床架屋,目眩神迷,颇有无所适从之苦"。①

第二节　官营信托机构

抗日战争胜利后,官营信托机构纷纷回迁上海。在国民政府相应政策以及资金支撑下,官营(主要是国营)信托机构规模不断扩展,呈现出欣欣向荣的发展势头,逐渐成为上海信托业的主导力量。

表 4－13 是 1946 年底上海官营信托机构的概况,除了上海市政府所设的兴业信托社和江苏省银行信托部以外,其余 7 家均属于国营信托机构。

表 4－13　1946 年底上海官营信托机构概况

名　　称	回迁上海时间	资本额(万元)	总部所在地
中央信托局总局	1945 年 9 月 22 日	5 000	上海
中国银行总管理处信托部	1945 年 10 月 1 日	不详	上海
交通银行信托部	1945 年 10 月 1 日	1 000	上海
农民银行信托总部	1945 年 10 月 1 日	不详	上海
江苏省银行信托部	不详	300	上海
四明商业储蓄银行信托部	1945 年 10 月 8 日	60	上海
中国通商银行信托部	1945 年 10 月 15 日	50	上海
中国实业银行信托部	1945 年 10 月 29 日	50	上海
上海市兴业信托社	1945 年 12 月(复业)	150	上海

资料来源:《中国金融年鉴 1946 年》,中国金融年鉴社 1947 年版,第 B5、B82～B115 页;朱斯煌:《民元来我国之信托业》,《民国经济史》,第 68～71 页。《金融消息.上海复业之国家银行》,《银行周报》第 29 卷第 45、46、47、48 期合刊,1945 年 12 月 1 日。

① 《上海市信托商业同业公会第 3 届会员大会会务报告》,《银行周报》第 32 卷第 24 期,1948 年 6 月 14 日,第 12 页。

一、上海市兴业信托社

1945年12月间，上海市长派许宝骅担任上海兴业信托社总经理，筹备复业。复业后地址设在南京路哈同大楼四楼，资本仍为法币150万元。表4-14是其复业后的董监经理人名单。

表4-14 1945年12月复业后上海兴业信托社主要负责人名录

职务	姓名及履历
总经理	许宝骅(代理市银行总经理)
主席董事	钱永铭
董事	徐寄庼、杜镛、刘鸿生、秦祖泽、朱文熊、浦振东(财政局长)、陈石泉(地政局长)、赵祖康(工务局长)、赵曾珏(公用局长)、许宝骅
监察人	奚玉书、沈士华(市府秘书长)、周炜方(前市银行总经理)

资料来源：《联合征信所关于上海市兴业信托社的调查报告》，1948年，上档联合征信所档案，档号：Q78-2-14438。

1946年8月，许宝骅、钱永铭相继辞去总经理、主席董事职务。市政府派上海市银行总经理道贤模兼任该社总经理，董监会等成员也进行相应改组，名单如表4-15所示。1947年8月4日，信托部迁入南京东路200号营业，10月间迁回哈同大楼继续营业。

表4-15 1946年8月改组后上海市兴业信托社主要负责人名录

职务	姓名及履历
主席董事	赵棣华(交通银行总经理)
常务董事	道贤模(市银行总经理)
董事	钱永铭、徐寄庼、杜镛、刘鸿生、秦祖泽、周永谦、谷春帆(财政局长)、祝平(地政局长)、赵祖康(工务局长)、赵曾珏(公用局长)
监察人	奚玉书、何德奎(市府秘书长)、闵湘帆(市府会计长)
总经理	道贤模
副总经理	黄金畴
副经理	谢天生、谢范文
信托部襄理	许继杲、吴仁辅、何训余
地产部襄理	庄祖苓、吴兆熊
信托部会计课长	张远昕

资料来源：《联合征信所关于上海市兴业信托社的调查报告》，1948年，上档联合征信所档案，档号：Q78-2-14438。《上海市兴业信托社简史及组织》，《银行周报》第31卷第21期，1947年5月26日，第57页。

抗日战争胜利后上海市政府对兴业信托社的重视程度大不如前，缺乏应有的政策扶植。在经历了近十年的物价飞涨之后，复业后该社的资本额一直维持在抗日战争前150万元水平，与其他信托机构动辄上千万甚至上亿元资本额相比，相形见绌，大大限制了开拓新业务的能力。该信托社高层领导频繁调换，也不利于经营。1946年8月改组后上任的总经理道贤模，于1947年下半年就已在广东省银行走马上任，担任副总经理一职，"他在市银行和兴业信托社的职务，还在请假期间"，①兴业信托社实际上处于无人负责经营的境地。

复业后的兴业信托社内部组织，只设有信托、地产、代办三部分，分别经营信托、保险、市内建筑业务以及市政府委托办理的各种业务。1946年8月改组后，将代办部裁并，并增添了证券、仓库等业务。②

抗日战争前兴业信托社主要依靠垄断经营公用交通、供水设施盈利，尤其是市轮渡管理处，是其最主要的资产。由于该社复业时间较迟，市公用局已先行成立，接收了本该归属兴业信托社的市轮渡和浦东自来水厂。公共汽车业务则由于车辆无存，无法继续营业，并且也被公用局抢先开辟了新路线行驶。兴业信托社限于资金短缺，无法与公用局竞争，其附属事业不得不由公用局代为经营。1947年上海市印制厂划归兴业信托社所有，这是抗日战争胜利后该社较有成绩而仅有的附属事业了。

兴业信托社在抗日战争前经营得较为出色的房地产开发和代理房地产业务，因抗日战争胜利后上海地产业务清淡，发展余地不大。新开设的证券、仓库业务，前者因证券市场的反复无常很难有出色表现。该社原有的一座仓库，经向江海关交涉，1947年才收回，"惟内部损坏不堪，须大加修理后，始可应用"。③

由于缺乏政府的相应扶植，复业后的两年多时间里兴业信托社"完全藉着一般的信托业务，勉强敷衍必需的开支。"④1946年度该社盈余共计法币71 390 615.21元。1947年11月30日止，存款总额计法币4 511 231 335.42元。1947年底，共有员工60人。⑤

---

① 胡波：《明日开始归并的上海兴业信托社》，《金融日报》1948年2月29日。

② 《联合征信所关于上海市兴业信托社的调查报告》，1948年，上档联合征信所档案，档号：Q78-2-14438；《中国金融年鉴1946年》，第B189页；《上海市兴业信托社简史及组织》，《银行周报》第31卷第21期，1947年5月26日，第57页；胡波：《明日开始归并的上海兴业信托社》，《金融日报》1948年2月29日。

③ 《上海市兴业信托社简史及组织》，《银行周报》第31卷第21期，1947年5月26日，第57页。

④ 胡波：《明日开始归并的上海兴业信托社》，《金融日报》1948年2月29日。

⑤ 《联合征信所关于上海市兴业信托社的调查报告》，1948年，上档联合征信所档案，档号：Q78-2-14438。

1948 年 3 月 1 日开始，兴业信托社正式归并上海市银行，另行成立市银行总行信托部。

二、国营信托机构的力量加强

与华商信托业、上海兴业信托社的惨淡经营相比，7 家国营信托机构呈现出欣欣向荣的发展势头。尤其是农民、中国、交通三家国营银行信托部以及专业信托机构——中央信托局，抗日战争时期就受国民政府各机关委托，经营大量的代理购料、代收款项等业务，抗日战争胜利后在此基础上力量进一步得到增强。

由于中央信托局地位特殊，将专列一节予以表述，下面对农民、交通、中国三家银行信托部复员后的经营状况逐一加以论述。

(一) 中国农民银行信托部

中国农民银行信托部在国营银行乃至上海一埠所有华资银行信托部中，规模之大，业务之活跃，比较罕见。该信托部于 1941 年 7 月成立。1942 年 5 月国民政府实行国营银行专业化，农行的发行事务移交中央银行后，由于农行不像中行、交行有基础，“发行集中后，农民银行靠发行赚钱这块肥肉被挖掉了，于是，业务活动的重点转向物资，搞信托”。[①] 据李立侠回忆，农民银行当时的情形，“岌岌可危。为了活下去，必须找出路，于是，就搞信托。否则，它就活不下去，发放农贷也没有资金”。[②] 信托部很快成为农民银行最主要的盈利部门。1941 年下期至 1945 年下期，信托部纯益金一般占到全行纯益金的 50%左右。[③]

抗日战争胜利后农民银行总管理处迁至南京，信托总部设在上海。至 1947 年 10 月，除上海总部外，在南京、广州、汉口、杭州、重庆等 15 地的分支行内，附设信托分支部。[④] 总部设 9 个股，经理 1 人，副理 8 人，襄理 9 人。专门处理信托

---

① 《访问马克义的谈话记录》，1975 年 7 月，中国人民银行金融研究所编：《中华民国史资料丛稿. 中国农民银行》，中国财政经济出版社 1980 年版，第 205 页。

② 《访问李立侠的谈话记录》，1975 年 8 月，《中华民国史资料丛稿. 中国农民银行》，第 205～206 页。注：李立侠：曾任中央银行金融机构检查处处长。

③ 《中华民国史资料丛稿. 中国农民银行》，第 219 页。

④ 《财政部上海金融管理局考查中国农民银行业务报告》(节录)，1947 年 11 月 19 日，《中华民国史档案资料汇编》第五辑第三编“财政经济”(二)，第 981 页。

业务的有经理、投资、证券、仓储、存放5个股。①

受恶性通货膨胀影响，抗日战争胜利后银行利息大大落后于商业利润，加上国民政府对放款业务限制日严，农民银行因此更加重视倒卖食盐、粮食、棉花等人民生活必需品的业务，对信托部的依赖进一步加深。表4－16所示，抗日战争胜利后3年中信托部的收益占全行总收益的比重均超过50%以上，1948年度甚至高达86%。

表4－16 中国农民银行信托部与全行收益比较(1946～1948年)

年份	全行收益(元)	信托部收益(元)	信托部占%
1946	1 259 844 363.20	837 490 538.37	67
1947	2 364 069 089.84	1 338 791 808.55	57
1948	3 403 441 939.00	2 914 244 011.46	86

注：① 原表中年份标识有误，民国34年应为35年，以此往后类推。
② 原表中1946年度"全行收益"仅为698 306 111.11元，计算有误。
资料来源：《中华民国史资料丛稿·中国农民银行》，根据第221页表格中相关数据整理计算。

再如表4－17所示，1948年度信托部纯益金占全行总纯益金的85%。信托部在全行的地位日益显著。

表4－17 1948年度中国农民银行纯益金分析

部门	纯益金额(亿元)	占%	部门	纯益金额(亿元)	占%
银行部	5 179	15	土地金融部	31	0
信托部	29 936	85	合计	35 245	100
储蓄部	99	0			

资料来源：《中华民国史资料丛稿·中国农民银行》，根据第222页相关数据整理计算。

信托部最主要的业务是投资生产事业、买卖农业物资、代理国家机关购运农业物资等项内容。

抗日战争期间，农民银行信托部受财政部盐政总局委托，开始投资生产事业，主要投资仁、綦、涪三岸的盐运。抗日战争结束以后，除继续办理盐运业务外，信托部还进行棉花、猪鬃、生丝等特种农产品的收购、加工及运销。投资运作

① 经理股：主要接受粮食部紧急购储会委托，独家收购军粮；接受中央银行委托，收购棉花和杂粮；代理粮食部收购豆饼；代理农业部办理化肥换谷，接受美援运用委员会委托，办理化肥换谷。投资股：主要办理有关农业企业的投资事项。证券股：办理代客买卖各种有价证券业务。仓储股：办理农产品仓储业务。存放股：实际只办理普通活期存款。资料来源：宋乐岩：《农民银行国外、信托业务研究报告》，《中华民国史资料丛稿.中国农民银行》，第206～207页。

方式主要有四类：股本投资、保证投资、合营投资、委托投资。①

据时任农民银行总经理李叔明宣称，截至1947年底全行投资77个单位，主要以农业投资为主。② 另据上海金融管理局的考查，经信托部约定投资的厂商共20余户，截至1947年9月27日，投资余额达508亿余元。③ 表4-18是截至1949年初该信托部投资生产事业的状况。

表4-18　1949年初中国农民银行信托部投资事项

公司名称	投资余额折合金圆券(圆)	业务范围	业务情形
股本投资：			
中国农业供销公司	600	收购棉花、桐油、芝麻运销内地	业务情形甚佳，正向华南及台湾发展
中和盐业公司	300	由天津、连云港、自流井等地运销食盐至湘皖黔等省	业务情形甚佳
中国制鬃公司	160余	由川鄂湘等省收购猪鬃加工出口	业务情形良好
崇裕丝厂	340	收购蚕丝，内外运销	局势不稳，业务结束
中国畜产公司	500	经营畜产加工运销	与农林部合作，业务尚未开展
合营投资：			
中信局	12 000	与中央信托局易货处合作运销桐油出口，在万县、常德两地收购毛油加工提炼，由央行负责运沪出口，1948年共运销4 530担	即将结束
自营投资：			
嘉定轧花厂		由联总购来轧花打包机加轧花	历届决算有盈余
乌江轧花厂		由联总购来轧花打包机加轧花	未开工
沙道观轧花厂		由联总购来轧花打包机加轧花	未开工
汉口农产加工厂		由联总购来轧花打包机加轧花	未开工

① (一)股本投资：由该信托部依照公司组织认购若干成股本，并派员参加共同经营。(二)保证投资：由受资者对于该部投放资本负保本保息之责，其本身之盈亏自行负担。(三)合营投资：应付临时需要，多为短期性质，受资者除负保本保息责任外，并照结算后的纯益，双方议定分配比例。(四)委托投资：纯粹是受信托部委托经营特定业务，对方仅负技术上的责任，不负任何盈亏。　资料来源：《财政部上海金融管理局考查中国农民银行业务报告》(节录)，1947年11月19日，《中华民国史档案资料汇编》第五辑第三编"财政经济"(二)，第986～987页。

② 李叔明：《一年来之中国农民银行》，《中农月刊》第9卷第4期，1948年4月30日，《中华民国史资料丛稿.中国农民银行》，第208页。

③《财政部上海金融管理局考查中国农民银行业务报告》(节录)，1947年11月19日，《中华民国史档案资料汇编》第五辑第三编"财政经济"(二)，第987页。

续 表

公司名称	投资余额折合金圆券(圆)	业务范围	业务情形
青岛烤烟厂潍县支厂	159	办理烟叶加工复烤	已停工
永乐棉业工厂	336		未开工
公用事业投资：			
锡沪长途汽车公司	1 000	经营客货运输	业务尚可

资料来源：宋乐岩：《国外、信托部业务研究报告》，1949 年 3 月 31 日，《中华民国史资料丛稿．中国农民银行》，第 210～211 页。

在上述投资项目中，中和盐业公司与中国农业供销公司是信托部投资数额较大的产业，这两家公司创造了巨额的利润。

中和盐业公司成立于 1947 年 1 月。信托部投资盐业为时已久，为加强业务，将运盐业务划归该公司接办。中和公司主要购运海盐和精盐，行销遍及湘、鄂、豫、桂、皖、赣以及上海、北京、天津、徐州、蚌埠等地。股本登记时为 2 000 万元，同年增为 1 亿元，其中 9 900 万元由信托部投资，后又增至 10 亿元。当该公司营运资金不济时，随时由信托部续拨。如 1947 年，因营运资金不够周转，信托部随即续拨 110 亿元作为临时投资，由中和公司保息四分半，红利五分。1947 年度决算，中和盐业公司单帐面利润就高达 33 亿元，①资本总额 10 亿元，利润是资本总额的 3 倍多。②

中国农业供销公司于 1947 年开始筹备营运，资本 20 亿元。成立的宗旨是"统筹全国主要农产品的供销"。③ 主要经营棉花、桐油、豆类、烟叶等主要农产品的供给、运销和加工。表 4－19 是 1947 年度信托部收益分析，农产品和农业用品售价合计占总收益的 50%。农产品售价的全部与农业用品售价的一部分，就来自中国农业供销公司的收益，④该公司对信托部的重要意义可见一斑。由于信托部是农民银行首要的盈利部门，"中国农业供销公司最赚钱，是农民银行

---

① 账面上利润数额仅仅是中和公司巨额利润的一部分。因为该公司还设有许多"副牌"——利用同一资本和原有的人马、设备经营各种盐业投机买卖。

② 中和盐业公司的资料来源于：①《财政部上海金融管理局考查中国农民银行业务报告》(节录)，1947 年 11 月 19 日，《中华民国史档案资料汇编》第五辑第三编"财政经济"(二)，第 987 页。②《中华民国史资料丛稿·中国农民银行》，第 218 页。

③《财政部上海金融管理局考查中国农民银行业务报告》(节录)，1947 年 11 月 19 日，《中华民国史档案资料汇编》第五辑第三编"财政经济"(二)，第 987 页。

④《中华民国史资料丛稿·中国农民银行》，第 222 页。

开支的主要依靠”。这一断言并非虚构。①

表4-19　1947年全年农民银行信托部收益分析

收益项目	金额(元)	占%	收益项目	金额(元)	占%
利息收入	49 126 093 082.97	37	农业用品售价	3 941 960 000.00	3
手续费收入	4 237 226 388.08	3	生产投资损益	9 612 834 178.98	7
证券损益	197 370 720.00	0	杂项收入	2 831 323 147.93	2
代理证券损益	1 137 515 905.67	1	合计	133 774 069 016.59	100
农产品售价	62 689 745 592.96	47			

资料来源:《中华民国史资料丛稿.中国农民银行》,第222页。

代理政府机关购运农业物资也是一项重要的业务。如代中央银行收购棉花和杂粮,代理粮食部收购豆饼,代理农业部办理化肥换谷,接受美援运用委员会委托,办理化肥换谷等业务。② 代购军粮是其中数额较大的业务之一。从1946年下半年至1949年,农民银行受四联总处联合购储委员会委托代购军粮,起初由总管理处业务处办理,1948年移交信托部办理。代购军粮数额巨大,仅1948年度代购的粮食就包括面粉4 679 000袋、小麦7 000市石、糙米104 000市石、谷94 000市石。③ 收购粮食时,由粮商和面粉厂直接把粮食和面粉送到粮食部各仓库,农民银行信托部所做的,“只是掌握价格和管好钞票”,按购买金额的3%赚取手续费。④ 信托部花较少的力气,就可赚取不菲的费用。

除了通过旗下的各公司倒卖农产物资外,信托部还直接售卖农产品、农用物资。1947年1月起信托部在湖南等地大量收购杉木、杉桐及木板等,运至南京、上海一带脱售,“本廉售昂,致获暴利”。⑤ 同年信托部又以自用的名义购入进口卡车100辆,转售其中的67辆,成本价每辆9 130 040.85元,⑥售价每辆8 500万元,⑦收益率高达800%以上。

① 《访问洪梦庚的谈话记录》,1975年8月,《中华民国史资料丛稿·中国农民银行》,第206页。
② 宋乐岩:《国外、信托部业务研究报告》,《中华民国史资料丛稿·中国农民银行》,第207页。
③ 《中华民国史资料丛稿·中国农民银行》,第111页。
④ 《访问李徽卿的谈话记录》,1977年11月,《中华民国史资料丛稿·中国农民银行》,第109页。注:李徽卿,原是国民政府粮食部职员,为收购粮食1946年转到农民银行工作。曾任该行专员、信托部副理。
⑤ 《中华民国史资料丛稿·中国农民银行》,第227页。
⑥ 《财政部上海金融管理局考查中国农民银行业务报告》(节录),1947年11月19日,《中华民国史档案资料汇编》第五辑第三编“财政经济”(二),第983页。
⑦ 卡车中4辆售与津浦路局。1947年7月,信托部致函总管理处,称:“供销公司因业务需要,拟请该部价让道奇卡车二十辆,价格照让售津浦路局原价,每辆八千五百万元计算。”总管理处同意。资料来源:《中华民国史资料丛稿·中国农民银行》,第213页。

农民银行信托部不择手段牟取暴利的投机活动,曾受到当时社会舆论的猛烈抨击,引起财政部的关注。1948 年,财政部在审阅《中国农民银行信托业务考察报告》后,批文斥责该信托部倒卖物资,“不免有与民竞利之嫌。且该部迳自收购运售,无异直接经营商业,尤属不合”。① 但没有采取相应措施予以制止和处罚。事实上,由于该信托部承担了各级政府机关大量的代购、运输农产品业务,同时又因农民银行为国民政府提供相当一部分的军费,因此在资金运用、经营项目等方面得到了政府相关部门的优先照顾。

(二) 交通银行信托部

交通银行早在 1935 年就已订定信托部章程,并专门划拨 250 万元作为信托部资本,但对外营业一直以储信部的名义,信托部没有独立开展营业。抗日战争爆发后,交行的信托业务“殊少展布”。②

1942 年 5 月实行四行专业化,发行权集中于中央银行,对交行影响也较大,其经营方针不得不相应作出改变。1943 年董事长钱新之在行务会议上明确提出,“本行业务,过去因为有发行权的关系,运用方面比较容易。今后则不然,必须顾到吸收游资,运用社会资金,以充裕本行的资力,其方法自不外乎吸收存款,推广储蓄,发展信托,等等”。③

实施四行专业化以后,国民政府划定交通银行主营 5 类业务,其中 3 项即为信托业务:公司债及公司股票之经募或承受,办理仓库及运输业务,办理储蓄、信托业务。④ 为了响应这一政策,交行进一步加强信托业务。1943 年,总行增拨 750 万元作为信托部资本,连同前拨资本合计 1 000 万元,同年 12 月 8 日信托部正式对外营业。此后,“对于信托业务益见加强,仓库运输、代办保险、代理收付等亦均积极推进之中”。⑤

抗日战争胜利后,交通银行总部回迁上海,“对于一般信托业务,无不积极推展”。⑥ 主要包括:信托存款、投资、垫款购运和运销物资、仓库、以及各种代理业务。

---

①《中华民国史资料丛稿·中国农民银行》,第 227 页。

②《交通银行史料》第一卷(1907～1949)下册,第 1262 页。

③《交通银行史料》第一卷(1907～1949)上册,第 324 页。

④《四联总处订定之中中交农四行业务划分及考核办法》,1942 年 5 月 28 日,《中华民国金融法规档案资料选编》(上),第 657 页。

⑤ 上引均见:《交通银行史料》第一卷(1907～1949)下册,第 1266 页。

⑥《交通银行史料》第一卷(1907～1949)下册,第 1266 页。

为了吸收长期资金，交行信托部投入较大的力量企图推广信托存款业务。早在1942年11月，就添办了特约实业存款和工厂添购机器基金存款两项信托存款业务。[①] 如表4-20所见，抗日战争胜利后信托部吸揽信托存款并不理想。

表4-20 历年交通银行信托存款余额比较分析表(1945～1948年6月底)

年份	定期信托存款	活期信托存款	信托存款合计	全行存款总额	信托存款占全行存款%
1945年底(万元)	8 451	163 734	172 185	4 810 517	3.58
1946年底(万元)	10 409	668 139	678 548	22 544 403	3.01
1947年底(亿元)	0.5	325	326	不详	不详
1948年6月底(亿元)	0.6	3 630	3 631	122 673	2.96

注："全行存款总额"由普通存款、储蓄存款、信托存款三部分构成。

资料来源：根据下列资料中的相关数据整理计算：①《交通银行史料》第一卷(1907～1949)下册，第1268页。②《中华民国史档案资料汇编》第五辑第三编"财政经济"(二)，第895、925、932、933页。

从表4-20中历年信托存款余额来看，信托存款占全行存款总额的比重仅维持在3%上下。并且信托存款中活期存款所占比重居高不下，由1945年95%上升至1948年98%以上。这主要是由于信托存款存期较长，抗日战争胜利后恶性通货膨胀尤其不利于信托存款尤其是定期信托存款的吸收。另外，业务部有较多存款大户，揽款相对容易，"信托部存款大存户为数有限，各方竞揽甚力，苟无借款及汇款关系极难揽到"。[②] 因此，抗日战争胜利后信托存款数额远远落后于普通存款。下表是截止1948年9月20日信托部的信托存款余额。

表4-21 交通银行信托部信托存款一览表(1948年9月20日)

科目	余额(金圆券：圆)	备注
特别活期信托存款	10 092 585.70	
普通活期信托存款	165 597.72	
定期信托存款	0.07	定期存款三个月后可一次提取
基金信托存款	201 750.00	定期存款至少一月，为便利公私审计署储备创业基金而设

① 交行的"特约实业存款"分定期一年及二年两种，一年期保息周息一分二厘，二年期保息周息一分四厘。"工厂添购机器基金存款"以工厂为揽存对象，存款到期，厂方可委托交行向国外厂家代购机器，如资金不足，可以所购机器向交行拆借款项。资料来源：《交通银行史料》第一卷(1907～1949)下册，第1265页。

② 《交通银行史料》第一卷(1907～1949)下册，第1267页。

续 表

科目	余额(金圆券：圆)	备 注
工厂采购机器基金信托存款	2.00	定期存款至少一年，为协助工厂采购国外机器预储基金而设，现因结汇困难暂予停办
特约买业存款	9.17	定期性质，存期分一年期及二年期两种
合计	10 459 944.66	

资料来源：《交通银行总管理处为陈送交行办理信托及投资业务报表呈》，1948 年 9 月 29 日，《中华民国史档案资料汇编》第五辑第三编"财政经济"(二)，第 912 页。

至于信托存款的运用，如表 4－22 所见，用于放款的余额不到存款余额的 13％。主要为活期放款。

表 4－22 交通银行信托部信托放款一览表(1948 年 9 月 20 日)

科目	余额(金圆券：圆)	放款对象分析
活期抵押放款	1 310 107.05	1. 交通事业 98.12％，2. 工矿事业 0.22％，3. 盐业 1.6％，4. 教育事业 0.06％
定期抵押放款	38 500.01	1. 交通事业 17.32％，2. 工矿事业 3.03％，3. 出口业 69.26％，4. 公用事业 10.39％
活期放款	6 000.00	本行员工合作社
合计	1 354 607.06	

资料来源：《中华民国史档案资料汇编》第五辑第三编"财政经济"(二)，第 913 页。

信托部相当一部分资金用于投资。与其他国营行局一样，交通银行投资的生产事业极其庞杂，截止 1948 年 8 月 19 日全行投资各类产业的股份面额高达 176 208 043 781.52 元。① 信托部参与投资和负责管理由交行独立投资的企业。

信托部在抗日战争时就参与了倒卖物资的投机业务。1944 年 6 月该部和交行桂林分行共同斥资 1 000 万元在桂林成立桂信盐号，主要购运售卖湘盐牟利。抗日战争胜利后信托部继续参与此类投机业务，其中较大的一笔是与蜀余盐业公司合作，从四川购买桐油运至上海再出口，为避免税局查账，委托中国植物油料厂与厚诚公司代办。1948 年 6 月至 1949 年 7 月一年多时间，囤购桐油 40 万斤以上，获利极厚。仅 1948 年 6 月底至 1949 年 2 月中旬，油价上涨 110

① 《中华民国史档案资料汇编》第五辑第三编"财政经济"(二)，第 924 页。

倍,投资的资金扩大了 160 倍。[①]

垫款代理购运、垫款代理运销其实是一种变相的倒卖物资行为。该信托部以垫款购运、运销的名义,购进各种生产原料和人民生活日用品等物资,再转手高价售出,赚取巨额差价。仅 1948 年上期,信托部合计垫款总额达 680 余亿元,具体情况如表 4－23 所示。

表 4－23　交通银行信托部垫款分析(1948 年 1～6 月)

垫款购运物资种类	金额(亿元)	占%	垫款运销物资种类	金额(亿元)	占%
工业原料	287	70	民生日用品	219	81
纺织原料	112	25	纺织机件	34	15
酿造原料	24	5	包装用品	10	4
其他	不详		其他	不详	
合计	420 余	100	合计	260 余	100

资料来源:《交通银行 1948 年度上半年业务报告》,1948 年 10 月,《中华民国史档案资料汇编》第五辑第三编"财政经济"(二),根据第 933 页相关内容整理。

各种附属业务中,仓库业务是信托部比较重视的。信托部所属的东大名路 815 至 833 号总仓库,容积达 300 万立方尺,是上海最大的仓库,每月营业收入约 50 余亿元。[②] 至于各种代理业务,如代理各公营事业机关或厂家收付股款、增资股款、发行溢价股款、股息、学费等,还有代理保险、代办公司委托事务、代办土地登记等业务,交行信托部都有开展,"均相当热闹,但均少利润"。[③] 此外,1948 年,信托部还受中央银行委托,代理买卖短期库券,推销中国纺建、招商局等五公司的股票,以及收兑黄金,换发金圆券等事务。[④]

(三) 中国银行信托部

中国银行总管理处信托部的业务在抗日战争时期已有一定程度的发展,主要经营各种代理业务,如代理国库经收侨胞捐款及侨胞购公债款项、接受四联总处委托办理物资购料事宜、信托存款、代联行办理向财部换发公债票事宜、代联

① 蜀余盐业公司:1944 年由交行总处独资创立,交给信托部管理,1946 年该公司由重庆迁至上海,营业处所就设在九江路 69 号总处信托部内,总经理和副总经理一直由信托部副理屈用中和陈静民兼任。上引均见:《交通银行史料》第一卷(1907～1949)下册,第 1615、1617～1619 页。

② 上引均见:《交通银行史料》第一卷(1907～1949)下册,第 1267 页。

③ 上引均见:《交通银行史料》第一卷(1907～1949)下册,第 1267 页。

④《中华民国史档案资料汇编》第五辑第三编"财政经济"(二),第 913 页。

行办理投资手续等。①

抗日战争胜利回迁上海以后，该信托部经营的信托业务有信托存款、房地产信托、证券信托等项。房地产信托因抗日战争胜利后上海地产业不济，受托业务不多。

证券信托业务除继续办理抗日战争时旧账各户以外，抗日战争胜利后也受托了不少业务。如承接中国银行总管理处委托的行员储金代理运用业务。1947年5月27日起至10月20日止，总管理处拨交信托部行员储金、连同前后经营证券套利、库券还本所获孳息合计1 408 151 245元，信托部将这笔资金用于购买以下股票和债券：英联船坞1 000股，永安纱厂2万股，中华书局1 200股，大中华火柴75万股，卅六年短期库券第一期债票(美金25 000.20)，第二期短期库券(美金7 630)。此外，也接受不少外界机构的受托业务。如受托运用中振小学基金3 000万元，信托部将其用于购存永纱股票9万股。②

该信托部在抗日战争时就开展了信托存款业务，主要以活期存款居多，基本上来源于四联购料委员会。抗日战争胜利后受币值下跌和利率低下影响，不易吸收社会游资，该信托部采取了相应的对策："拟设法利用办理经收侨捐，吸收教会外汇代为存储。"③取得了较好的成效，1946年度吸收的信托存款总额，比1945年底增加了近100倍。④ 表4-24是抗日战争胜利后该信托部吸收信托存款的金额统计。

表4-24 中国银行信托部历年吸收信托存款统计(1946～1948年6月)

存款项目	1946年金额(千元)	1947年金额(百万元)	1948年1～6月金额(亿元)
特种活期信托存款	4 907 179	92 688	5 556
活期信托存款	72 000	289	20
定期信托存款	5 546	6	8
合计	4 984 725	92 983	5 584

资料来源：《中国银行行史资料汇编》上编(1912～1949年)三，根据第2338、2339、2355、2378页相关数据整理。

① 《1946年行务会议信托部经理林旭如报告》，《中国银行行史资料汇编》上编(1912～1949年)二，第1138～1139页。

② 《财政部上海金融管理局关于中国银行考查报告》，1948年1月14日，《中华民国史档案资料汇编》第五辑第三编"财政经济"(二)，第826页。

③ 《1946年行务会议信托部经理林旭如报告》，《中国银行行史资料汇编》上编(1912～1949年)二，第1139页。

④ 《中国银行1946年度业务报告》，《中国银行行史资料汇编》上编(1912～1949年)三，第2338页。

中行信托部也参与投资生产事业。由于中国银行对于投资生产事业采取了各分支机构承办、由信托部集中登记的制度,因此由信托部单独投资生产事业的情况不得而知。中国银行全行投资有价证券的数额极大,分列于各分支机构账上,是该行最重要的资产部分。根据上海金融管理局的考查,截至1947年10月20日,信托部帐上有价证券余额分别为法币115 920 500.90元,美金3 657 782.56元。法币部分证券为统一、九六、救国、上海市各公债,以及交通银行、大生纱厂企业股票等。美金部分证券为公债库券及股票等等,其中以U.S. Treasury Bonds为数最大,达1 500 000美元。[①]

1947年7月,信托部呈准总处向国外部署做外汇套利业务,具体操作办法为:一面向国外部约购外币现货,同时委托该部卖出外币期货。买入的外币仍然存在国外部,列在内部往来账上,卖出的期货外币,列在国币及外币账上,到期交割后,盈利部分转入兑换损益科目。[②]

代理业务也是中国银行信托部比较重要的业务。抗日战争时开展的办理华侨债捐款及领发公债、经付公债本息业务继续进行。1946年9月上海证券交易所开业后,中国银行信托部增添了代理证券买卖业务。该行信托部接受顾客委托,代理买卖永纱、信和、美亚、新光等股票、现货或期货,再转向浙江兴业银行等经纪人委托买卖,所收的手续费,与经纪人对分。1947年5月23日至10月20日,该信托部代理买卖股票的总值统计如下:

买入现货　12 123 929 552.50元。

卖出现货　2 991 092 159.00元。

买入期货　2 438 724 710.00元。

卖出期货　10 859 092 569.72元。

在上述买卖交易中,"其为套利性质者,亦复不少"。[③]

中行信托部开展的代理房地产业务,主要有代理买卖、经租、代办申请土地登记。抗日战争胜利后上海市政当局整理地权,实行土地分区重新登记,该信托部除代办土地登记申请外,还代理土地丈量、认图及领取新证等手续。1946年

---

① 《财政部上海金融管理局关于中国银行考查报告》,1948年1月14日,《中华民国史档案资料汇编》第五辑第三编"财政经济"(二),第810页。

② 上引均见:《财政部上海金融管理局关于中国银行考查报告》,1948年1月14日,《中华民国史档案资料汇编》第五辑第三编"财政经济"(二),第822～823页。

③ 上引均见:《财政部上海金融管理局关于中国银行考查报告》,1948年1月14日,《中华民国史档案资料汇编》第五辑第三编"财政经济"(二),第823～824页。

全年受托代办各项产证1 950件,面积约占3 400市亩。[①]

保管业务尤其是保管箱业务是中行信托部投入力量较多的业务之一。迁回上海后,该行即开始整理原有的保管箱设备,1946年4月4日正式开始营业。至1947年上半年,上海一地经营保管箱业务33家银行中,“其设备最新、箱数最多,应首推中国银行,大小保管箱共有11 193号”。[②] 为了便利顾客起见,信托部还办理露封保管,主要保管各种有价证券,兼代顾客领取公债本息以及办理过户、增资、换票等事宜。

表4-25　中国银行保管业务经营概况

类别	1946年底	1947年底	类别	1946年底	1947年底
保管箱租出箱数	4 418只	8 767只	露封保管结存件数	6 162 760件	26 096 666件

资料来源:《中国银行1947年度营业报告》,《中国银行行史资料汇编》上编(1912～1949年)三,第2357页。

抗日战争胜利后中国银行信托部业务虽比抗日战争前有所进步,但信托部在全行的地位仍然微不足道。由于原有的经营基础相对较厚,与同属国营银行的农民银行、交通银行相比,中国银行并不十分重视信托业务。1945年四联总处联合购储委员会曾同时委托中、农两行代购军粮,中行对此兴趣不大,仅1946年做了一年就不干了,并且该年收购的粮食数量很少。此后就由农民银行独家代购军粮,农行总经理李叔明对这项业务则表现出浓厚的兴趣,曾打算把收购粮食作为农行本身的业务,成为收购粮食的托拉斯。[③] 中、农两行对信托业务的不同态度由此可见一斑。表4-26的数据在一定程度上也能说明信托部在全行中处于比较弱小的地位。

表4-26　中国银行信托资产与全行资产总额比较(1946～1948年)

年份	全行资产(元)	信托资产(元)	信托资产占%
1946	1 868 740 400 391.18	20 551 739 500.03	1.10
1947	39 038 746 842 369.53	328 488 471 797.13	0.84
1948	9 956 824 987.65	577 847 321.10	5.80

资料来源:《中国银行行史资料汇编》上编(1912～1949年)三,根据第2346、2371、2403页中国银行历年资产负债表中相应数据整理计算。

---

① 《中国银行1946年度业务报告》,《中国银行行史资料汇编》上编(1912～1949年)三,第2339～2340页。

② 《银行保管箱租费提高》,《银行周报》第31卷第18期,1947年5月5日。

③ 《访问李徽卿的谈话记录》,1977年11月,《中华民国史资料丛稿.中国农民银行》,第108～109页。

第三节　中央信托局

1945年9月，中央信托局总局由重庆迁回上海。抗日战争前该局属于中央银行附设机构。抗日战争期间，以中中交农四行、邮政储金汇业局、中央信托局为代表的官僚资本金融机构力量大大增强。中央信托局在抗日战争时“逐步扩充代理国家对外贸易，渐离中央银行而成独立机构”。抗日战争胜利后，在国民政府强有力的政策和资金支持下，官僚资本金融垄断势力进一步增强。中央信托局“则已演成为国府执行国策之重要机构，正式直辖于财政部，专以管制贸易及办理特种易货工作为任务”。[①] 其机构规模不断扩张，经营的业务内容日益复杂。该局成为上海规模最大的信托机构。

一、机构规模不断扩大

总局回迁上海后，中央信托局为了进一步拓展业务，相继又在商业较繁盛地区设立分局或办事处。至1946年底，如下表所示，新增8个分局，9个办事处。[②]

表4－27　中央信托局1946年底复员及新设机构情况

复员新设地	复员或新设立时间	负责人
上海总局	1945年9月	刘攻云、沈熙瑞、祖龄
上海海宁路办事处	1946年3月	何培光
上海金陵路办事处	1946年11月	潘嘉鑫
南京分局	1945年10月	丁世祺(新设)
杭州分局	1946年4月	赵聚钰(新设)
北平分局	1946年11月	邓建飞(新设)
天津分局	1945年11月	恽思(新设)
广州惠安路办事处	1946年2月	欧阳大卫(新设)
广州分局	1945年11月	麦佐衡(新设)
汉口分局	1946年2月	陈元直(新设)
长沙分局	1946年11月	余景伊(新设)
苏州办事处	1946年3月	熊世方(新设)

① 《时事资料》第2卷第11集“中央信托局专号”，上档中央信托局档案，档号：Q72－4－18。

② 《中国金融年鉴1946年》，1947年版，第A186页。

续 表

复员新设地	复员或新设立时间	负责人
无锡办事处	1946 年 1 月	王家驹(新设)
南通办事处	1946 年 1 月	曹世勋(新设)
沈阳办事处	1946 年 8 月	邢必信(新设)
长春分局	1946 年 11 月	邢必信(新设)
汕头分事处	1946 年 11 月	林习经(新设)
连云港办事处	1946 年 5 月	严蕴石(新设)
芜湖办事处	1946 年 4 月	韦季斌(新设)
武进办事处	1946 年 4 月	尤君实(新设)

资料来源:《中国金融年鉴 1946 年》,第 A166～167 页。

此后,分支机构仍不断增加。如表 4－28 所示,至 1948 年 6 月底,中央信托局共有 47 个分支机构,包括:分局 21 处,20 个办事处,2 个驻国外通讯处,4 个敌伪产业清理处。另在各地中央银行还设有代理处。①

表 4－28 中央信托局历年分支机构数量(1946～1948 年 6 月)

机构类别	1946 年底	1947 年 5 月底	1947 年底	1948 年 6 月底
分局	15	17	20	21
办事处	14	20	19	20
驻国外机构	1	1	1	2
敌伪产业清理处	0	0	4	4
合计	30	38	44	47

资料来源:根据《中华民国史档案资料汇编》第五辑第三编"财政经济"(三),第 109、126、175、176 页中相关数据整理。

表 4－29 显示,中央信托局历年任职人员也不断增加。据上海金融管理局调查,1947 年 5 月底,该局各总分支机构平均人数,"为各行局中平均人数最

① 1948 年 6 月底,21 个分局分别为:一等分局 8 个:南京、天津、青岛、沈阳、重庆、汉口、广州、香港;二等分局 12 个:北平、台湾、杭州、西安、福州、昆明、梧州、成都、贵阳、长沙、兰州、南昌;三等分局 1 个:无锡。20 个办事处:上海虹口、上海金陵路、苏州、南通、郑州、厦门、芜湖、宜昌、长春、济南、连云港、汕头、天津罗斯福路、北平东城、青岛辽宁路、广州惠爱路、南京下关、柳州、沙市、烟台。2 个驻国外通讯处:加尔各答通讯处、驻美产物保险处。4 个敌伪产业清理处:苏浙皖区、山东青岛区、粤桂闽区、武汉区。

至于代理处,1947 年底,中央信托局 30 个代理处为:合肥、宁夏、万县、柳州、酒泉、南宁、宝鸡、自流井、开封、九江、南昌、雅安、天水、海口、湛江、沅陵、桂林、吉安、衡阳、镇江、扬州、徐州、迪化、哈密、归绥、康定、太原、承德、西宁、宁波。资料来源:《中华民国史档案资料汇编》第五辑第三编"财政经济"(三),第 126、175、176 页。

多者”。①

表4-29　中央信托局历年职员人数(1946～1948年6月)

机构类别	1946年底	1947年5月底	1947年底	1948年6月底
上海总局	968	997	不详	不详
各分局	839	2 067	不详	不详
各办事处	125	95	不详	不详
各敌产清理处	0	424	不详	不详
全局	1 932	2 586	2 637	2 637

资料来源：根据《中华民国史档案资料汇编》第五辑第三编“财政经济”(三)，第109、110、126、176页中相关数据整理。

抗日战争时中央信托局的力量就有很大增强，但名义上仍然隶属于中央银行，资本金由央行划拨，主要人事任免权仍由央行控制。抗日战争胜利后国民政府认为中央信托局“以其业务之繁，规模之大，实有独立之必要”。② 于1947年5月7日颁布《中央信托局条例》，将中央信托局设置为一个直属财政部的独立机构，资本金5 000万元改为由国库划拨，主要人事任免直接由财政部安排。独立后的中央信托局仍然设立理事会，由财政部指派9人组成，常务理事由此9人互选产生，再由常务理事互选产生理事长1名。监事3人，由财政部、主计处、审计部各派1人充任。局长由理事会聘任。

上海总局的内部组织，除保留原有各部门外，抗日战争胜利后因受国民政府委托办理接收保管运用敌伪产业，于是增设地产处。并另外设立代理出售委员会，专门标售敌伪物资。③ 根据条例的规定，总局共设有10个专门处理业务处：信托处、购料处、易货处、储运处、房屋地产处、产物保险处、人寿保险处、储蓄处、业务稽核处、秘书处。此外，还设有会计处。④ 至1948年6月底，上海总局除11个处以外，加上中央储蓄会、代理出售政府物资财产委员会，共计13个单位。⑤

① 《徐达文等考查中央信托局业务报告》，1947年11月19日，《中华民国史档案资料汇编》第五辑第三编“财政经济”(三)，第110页。

② 《钱币司撰管制金融与货币政策概况稿》，1948年，《中华民国史档案资料汇编》第五辑第三编“财政经济”(二)，第159页。

③ 《中国金融年鉴1946年》，第A186页。

④ 《国民政府公布之中央信托局条例》，《中华民国金融法规档案资料选编》(下)，第1423～1425页。

⑤ 《中华民国史档案资料汇编》第五辑第三编“财政经济”(三)，第175页。

二、经营业务极其庞杂

根据《中央信托局条例》所载,中央信托局的主要业务分为四大类:"一、信托业务。二、保险业务。三、储蓄业务。四、政府指定之其他业务。"①

(一)信托业务

信托业务由信托处主办,主要有信托存款、信托投资、基金信托,以及各种代理性质的信托附属业务,如代理买卖有价证券、代理买卖经租房地产、代理保险、发行投资信托证券、代理收付、核付外汇、代理征信、设计、保管等。

中央信托局经营的真正信托业务并不多,发展状况也不理想。以其中最为发达的信托存款业务为例,表 4－30 所示 1946、1947 年度信托存款是最重要的存款种类之一,但抗日战争胜利后的金融环境不利于经营存期相对较长的信托存款,因此信托存款"吸收未臻理想",②在存款总额中所占比例呈逐年下降趋势。

表 4－30　1946、1947 年底中央信托局各种存款余额按性质分析表

存款类别	1946 年底	%	1947 年底	%
信托存款	69 538 916 395.30	41	434 062 105 616.66	36
普通储蓄存款	13 759 241 349.17	8	127 206 512 209.25	10
托办存款	12 669 201 487.05	8	89 647 661 637.73	7
购料存款	16 175 712 023.36	10	471 011 443 699.01	39
美金储蓄券及黄金存款	15 397 338 750.00	9	60 401 614 600.00	5
节建储蓄及乡镇储蓄	1 100 403 163.01	1	1 075 160 295.87	0
其他存款	39 450 526 872.43	23	30 920 323 285.52	3
总计(元)	168 091 340 040.32	100	1 214 324 821 344.04	100

资料来源:根据《中华民国史档案资料汇编》第五辑第三编"财政经济"(三),第 128、129 页表格中相关数据计算。

信托存款分为活期、定期、特约三种。如表 4－31 所见,中央信托局吸收的信托存款中,活期信托存款占了主导地位,每年均占有 90%以上,1947 年度,活期信托存款占信托存款总额比重高达 99.7%。

① 《国民政府公布之中央信托局条例》,《中华民国金融法规档案资料选编》(下),第 1423～1425 页。

② 《中华民国史档案资料汇编》第五辑第三编"财政经济"(三),第 144 页。

表4-31　中央信托局历年信托存款金额比较(1946～1949年2月)

类别	1946年底余额(元)	1947年底余额(元)	1948年6月底余额(亿元)	1949年2月底余额(元)
活期信托存款	63 498 325 383.89	432 789 652 679.33	32 227	198 376 804.00
定期信托存款	2 040 591 011.41	593 952 937.33	149	7 049 876.81
特约信托存款	4 000 000 000.00	678 500 000.00	86	1 495.28
合计	69 538 916 395.30	434 062 105 616.66	32 462	205 428 176.09

资料来源：根据《中华民国史档案资料汇编》第五辑第三编"财政经济"(三)，第128、145、184、187页中相关数据整理。

上述信托存款以机关存款或代理政府出售物资应行解缴款项为主。根据上海金融管理局的调查，截止1947年5月底中央信托局的信托存款余额共计101 038 878千元，其中活期信托存款高达96 719 129千元，①活期存款中属于机关存款且数额较大的各存户如下表所示：

表4-32　1947年5月底中央信托局部分活期信托存款存户分析

户名	余额(千元)
盐政总局	5 924 823
卅六年短期库券专户	3 762 524
本局代理政府出售物资财产委员会	1 773 722
上海邮政管理局	1 495 000
交通部国际电台营信处	1 148 872
中央储蓄会美金户	909 129(美金27 138 175元按3 350折合)
拜耳药厂清理处	783 883
中央电影摄影场	327 014

资料来源：《徐达文等考查中央信托局业务报告》，1947年11月19日，《中华民国史档案资料汇编》第五辑第三编"财政经济"(三)，第83页。

各种代理业务相当活跃，委托主体基本上是政府机关。以1947年度为例，主要经办的代理业务有：代售1947年美金短期库券暨美金公债，经付公债库券本息，代售印花税票，代客缴纳税款暨运费等，上述代理业务共收入手续费156亿余元。② 另以代理不动产业务为例，1947年度经办的主要业务有：奉行政院

① 《徐达文等考查中央信托局业务报告》，1947年11月19日，《中华民国史档案资料汇编》第五辑第三编"财政经济"(三)，第83页。

② 《中华民国史档案资料汇编》第五辑第三编"财政经济"(三)，第113页。

交办代美方购买房地产，为各机关接收的敌伪土地代办登记，为交通部、上海国际电台、国营招商局、上海直接税局等机关代办设计建筑估价、受托接收敌伪房地产，办理建筑贷款、受上海邮政管理局、京沪区铁路管理局等机关委托代理经租买卖房地产等。[①]

(二) 保险业务

从 1941 年开始中央信托局的保险业务划分为产物保险和人寿保险两部分。

产物保险又分为直接保险和再保险。直接保险业务发展较快，保险金额和保费收入持续大幅攀升，以 1948 年上半年为例，保险金额和保费收入均同比增长 39 倍。[②] 此外，中央信托局还逐步打开了内地、香港、美国、英国和南洋的产险市场。该局承接的直接保险业务以各种公有产物保险为主。1947 年度承接的大宗公产保险业务有：粮食部粮食总仓库的粮食转运存仓时的运输险和火险，经济部纺织事业调整委员会(后改为花纱布管理委员会)的花纱布火险与运输险，交通部电讯总局所属全国各地电信机构的房屋和器材火险，行政院以及国防、经济、交通、教育等部的日本赔偿物资的火险，各盐贷银团及盐政局的食盐存仓火险，海军江南造船所的船只船舶险，国家行局的现钞运输险，一般机关的汽车险等等。[③] 1948 年上半期，除继续承保粮食部总仓库、花纱布管理委员会、交通部电信总局全部物资水火等险外，还承办了上海第三区植物油制炼公会的榨油原料的水火险，纺织品外销委员会的外运物资水险，国防部委办河南重要土产的水火险等。[④]

1945 年冬，经财政部核准中央信托局开始经办再保险业务，财政部先后拨给 500 亿元基金。主要开展的业务有：协助同业修订各地费率规章、接受同业分保、办理国内转分保、办理国外交换分保等业务。再保险业务的发展势头毫不逊色于直接保险，1947 年度再保险金额和保费收入分别是上一年度的 59 倍和 28 倍。[⑤] 1948 年上半年，产物保险的直接保险和再保险业务经营状况如表 4-33 所示。

---

① 《中华民国史档案资料汇编》第五辑第三编“财政经济”(三)，第 123～124 页。

② 《中华民国史档案资料汇编》第五辑第三编“财政经济”(三)，第 163 页。

③ 《中华民国史档案资料汇编》第五辑第三编“财政经济”(三)，第 120～121 页。

④ 《中华民国史档案资料汇编》第五辑第三编“财政经济”(三)，第 163 页。

⑤ 《中华民国史档案资料汇编》第五辑第三编“财政经济”(三)，第 123 页。

表 4－33　1948 年 6 月底产物保险分类比较

险别	直接保险	再保险	合计
保险单数	17 618	12 938	30 556
保险金额	106 309 056 373 000.00	15 709 112 548 000.00	122 018 168 921 000
保险费	423 970 678 105.13	167 778 344 205.31	591 749 022 310
赔款件数	298	436	734
赔款金额	25 969 063 917.17	39 911 409 595.80	65 880 473 513

资料来源:《中华民国史档案资料汇编》第五辑第三编“财政经济”(三),根据第 164、166 页表格中相关数据整理。

人寿保险除了继续办理寿险、人身保险以外,1946 年 9 月为适应社会需要,创办了物价指数寿险,“推行以来,颇著成效”。1947 年度人寿保险保额和保费收入分别为上一年度的 42 倍和 47 倍。①

表 4－34　1947 年底、1948 年上期中央信托局人寿保险经营分析

项　　目	1947 年底(元)	1948 年 6 月底(元)
有效保额	731 847 420 918.01	6 009 413 481 141.00
收入保费	6 031 785 400.74	42 503 460 280.02
收入再保费	39 224 185.00	4 728 837 112.30
付出赔款	1 499 544 000.00	7 133 590 000.00
付出再保赔款	13 704 000.00	1 226 178 250.00

资料来源:《中华民国史档案资料汇编》第五辑第三编“财政经济”(三),第 165 页表格中相关数据整理。

(三) 储蓄业务

储蓄业务曾是中央信托局非常重要的业务之一,抗日战争胜利后却变得越来越不重要了。中央信托局的储蓄业务分为普通储蓄、特种储蓄、有奖储蓄三种。② 抗日战争胜利后币值不稳,加上黑市利率与国家行局利率相差过大,导致吸收普通储蓄非常困难。另外,该局的美金储蓄券、乡镇储券、黄金存款等特种储蓄业务先后奉令停办,余额逐月因转帐而减少。继续办理的甲乙两种建国储蓄券和节约建国储金,“因其期限较长利息过微等原因,不适合目前社会经济情

① 《中华民国史档案资料汇编》第五辑第三编“财政经济”(三),第 123 页。

② 普通储蓄存款包括:定活期储蓄、定活两便储蓄、军人储蓄、工人储蓄、团体分红储蓄等。特种储蓄主要是节约建国储蓄存款,包括:美金节约建国储券、乡镇公益储券、法币折合黄金存款、甲乙两种建国储蓄券、节约建国储金等。

形之需要致不易进展”。[①] 有奖储蓄业务在1945年底以后,基本上停办。因此,如前表4－30所示,1946、1947两年,各种储蓄存款占总存款的比例分别为18%、15%,不及信托存款的一半。至于各种储蓄存款的吸收情况,如表4－35所示,以普通活期储蓄为主。

表4－35　1946、1947年度中央信托局各种储蓄存款金额比较

类　　别		1947年底余额	1946年底余额
普通储蓄存款	小计	127 206 512 209.25	13 759 241 349.17
	活期	106 896 365 576.85	13 543 796 969.17
	定期	138 482 726.50	71 899 010.05
	其他	20 171 663 905.90	143 545 369.95
美金储蓄券及黄金存款		60 401 614 600.00	15 397 338 750.00
节建储蓄及乡镇储蓄		1 075 160 295.87	1 100 403 163.01

资料来源:《中华民国史档案资料汇编》第五辑第三编“财政经济”(三),第128、129页。

中央信托局通过信托、储蓄等业务吸收来的资金,主要用于放款和投资。放款业务分为专业放款和普通放款两种。专业放款主要包括四项内容:进口押汇、出口押汇、打包贷款、建筑贷款。普通放款则包括同业透支、贴现、活期放款、活期质押放款、活存透支、活期质押透支、定期放款、定期质押放款等项内容。由于受国民政府紧缩金融的决策影响,放款业务的进展相对较缓。1947年底,中央信托局的放款余额共计516 957 476 988.23元,其中82.13%为专业放款,普通放款为17.87%。[②] 从放款对象分析,如表4－36所示,以运销事业、其他生产事业、工矿业放款居多。

表4－36　中央信托局普通放款余额按对象分析表(1947年12月底)

放款对象	金额(千元)	占%	放款对象	金额(千元)	占%
工矿业	92 658 014	17.92	教育文化事业	31 821 621	6.16
农林业	2 671 068	0.52	军政机关	18 180 574	3.52
运销事业	176 345 043	34.12	其他(包括同业)	74 220 423	14.35
其他生产事业	93 228 150	18.03	总计	516 957 476	100
交通公用事业	27 832 583	5.38			

资料来源:《中央信托局为编送1947年度业务报告代电》,《中华民国史档案资料汇编》第五辑第三编“财政经济”(三),第133页。

---

① 《中华民国史档案资料汇编》第五辑第三编“财政经济”(三),第112～113页。

② 《中央信托局为编送1947年度业务报告代电》,《中华民国史档案资料汇编》第五辑第三编“财政经济”(三),第132页表格。

如表4-37所示,中央信托局参股投资的活动非常活跃。其中既有四联总处交办的,如中国农业机械公司等,也有与其他各行局库联合投资的,如六联印刷公司等,也有由该局独立投资,如上海钢铁股份有限公司等。

表4-37　中央信托局投资业务分类统计表(1948年6月)

投资类别	投资机构数量(家)	占%	投资金额(元)	占%
工矿	4	5	11 271 296 000.00	18
农林	21	29	11 846 402 273.69	19
运销	6	8	2 903 500 000.00	5
交通公用事业	8	11	12 479 060 000.00	19
教育文化	14	19	10 230 925 000.00	16
保险	3	4	1 392 500 000.00	2
其他生产事业	11	15	12 832 909 093.63	20
其他	7	9	548 617 152.06	1
合计	74	100	63 505 209 519.38	100

资料来源:根据《中央信托局为附送该局投资业务报告书函》,1948年9月13日,《中华民国史档案资料汇编》第五辑第三编"财政经济"(三),第179～183页中相关数据整理计算。

除了参股投资各类机构以外,中央信托局的其他投资项目包括有价证券、房地产等,表4-38是除机构投资以外的其他投资项目。

表4-38　中央信托局投资余额分析表(1947年12月底)

类别	数额(元)	占%	类别	数额(元)	占%
有价证券	459 029 557 802.00	81	其他投资	72 711 406 695.23	13
生产事业投资	7 948 646 240.62	1	总计	569 745 311 771.15	100
房地产投资	30 055 701 033.30	5			

注:"其他投资"包括有彩储款准备金投资、各项投资。

资料来源:《中央信托局为编送1947年度业务报告代电》,《中华民国史档案资料汇编》第五辑第三编"财政经济"(三),根据第133页相关内容整理计算。

(四) 政府指定的业务

政府指定的特种业务一直是中央信托局的经营重心。抗日战争胜利后国民政府指定中央信托局经营的特种业务主要包括购料、易货、储运、处理敌伪产业等业务。其中购料和易货业务以其地位之特殊和数额之巨大,给中央信托局带来了丰厚的收益,是该局最主要的业务。1947年度,全局"就所营事业分析言之，则以易货、购料收益较巨，结汇美金逾二千万元”。[①]

购料业务由购料处经办，抗日战争时国民党政府军政机关所需物资集中委托中央信托局代理采购，其中以军需物资居多，中央信托局的地位也因此变得举足轻重。抗日战争胜利后购料业务的委托主体仍以政府机关为主，也有少量工商企业。购料业务内容极其复杂，可以分为下表中的几类。

表 4-39 中央信托局购料业务分类

分类标准	类别	业务内容
按办理过程划分	购料	以订货或付款为起点，不以分配或处理为终点
	代办	不以订货或付款为起点，以分配或处理为终点
按委托人划分	代购	有委托购料人
	自购	由中央信托局先行购入，再加以配售
按购料款来源划分	垫款购料	购料所需价款全部或一部分由中央信托局先行垫付
	非垫款购料	全部由购料人自筹购料价款
按购料地点划分	国内购料	分内销物资购料和外销物资购料两种
	国外购料	

参考资料：《中华民国史档案资料汇编》第五辑第三编“财政经济”(三)，根据第 88 页中相关资料整理。

代办性质的业务主要是替政府处理进口物资。如 1945 年 9 月至 1947 年 8 月期间，代办业务中数额较大的有：代粮食部处理由越南、暹罗、缅甸进口的 2 300余吨大米，进行军粮和民食分配。从美国、印度等地收购到 20 余万包、价值 600 余万美元的无许可证棉花，转交纱厂代纺后再行外销。

购料业务中的代购部分，主要是替政府机关向国内外购买各种物资，以向国外进口物资居多，如油料、煤、大米、面粉、棉花、纸张、汽车、麻袋、活动房屋、交通电讯材及材料等，其中以油料和粮食数额最大。1945 年 9 月至 1947 年 8 月期间，代购数额最大的是为资源委员会等机关向美、英两国购买飞机及汽车用汽油 300 余万桶，价值近 7 000 万美元。也有受工商企业委托购料，同期数额最大是为《和平报》社、正中书局等企业向美国购买白报纸及其他纸张近 2 000 吨，价值 50 余万美元。[②] 至于国内物资的购料业务，主要是替政府机关以及油厂等机构收购桐油、猪鬃、大豆、菜籽、花生仁、花生油、蛋、发网、生丝、芝麻等农产品，用于内销或外销。

① 《中华民国史档案资料汇编》第五辑第三编“财政经济”(三)，第 127 页。

② 上引均见：《徐达文等考查中央信托局业务报告》，1947 年 11 月 19 日，《中华民国史档案资料汇编》第五辑第三编“财政经济”(三)，第 90～95 页。

在代理购料的同时，中央信托局也利用自身便利条件进行自购业务，但与代购业务比较，自购业务数额相对较少。自购进口物资中，主要是向国外购买各种办公用的纸张、麻袋、汽车，分配给各分局使用。同时也向美国进口钢片、洋松、马口铁等，转卖给国营、民营工厂等机构，从中获利。另外，由于国内物价不断上涨，“国内成本与国外售价甚难配合，惟为维持国产物资国外市场及争取外汇起见”，在代理政府收购国内物资期间，将一部分自购物资卖给政府转销国外获利。以 1947 年度为例，该局自营购销的国内物资主要有生丝、桐油、猪鬃、茶叶、大豆、羊毛等，总计货本 1 565 亿余元，分别转卖给政府、供应国内需求、直接外销，从中赚取不菲的差价。[①]

以下是对中央信托局 1946 年度、1947 年 1～5 月购料用款的分析，其中油料、五金机器用款最巨。

表 4－40　中央信托局 1946 年度、1947 年 1～5 月购料用款统计

购料种类	1946 年度累计数字	占%	1947 年 1～5 月累计数字	占%
液体燃料	24 817 797	57	4 270 590	14
交通器材	2 776 056	6	2 877 759	10
电讯器材	2 420 980	6	857 492	3
五金机器	129 444	0	13 683 688	45
化学药品	320 962	1	498 767	2
书报纸张	654 292	1	4 101 253	14
杂项	12 840 634	29	3 568 732	12
合计(千元)	43 960 161	100	29 848 281	100

资料来源：《徐达文等考查中央信托局业务报告》，1947 年 11 月 19 日，《中华民国史档案资料汇编》第五辑第三编“财政经济”(三)，根据第 96～97 页表格中相关数据整理计算。

中央信托局代理政府易货业务开始于 1938 年 5 月，目的是协助政府促进抗日战争时对外贸易，以增加外汇换取物资。具体操作程序是：“采购国产物资，供给出口易货，及换取购料外汇。”[②]

抗日战争胜利后国民政府主要的易货对象是苏联和日本。对苏联的易货业务，属于单方面输出性质，用于抵偿国民政府此前积欠苏联政府的债务。中央银行拨给特种基金，由中央信托局代理向苏联输出猪鬃、生丝、桐油、砖茶、山羊皮等物资。以 1948 年度为例，全年应偿苏联农产品债额为 4 170 947.50 美元，与

① 上引均见：《中央信托局为编送 1947 年度业务报告代电》中相应内容，《中华民国史档案资料汇编》第五辑第三编“财政经济”(三)，第 115 页。

②《八年来之中央信托局》，上档中央信托局档案，档号：Q72－4－18。

苏联订立合约中，上半年交货品种为：重庆猪鬃和花鬃、四川山羊皮和汉口山羊皮、桶装桐油、重庆黑鬃、散装桐油五项内容，合计美金 2 636 178.82 元。[①]

1945 年，国民政府指定中央信托局开办对日本的易货业务。该局派员常驻日本，由托办机关拨款，主要是向日本输出食盐、墨炭、麦麸、桐油、鱼藤、麻、草席、豆饼等，换取白报纸、香烟纸、颜料、机车、铜杆、人造丝、毛毯、枕木、呢绒、纺织机、火车头、锅炉、缝纫机、电讯器材及其他杂物等。1947 年度，向日本输出各种物品共计 3 854 882.98 美元，输入物品价值 15 253 738.34 美元，入超 11 398 855.36美元，该局不得不“设法增加输出，以谋补救”。[②]

1948 年上半年，又增加了对意大利的易货业务。以花生仁、桐油，以及参加米兰国际展览会后的国产物品 107 箱，换取意大利的人造丝。[③] 1949 年初，又开始对法、美的易货业务。

1947 年 3 月 1 日中央信托局奉准成立储运处，除办理自有物资存仓轮运外，还为政府代运物资，同时办理商货储运以及接收和经营各地敌伪码头仓库等业务。储运业务主要分为仓库、码头、运输三块。

中央信托局的仓库大部分在上海。截止 1948 年 6 月底，共有 29 个单位仓库，其中 19 个在上海。[④] 仓储的物资，大部分为该局自有物资，遇有空位时，也揽存公商物资。一般情况下存储的物资大多是粮食、纸类、机器、五金材料等进口物资，也包括桐油、猪鬃、茶叶等出口物资。仓库业务中也包括了政府指派的特殊任务，如 1948 年上半年就承办了以下几起特殊业务：拨配上海市户口米、拨配美国援助的米、代理上海市民食调配委员会经营仓库、代花纱布管理委员会存棉纱。[⑤]

中央信托局自有的码头有上海的虬江、黄浦码头，广州的旭栈桥码头、日清码头，租用的有上海兰州路码头。由于其他码头被港口司令部等机构占用，实际自营的仅有黄浦及兰州路码头。以黄浦码头为例，1948 年上半期，共停靠 155

① 《中央信托局 1948 年上期业务报告》，1948 年 8 月，《中华民国史档案资料汇编》第五辑第三编“财政经济”(三)，第 154～155 页。

② 《中央信托局为编送 1947 年度业务报告代电》，《中华民国史档案资料汇编》第五辑第三编“财政经济”(三)，第 118 页。

③ 《中央信托局 1948 年上期业务报告》，1948 年 8 月，《中华民国史档案资料汇编》第五辑第三编“财政经济”(三)，第 157 页。

④ 《中央信托局 1948 年上期业务报告》，1948 年 8 月，《中华民国史档案资料汇编》第五辑第三编“财政经济”(三)，第 159 页。

⑤ 《中华民国史档案资料汇编》第五辑第三编“财政经济”(三)，第 160～161 页。

艘轮船,其中26%为军轮,74%为商轮。进仓货物102 799吨,出仓货物86 355吨。[①] 该局接管的敌伪码头仓库共有23个,除6个自用外,其余的均出租,主要承租对象是江海关、招商局、物资供应局、燃料管委会、空军供应总处、渔业管理处等政府机关。

抗日战争时中央信托局曾先后设立运输科和运输处专门运输进出口物资。后因成本高昂,入不敷出,遂于1944年5月结束了运输业务。[②] 1947年储运处成立后,又重新添置了运输工具。表4-41是中央信托局储运处自有的运输工具统计。1948年前六个月,共代运1 300余宗业务,平均每月承接217余宗。进出口运量共计258 855.53吨,其中53.68%为进口物资,出口物资占4.4%,转口物资占41.83%。提运的物资以粮食为主,米、面粉占总运量的62.39%,其次为智利化肥、茶叶等。[③]

表4-41　中央信托局储运处自有运输工具统计(1948年6月底)

运输工具	数量	运输工具	数量
500吨铁驳	5艘	80匹马力汽油拖轮	2艘
200吨铁驳	2艘	5吨道奇卡车	3辆
140吨铁驳	1艘	2.5吨福特卡车	2辆
铁壳蒸汽机拖轮	1艘	5吨万国牌新车	5辆

资料来源:根据《中央信托局1948年上期业务报告》中相关数据制作,1948年8月,《中华民国史档案资料汇编》第五辑第三编"财政经济"(三),第161页。

1949年前后,因为时局的缘故,北洋线航运中断,南洋线货物减少,南下军用船只增多,码头业务与运输业务受到较大影响。

自1947年1月1日起,中央信托局接办前苏浙皖区敌伪产业处理局未了事务,先后成立四个敌伪产业清理处,继续办理敌伪产业清理工作。至1948年6月底,共计接收清理敌伪产、逆产、德产价值达94 168亿元。经该局处理的产业价值达21 448亿余元,扣除处理费用及经费后,均解缴国库。[④]

① 《中央信托局1948年上期业务报告》,1948年8月,《中华民国史档案资料汇编》第五辑第三编"财政经济"(三),第161页。

② 沈雷春编:《中国金融年鉴1946年》,中国金融年鉴社1947年版,第A83～84页。

③ 上引均见:《中央信托局1948年上期业务报告》,1948年8月,《中华民国史档案资料汇编》第五辑第三编"财政经济"(三),第161～162页。

④ 《中央信托局1948年上期业务报告》,1948年8月,《中华民国史档案资料汇编》第五辑第三编"财政经济"(三),第168～169页。

三、关于中央信托局的两个问题

(一) 中央信托局的经营性质

如前表 4－30 所示,1947 年度购料存款和托办存款合计占存款总额的 46%。再根据下表中收益项目的分析,中央信托局最主要的业务是购料和易货业务,其次是保险业务。

表 4－42　1947 年度中央信托局收益分析表

收入项目	1947 年度金额	占%	1948 年上期金额	占%
购料及易货收益	725 987 146 781.21	58	3 915 344 896 246.21	53
保险收益	146 214 659 227.69	11	740 334 767 962.99	10
储运收益	50 780 829 346.67	4	478 416 628 585.14	7
建筑收益	—	—	8 463 172 137.22	0
利息收入	164 698 504 344.81	13	946 625 176 202.04	13
手续费收入	46 086 756 511.78	4	329 094 353 487.23	5
汇费收入	66 080 352 111.21	5	393 210 874 788.82	5
证券及投资收益	19 064 274 155.17	1	—	—
其他收入	41 712 713 714.22	3	405 905 522 831.71	6
什项收入	14 565 055 716.22	1	69 893 819 238.50	1
总计(元)	1 275 190 291 908.98	100	7 287 289 211 479.86	100

资料来源:《中华民国史档案资料汇编》第五辑第三编“财政经济”(三),根据第 144、174 页相关数据整理计算。

除了信托、储蓄、保险三项以及与之相关的放款、投资业务外,购料、易货、储运、地产、清理敌伪产业等项业务均属于政府指定的特种业务。因此,中央信托局实际上是一家受国民政府委托,经营各种特种业务为主的国营信托机构。

(二) 上海总局在全局中的地位

除总局以外,虹口和金陵路两个办事处也分布在上海。1947 年 5 月底,全局 38 个分支机构中,有 24 个直属总局。全局职员共计 2 586 人,其中上海总局有 997 人,“几占全体之半”。①

① 《徐达文等考查中央信托局业务报告》1947 年 11 月 19 日,《中华民国史档案资料汇编》第五辑第三编“财政经济”(三),第 109～110 页。

从业务经营来看，根据表4-43中的各项指标分析，中央信托局的绝大部分营运资金集中在上海，另外如码头、仓库等业务均以上海为经营中心。可以说，中央信托局是以上海为经营中心，业务范围辐射到全国的信托机构。

表4-43　1947年底上海总局与全局各项指标比较

项　目	上海总局	全　局	上海总局占全局%
存款余额(元)	908 596 709 156.57	1 214 324 821 344.04	74.82
汇出款(千元)	68 345 993	1 077 899 261	6.34
汇入款(千元)	639 782 717	1 036 794 395	61.71
放款余额(元)	126 611 001 284.73	516 957 476 988.23	24.49
费用估计(元)	65 005 471 835.53	135 093 708 006.31	48.12

资料来源：《中央信托局为编送1947年度业务报告代电》,《中华民国史档案资料汇编》第五辑第三编"财政经济"(三),根据第130～132、142～143页中相关数据整理计算。

小　　结

抗日战争胜利以后，上海恢复了全国信托业中心的地位。在抗日战争胜利后4年左右时间里，共有50家信托机构在上海开展营业，包括：15家华商信托公司、26个华商银行信托部或储信部、2家官营专业信托机构，7家官营银行信托部。至于全国其他地区的信托机构，主要有22个银行信托部或储信部，①3家信托公司②，以及中央信托局等大型信托机构设于全国各地的分支机构。

一、商营、国营信托业不同的发展际遇

抗日战争胜利后上海信托业形成了商营信托机构和国营信托机构两大阵营。华商信托业在行业建设方面进步显著，但机构数量直线下降，资本、资产总额严重缩水，各项业务的开展举步维艰，经营业绩和发展势头每况愈下。国营信

① 这22家设有信托部或储信部的银行为：川康平民商业银行(重庆)、四川美丰银行(重庆)、四川商业储蓄银行(重庆)、永利银行(汉口)、和成银行(重庆)、重庆商业银行(重庆)、开源银行(重庆)、华南商业银行(台北)、聚兴诚银行(重庆)、亚西实业银行(重庆)、通惠实业银行(重庆)、云南实业银行(昆明)、四川省银行(重庆)、甘肃省银行(皋兰)、安徽省银行(芜湖)、江西省银行(南昌)、青海省银行(西宁)、浙江省银行(杭州)、贵州银行(贵阳)、湖南省银行(长沙)、广西省银行(桂林)、广东省银行(广州)。资料来源：《中国金融年鉴1946年》,1947年版，根据第B4～B9,B82～B115页内容整理。

② 这三家信托公司为：久安(天津)、西北通济(西安)、中国(香港)。

托业却恰恰相反,分支机构遍地开花,涉及业务范围极为广泛,获利丰厚,呈现出蒸蒸日上的发展态势。国营信托机构在上海信托业中占据着越来越重要的地位,逐渐成为上海信托业的主流。

下面将中央信托局与资历最老、规模和经营业绩居华商信托业领先地位的中一信托公司进行比较。如表 4 - 44 所示,1947 年度中央信托局资本金比中一信托公司少 1 000 万元,但总收益金是中一公司的 118 倍,纯益金则是中一的 37 倍,股本收益率也远在中一公司之上。

表 4 - 44　1947 年度中一信托公司、中央信托局经营状况比较

机构名称	资本额(元)	总收益金(元)	纯益金(元)	股本收益率%
中一信托公司	60 000 000.00	10 843 870 241.94	2 972 947 573.48	4 955
中央信托局	50 000 000.00	1 275 190 291 908.98	108 460 740 741.04	216 922

注:股本收益率＝纯益金÷资本额

资料来源:根据以下资料中相关数据整理计算:①《中华民国史档案资料汇编》第五辑第三编“财政经济”(三),第 144 页。②《中一信托公司历年帐略》,上档中一信托公司档案,档号:Q329 - 1 - 32。

上海一地国营、商营信托业截然不同的发展状况,与金融信托市场的需求以及信托机构的经营水准没有太大关系,主要是由于国民政府采取了特殊的金融政策所致。抗日战争胜利后国民政府大肆扩张以“四行二局一库”为首的官僚资本金融垄断势力,对商营金融机构实施非常严格的管制。

财政部钱币司于 1945 年 8 月 23 日拟订《金融政策纲领》,其中第 8 条、第 16 条内容分别为:“加强中央信托局力量,使成为发展信托事业之专业机构。”“创办国营或扶助民营投资信托公司,代理发行各种产业证券,或自行发行信托投资证券,以指导人民之投资。”①大有同时扶植国营、商营信托事业之意。

但在实际操作中,国民政府对待国营和商营信托事业的态度却有天壤之别。对华商信托业扶植少,监管严。抗日战争胜利后华商信托业一方面要面对物价飞涨带来的恶性后果,另一方面层出不穷的金融法规、繁重的捐税使其经营正规的信托、银行等业务均困难重重,营业空间日益缩小,前途一片渺茫。

对国营信托机构,国民政府不论在经营内容、资金来源与运用,以及分支机构的创设等方面均给予大力支持,监管极少。国营信托机构办理大量政府机关委托的购料、运输、仓储、易货、处理敌伪产业等特种业务,花较少的力气就可赚取不菲的手续费,同时还可借机开展生产事业投资、倒卖物资、保险等多种非法

① 《中华民国史档案资料汇编》第五辑第三编“财政经济”(二),第 51 页。

或合法的自营业务，牟取暴利。在资金运用方面，国营信托机构也很少受到限制，而且当其营运资金不济时，会得到政府相关机构的及时援助。如 1947 年联合国救济总署运给中国 86 000 吨化肥，农林部委托农民银行办理运转贷放、发放等事宜。该行信托部承担了化肥由口岸接运到目的地的运储事务。由于信托部垫付运输款不足，由农民银行上海分行向央行透支 100 亿元备用。①

抗日战争胜利后国民政府严格限制包括信托公司在内的商营金融机构设立分支机构。根据联合征信所 1946～1947 年间的调查，表 4－45 中的 7 家华商信托公司平均每家仅有分支机构 1 处、职员 57 人。如前表 4－28、4－29 所示，中央信托局在 1946 年底分支机构合计 30 处，职员人数合计 1 932 人，仅上海总局职员就达 968 人，上述数字还有不断上升之势。

表 4－45　1946～1947 年间部分华商信托公司规模分析

信托公司名称	分支机构数	职员人数	信托公司名称	分支机构数	职员人数
通汇	0	47	通易	0	80
中一	3	73	生大	0	31
东南	0	30	上海	2	103
中国	2	32	合计	7	396

注：调查时间为：通汇(1946.3.1)、中一(1946)、东南(1946.12.23)、中国(1946)、通易(1947.7.22)、生大(1947.8.13)、上海(1947 年下半年)。

资料来源：《联合征信所对各信托公司的调查》，上档联合征信所档案，档号：Q78－2－14147、Q78－2－14115、Q78－2－14336、Q78－2－14119、Q78－2－14141、Q78－2－14146、Q78－2－14142。

当商营和国营信托机构触犯相同法规时，政府管理部门采取分别对待的措施。国民政府 1947 年 2 月 17 日颁布施行的《加强金融业务管制办法》第 6 条、第 7 条分别规定：“任何银钱行庄，非经政府委托，不得经营物品购销业务，违反者以囤积居奇论罪，并得吊销其营业执照。”“任何银钱行庄违反取缔黄金投机买卖办法及禁止外国币券流通办法之规定者，除没收其黄金、外币，处经理人五年以下之徒刑外，并得吊销其营业执照。”②

如前所述，1948 年 9 月经上海金融管理局查明，通易信托公司“虚设户号，套取行款，并作法外的经营；此外，又勾结商人买卖黄金等物”。③ 根据《加强金融业务管制办法》的规定，金管局随即吊销其营业执照并勒令停业，将总经理陈

① 《财政部上海金融管理局考查中国农民银行业务报告》(节录)，1947 年 11 月 19 日，《中华民国史档案资料汇编》第五辑第三编“财政经济”(二)，第 983～984 页。

② 《加强金融业务管制办法》，1947 年 2 月 17 日，《中华民国金融法规档案资料选编》(上)，第 735 页。

③ 《联合征信所关于通易信托公司的剪报》，1949 年，上档联合征信所档案，档号：Q78－2－14142。

志皋等9名相关责任人解送地检处，依法提起公诉。另据财政部调查，农民银行信托部1948年11月底的账面，投资生产事业共计850余亿元，除来源于信托部全部存款以外，还调用了联行的资金。这些名义上的投资生产事业资金实际上几乎全部用来直接或间接购销商品。[①] 显然，该信托部同样触犯了上述法令的规定。但财政部没有采取任何处罚措施，仅仅训令农民银行董事会将信托部的投资生产事业的经过、性质、真实情况进行“详细查核，据实申复，再凭核办”。[②]

二、上海信托业没有解决的问题

与抗日战争前以及抗日战争时相比，抗日战争胜利后上海信托业整体规模有所收缩，主要体现在机构数量递减、资本总额大幅缩水等方面。业务经营方面，华商信托业的退步已是非常明显的事实，勿需再论。国营信托机构的经营虽有如火如荼之势，但分析其具体经营的业务内容，真正意义的信托业务所占的比重其实不多。中行信托部开办的证券信托业务、交行信托部创办的特约实业存款和工厂添购机器基金存款，均属于新增办的信托业务，进展并不理想，业务量极其有限。抗日战争胜利后各主要国营信托机构或以经营公私机关委托的代理业务为主，如中央信托局和中行信托部；或以倒卖物资等投机业务为主，如农民银行信托部、交通银行信托部。唯独没有一家真正以信托业务为主业。

以农民银行信托部为例，其营业资金主要来自联行资金和其他拨款，很少来自信托存款。姑且不去考虑信托存款在其总负债中的比重，如前表4-19所示，1947年度该信托部收益中占首位的是倒卖农产品和农用品所得，占50%；其次是利息收入，占37%；生产事业和证券投资所得，占7%。

中央信托局在当时上海所有信托机构中，信托业务所占比重最高。下面将它与美国纽约欧文信托公司(Irving Trust Co. N. Y.)进行比较来说明这一问题。

纽约欧文信托公司是一家兼营银行业务的信托公司，代理了一些中国银行业在美国的业务。从表4-46中的数据显示，该公司最主要的收益来源于投资有价证券收益，其次是利息和手续费。

---

① 《中华民国史资料丛稿.中国农民银行》，第226页。

② 《中华民国史资料丛稿.中国农民银行》，第226页。

表4-46 美国纽约欧文信托公司收益项目分析(1946～1947年)

项 目	1947年	1946年	项 目	1947年	1946年
收益总额	19 661美元	19 426美元	放款利息%	35	27
有价证券收益%	44	57	手续费及其他收益%	21	16

资料来源：金学骥译：《欧文信托公司(Irving Trust Co. N. Y.)1947年业务概况》,《银行周报》第32卷第40期,1948年10月4日,第13页。

欧文公司吸收的多为长期性质的信托存款,如表4-47所示,在1946年、1947年该公司总资产的40%～50%属于投资期限较长的政府债券,到期时间从5年至15年不等。①

表4-47 美国纽约欧文信托公司资产项目分析(1946～1947年)

项 目	占资产总额百分比	
	1947年	1946年
现金及存放同业	26.5%	21.8%
投资政府债券	39.4%	49.9%
放款及贴现	31.3%	25.3%
其他资产	2.8%	3.0%
合计	100%	100%

资料来源：金学骥译：《欧文信托公司(Irving Trust Co. N. Y.)1947年业务概况》,《银行周报》第32卷第40期,1948年10月4日,第14页。

至于中央信托局经营的业务,如前表4-30所示,在1946年底和1947年底,该局吸收的信托存款余额分别占存款总额的41%和36%。但随着抗日战争胜利后信托存款的吸收难度不断增大,信托存款在该局的存款总额中所占比重逐年下降。另外活期信托存款占信托存款总额比重过高,历年均占有90%以上。因此,该局吸收的信托存款并不能作为长期资金进行运用。1947年度中央信托局总收益中,投资证券和生产事业所得仅占总收益的1%。占总收益比重最高的是经营政府机关委托的购料、易货等特种业务所得,这些特种业务属于代理性质,并非真正的信托业务。

综上所述,不以信托业务为主业的问题,在抗日战争胜利后的上海信托业中仍然存在。这主要是由于,抗日战争胜利后通货恶性膨胀与时局不稳,对开展各种经营周期偏长的信托业务极其不利。同时国民政府对商营信托机构缺乏应有

① 金学骥译:《欧文信托公司(Irving Trust Co. N. Y.)1947年业务概况》,《银行周报》第32卷第40期,1948年10月4日,第14页。

的配套支持,监管过严,扼杀了华商信托机构的发展潜力。而对国营信托机构的扶植,着重于增强其服务政府的功能,对发展真正信托业务扶植不多。当然,民众的信托习惯尚未养成也是其中一项重要原因。

结　　论

上海信托业从1921年兴起,经历了“信交风潮”后的沉寂、1927～1937年期间初步发展、抗日战争时期畸形发达、抗日战争胜利后渐趋萎缩几个阶段。在近30年时间里,相继在上海创设并开展营业的信托公司、行庄信托部或储信部等信托机构达上百家,同业组织逐渐发展成熟,信托观念的推广和传播工作也初见成效。至1949年5月上海解放前夕,上海信托业已经具备了一个独立金融分业应有的外在要素。

与银行、钱庄、保险等其他金融分业相比,信托业兴起时间较迟,规模、影响力相对薄弱,在整个上海金融业中居于次要地位。但另一方面,同样作为外来继受的金融分业,信托业有别于银行、保险业的是,在其30年发展进程中,华资信托力量在机构数量、规模、业务覆盖的地域范围等方面自始至终占据着主导地位。上海信托业呈现出更多的“中国化”特色。

上海信托业最大的特点,是在经营中始终不以信托业务为主业。尽管信托投资、发行公司债信托、商务管理信托、遗嘱信托等信托业务以及保管、仓库、各种代理业务等信托附属业务已经有所开办,并有一定程度发展,同时也出现了少数专营信托业务的机构,如诚孚信托公司、正中实业信托公司等,但就上海信托业的整体而言,信托业务在整个行业的业务总量中所占比重很低,不仅没有稳步发展,反而日趋收缩。上海信托业有30年的经营历程,但在信托业务方面却没有一个联系密切、相对稳定成熟的客户群体。对于普通的社会民众来说,真正的信托业务还是相当陌生的概念,在生活中极少利用信托手段处理财产。信托观念的受众仅仅局限于少数业内人士,而与信托业务最密切相关的一方——即广大客户的生活是脱节的。因此,如果从实际经营的业务内容来考察,近代上海只是出现了一批冠以“信托”名称的机构,它们或沦为投机载体,或成为银行附庸,或成为政府的服务工具,唯独没有成长为能够独立承担长期资金融通与财产管理功能的金融分业。从这个角度来说,近代上海不存在真正意义上的信托业。

考察美国、英国、加拿大等西方国家信托业的发展之路,不难发现,一个健康成长的信托业,往往先有信托需求,后有信托机构。信托机构数量增多和规模扩张建立在社会信托需求不断增长的基础之上。近代上海信托业的发展之路却刚好相反。除了中央信托局这样的政府特许官营信托机构,近代上海绝大多数信托机构的创立和发展并非为了满足信托需求,而是上海市面游资充斥和政府监管缺位的畸形产物。当信托机构数量和规模不断膨胀,而可供信托的财产和信托主体却没有相应增长,供需之间的矛盾必然会导致信托机构的经营方向发生偏离,不以信托业务为主业。可见,供需之间的极度不平衡是造成上海信托机构不以信托为主业的根本原因。

尽管大批量的信托机构不断涌现,民国时期上海一地的信托需求却一直非常有限。首先,中国人向来没有近代意义上的信托习惯,对于生前财产喜欢保守秘密,身后遗产一般托付至亲好友,很少委托法人机构处理个人财产。信托习惯非一朝一夕能够养成。个人信托业务中非常重要的执行遗嘱信托、管理遗产信托、生前财产信托等业务的需求量非常有限。其次,信托属于一种商品经济高度发达以后的产物。上海是当时中国商品经济最发达的城市,也有不少公司组织,但与英、美等国相比,公司制度和长期资本市场均极不完善,社会财富的形态基本上以金钱、地产、商品等本身有价值的形态为主,股票、债券等有价证券所占比例过低,大大抑制了发行公司债信托、信托投资等多种法人或个人信托业务的需求。第三,信托资金最适合做长期的产业投资,上海的产业结构决定了对长期资金的需求并不迫切。直至解放前夕,生产棉纺织品、面粉等消费资料的轻工业仍然是上海工业的主流,重工业所占比重极低。

在信托需求一直不足的情况下,促成上海一地信托机构的创设、规模增长的主要因素是市面的资金状况以及政府监管的力度。对照此前行文中各阶段信托业的相关描述,上海出现大批信托机构主要集中在三个时期：1921 年、1930 年前后、1942 年前后。这三个时期上海均出现游资泛滥现象,政府也一直没有出台专门的信托法规,对信托机构的成立条件、经营范围等方面缺乏应有的规范和约束。拥资者通过创设信托机构为游资寻找生利之道,以“信托”名义从事各种能够盈利的非信托业务。信托机构很大程度上成为游资牟利的载体,并非为了满足社会的信托需求。由于缺乏真正的市场需求,一旦市面资金趋紧或者政府加强监管力度,就有大批的信托机构倒闭和停业。1921 年“信交风潮”的爆发,抗日战争胜利以后信托机构数量和规模直线下降,足以证明。

此外,导致民国时期上海信托机构在经营上本末倒置还在于以下几方面因素。

其一,政府对信托业的发展缺乏应有的扶植。上海信托业的兴起先天不足,尤其需要政府扶植。日本的国情与中国有相似之处,国民同样缺乏信托习惯。

日本信托业初兴时期也存在着机构繁多而信托业务开展不足的问题。经历了10余年无序、混乱发展后,1922年日本政府制订专门的《信托法》与《信托业法》,其中关于信托存款的规定,使信托机构拥有吸收长期资金的特权,吸引了日本各大财阀纷纷参与投资信托业,信托业的发展从此步入正轨,逐渐成长为与银行业并驾齐驱的金融分业。反观中国,上海虽然出现了以中央信托局为首的官营信托机构,但政府创设此类信托机构的目标是服务于政府机关的特殊需求,扶植本国信托业发展的意愿并不强烈。相当长时期内,历任政府对信托机构采取放任自流的态度,信托法规迟迟不出台。1943年汪伪政府财政部制订的《信托公司暂行条例》与1947年国民党政府颁布的《银行法》第六章,虽然是专门针对信托机构,但其本意在于管制而非扶植,特别是后一个法规对商营信托公司的发展极其不利。30年间,上海信托业得不到政府在立法方面的有力支持,一直停留在低水平的发展阶段:机构数量繁多却很少经营信托业务。尤其对为数众多的华商信托机构来说,个体机构规模小,经营中依赖非信托业务的盈利来维持生存和发展,信托业务的拓展当然不可能有太大起色。

其二,不安定的社会环境也不利于信托业务的开展。上海信托业兴起发展的30年间,中国内忧外患不断,时局瞬息即变,上海也常常处于不安定中。加上自1937年开始至1949年5月,物价一路飞涨,通货膨胀愈演愈烈。包括银行、钱庄、信托公司等在内的各种金融机构很难得到健康、正常地发展。财产管理、信托存款等各种信托业务的经营周期普遍较长,不能随时取回。在时局动荡与通货膨胀这两个因素作用下,投资者缺乏足够的信心将个人财产长时间地委托给信托机构进行处置,信托机构不易吸收信托财产。同时,不安定的社会经济环境也大大增加了长期投资的风险,使信托机构在资金运用上不敢开展长时期的资金融通业务。信托业务比普通行庄的存放款业务经营难度更大,不受委托人青睐,信托机构本身也不热衷于此。开展信托业务显得不合时宜。

其三,信托机构经营者的主观定位也间接地为信托业务的推广设置障碍。信托业务的开展,必须建立在委托人对信托机构高度信任的基础上。与上海的银行、钱庄、保险公司等其他金融机构相比,信托机构出现时间较迟,民众对其了解不多,很难在短期内建立起信任。加上绝大多数信托机构普遍以经营他业为主,抹杀了信托的特殊个性,将信托业的发展带入了一个恶性循环的怪圈:普通民众容易产生误解,将信托机构等同于普通的银行、保险公司或投机机构,不能理解信托业务的真正内涵,无法建立起对信托机构的信任,不愿将财产委托信托机构进行管理和处理。

综上所述,就信托机构的数量、规模、同业组织等外在要素来考察,民国时期上海信托业已经作为一个独立的金融分业存在并发展着，上海已经成为全国的信托业中心。但如果从实际经营内容来考察，各个阶段绝大部分信托机构都不以信托业务为主业。民国时期上海虽然出现了一批批的信托机构，却并不存在一个其业务范围根本区别于银行业且独立承担起长期资金融通与财产管理功能的信托业。

大事记

1921 年以前

1914 年，美资普益信托公司成立。

1917 年，上海商业储蓄银行成立保管部，开办保管箱业务。

1918 年，浙江兴业银行开办保管箱业务。

1920 年，日资上海仓库信托公司成立。

1921 年

5 月，中易信托公司创办。

上海信托公司创办。

6 月 2 日，中央信托公司召开发起人筹备会。

6 月，大中华、中华、中国商业、通易、通商信托公司创办。

7 月，运驳、华盛、中外、神州信托公司创办。

8 月，中华信托公司解散。

9 月，上海信托公司解散。

11 月，神州信托公司的运输部改组为神州运输公司，与该信托公司分离。

华盛信托公司改组为华盛贸易公司。

本年，上海商业储蓄银行保管部改称信托部。

1922 年

1921 年底至 1922 年初，“信交风潮”爆发，大量交易所、信托公司倒闭。华资 12 家信托公司仅有中央、通易继续营业。

本年，中孚银行上海分行成立信托部。

1925 年

11 月，上海盐业银行添设了保管箱业务。

1928 年

1 月 27 日，国华银行开张，设有信托部。

2 月，恒顺信托公司召开创立会。

6 月，国安信托公司成立。

1929 年

10 月，和昆信托公司成立。

11 月 15 日，中国国货银行总行及沪行同时开幕，总行信托部设在天津路 86 号。

12 月 6 日，英资汉弥尔登信托公司成立。

1930 年

1 月 4 日，浙江兴业银行房地产信托部开业。

2 月，中国信托公司上海分公司成立。

4 月 1 日，英、中、法合资中国国际投资信托公司创立。

12 月 15 日，大陆银行上海信托部开始营业。

1931 年

3 月 21 日，上海信托公司正式开业。

4 月 26 日，东南信托公司召开成立大会。

7 月 3 日，东方信托公司在财政部、实业部注册。

7 月 19 日，通汇信托公司开幕。

11 月，英资捷成信托公司成立。

本年，中国银行总处增设信托部。

新华商业储蓄银行改组，迁总行于上海，并改称新华信托储蓄银行，增设信托部。

1932 年

1 月 1 日，上海信托业同人联欢会(叙餐会)成立。

1 月 28 日，“一·二八”事变爆发。

冬天，华业信托开始筹备。

本年,聚兴诚银行上海分行设立信托部。

1933 年

1 月,中华劝工银行信托部成立。

5 月 10 日,东方信托公司宣告停业。

7 月,华侨信托公司成立。

10 月 2 日,上海市兴业信托社开幕。

本年,交通银行设立储蓄信托部。

浙江实业银行添设信托部。

英资祥茂信托公司成立。

1934 年

7 月,同康信托公司成立。

9 月 22 日,华侨信托公司宣告停业。

10 月,中级信用信托公司成立。

1935 年

5 月 24 日,普益信托公司因从事投机事业惨遭不利,宣布自动破产。

8 月 3 日,上海市社会局训令和昆信托公司解散。

10 月 1 日,中央信托局成立。

1936 年

1 月 1 日,信托业同人联欢会创办的《信托季刊》创刊发行。

因与中央信托局名称相同,奉财政部令并经股东会议决,中央信托公司更名为中一信托公司。

6 月 16 日,通易信托公司正式宣告停止营业。

7 月 16 日,生大信托公司正式开业。

1937 年

1 月 5 日,江苏银行信托部开业。

1 月 5 日,四行信托部开业。

1 月 10 日,四川美丰银行在扩充原代理部基础上设立信托部。

2 月 24 日,上海绸业商业储蓄银行信托部开业。

7 月 1 日，四明银行信托部成立。

7 月 1 日，中国实业银行信托部成立。

8 月 13 日，淞沪会战战幕拉开。

8 月，中国通商银行成立信托部。

中央信托局总局迁至香港，上海仅残留虹口业务处和审核处。

上海华商证券交易所奉令停业，西商众业所业务停顿。

10 月 18 日，中央信托局开始办理兵险业务。

11 月 11 日，除两租界外，上海市区全部沦陷。租界形同“孤岛”。

11 月20 日，中央、中国、交通、农民四银行西迁，上海的中、中、交、农四行改称分行。

12 月初，西商众业公所复业。

冬天，诚孚信托公司将总公司由天津迁至上海。

1938 年

2 月 3 日，因战事原因，上海市兴业信托社停顿全部社务。

2 月 7 日，通易信托公司复业。

秋天，美商环球信托公司成立。

11 月 27 日，恒顺信托公司召开临时股东会，决定解散清算。

1939 年

9 月 1 日，金城银行总行信托部开始营业。

本年，天津久安信托公司自天津分设于上海。

1940 年

4 月 15 日，国富信托公司开幕。

9 月，和祥信托公司成立。

中国垦业银行设立信托部。

10 月 1 日，合众信托公司召开创立会。

12 月 16 日，信托业同人联欢会会员自发组织成立中国股票推进会。

本年，意资沪江信托公司成立。

1941 年

2 月 5 日，正中实业信托公司创立。

7月1日,福源信托公司开业。
7月29日,阜丰信托公司正式成立。
8月15日,华丰信托公司正式成立。
9月,中国国际投资信托公司宣布清理。
10月8日,正丰信托公司成立。
11月1日,中孚信托公司创立。
11月,中贸银行设立信托部。
12月6日,同康信托公司停业。
12月23日,华丰信托公司停业。
12月8日,太平洋战争爆发。
12月,因太平洋战争爆发,中央信托局上海办事处宣告结束。
　　中国工业银行成立信托部。
本年,中国烟业银行添设信托部。

1942年

5月,贸昌信托公司成立。
5月5日,联华信托公司开业。
6月1日,利生信托公司召开创立会。
6月,有恒投资信托公司发起设立。
　　众业信托公司成立。
　　大新银行添设信托部。
8月,国安信托公司因拒绝向伪财政、实业部登记注册,自动停业。
10月,华资环球信托公司成立。
　　中业信托银行筹备成立。
　　上海纱业银行设立信托部。
12月3日,新亚信托公司成立。
12月11日,中新信托公司开幕典礼。
12月,东亚信托公司成立。
12月,福民信托公司成立。
　　中级信用信托公司停业。
　　中央信托局上海办事处宣告结束。
本年,中国惠民商业储蓄银行设立信托部。
　　中华实业银行添设信托部。

上海实业银行添设信托部。

中国商业银行设立信托部。

1943 年

1 月，正中实业信托公司停业清理。

上海工业银行设立信托部。

2 月 23 日，和新信托公司开业。

2 月，中国药业银行成立信托部。

3 月 7 日，瑞和信托公司召开创立会。

3 月 13 日，汪伪政府财政部公布施行《信托公司暂行条例》。

4 月 1 日，新亚信托公司信托人员训练所开学。

4 月 14 日，和丰信托公司开业。

5 月 7 日，福中信托公司开业。

5 月，南洋信托公司经财政部注册领到执照。

6 月底，福源信托公司停业。

7 月 1 日，环球信托公司改名环球信托银行。

11 月 8 日，华商证券交易所正式复业。

本年，中国汇丰商业储蓄银行成立信托部。

民生商业储蓄银行设立信托部。

中国染织业银行设立信托部。

1944 年

1 月 22 日，上海特别市信托业同业公会成立。

3 月，联康信托公司成立。

6 月 1 日，民益信托公司改组为民益银行。

7 月 1 日，国富信托公司改称国富银行。

10 月，长城商业储蓄银行设立信托部。

1945 年

6 月 1 日，有恒投资信托公司改称有恒投资信托银行。

9 月 22 日，中央信托局总局迁回上海。

10 月 1 日，中国银行总处、交通银行总部迁回上海。

农民银行信托总部迁回上海。

12 月,上海市兴业信托社复业。

本年,中华实业信托公司迁至上海。

1946 年

1 月 17 日,通易信托公司复业。

4 月 1 日,中一信托银行恢复中一信托公司原名,继续营业。

5 月 15 日,上海市信托商业同业公会成立,共有会员 10 家,后增至 13 家。

12 月 2 日,国安信托公司复业。

12 月 9 日,同康信托公司复业。

12 月,中级信用信托公司复业。

12 月,上海市兴业信托社复业。

本年,荣丰实业信托公司迁至上海。

1947 年

9 月 1 日,国民政府公布《银行法》,其中第六章为《信托公司》。

1948 年

3 月 1 日,上海市兴业信托社并入上海市银行,成立上海市银行总行信托部。

5 月 23 日,第 3 届信托业同业公会会员大会通过了《上海市信托业业规》草案。

9 月 18 日,通易信托公司停业清理。

1949 年

1 月 1 日,东南信托公司改名为东南商业信托银行。

2 月 1 日,中级信用信托公司改名为中信商业银行。

阜丰信托公司改名为阜丰商业银行。

3 月 1 日,通汇信托公司改名为通汇信托商业银行。

国安信托公司改名为国安商业银行。

本年,和祥信托公司改名为和祥商业银行。

5 月 27 日,上海解放。

征引、参考文献

一、未刊档案(节录)

[1] 中央信托公司章程草案,1921 年 6 月,上档中一信托公司档案,档号: Q329 - 1 - 1。
[2] 中央信托公司董事会会议录,1921 年,上档中一信托公司档案,档号: Q329 - 1 - 1。
[3] 中一信托公司历年帐略,上档中一信托公司档案,档号: Q329 - 1 - 32。
[4] 中一信托公司沿革,上档中一信托公司卷,档号: Q329 - 1 - 37。
[5] 联合征信所关于中一信托公司两次调查报告,1946 年 6 月 25 日、1946 年 12 月 2 日,上档联合征信所档案,档号: Q78 - 2 - 14115。
[6] 联合征信所关于通易信托公司的调查报告,1947 年 7 月 22 日,上档联合征信所档案,档号: Q78 - 2 - 14142。
[7] 通易信托公司历年营业报告,上档信托公司档案,档号: Q331 - 1 - 2。
[8] 国安信托公司历年营业报告,上档信托公司档案,档号: Q331 - 1 - 9。
[9] 国安信托公司呈伪上海市社会局文,1947 年 4 月 4 日,上档王海帆会计师事务所档案,档号: Q93 - 1 - 474。
[10] 国安信托公司呈财政部文,1947 年 4 月 3 日,上档王海帆会计师事务所档案,档号: Q93 - 1 - 474。
[11] 上海商业储蓄银行对恒顺信托公司的调查(调查报告第 8650 号),1935 年 7 月 1 日,上档上海商业储蓄银行档案,档号: Q275 - 1 - 2291。
[12] 恒顺信托公司 1930～1934 年营业报告,上档信托公司档案,档号: Q331 - 1 - 9。
[13] 上海商业储蓄银行对中国信托公司的 7 次调查(调查报告第 1523、7159、10643、13220、15580、16839、18543 号),1933 年 3 月 27 日、1935 年 1 月 22 日、1936 年 1 月 24 日、1936 年 12 月 28 日、1938 年 1 月 15 日、1938 年 12 月 20 日、1940 年 4 月 13 日,上档上海商业储蓄银行档案,档号: Q275 - 1 - 2291。
[14] 联合征信所关于中国信托公司的调查报告,1946 年,上档联合征信所档案,档号: Q78 - 2 - 14119。
[15] 李进等人呈上海特别市经济局设立中国信托公司申请书,1944 年 9 月 16 日,档号: R13 - 1 - 1599。
[16] 中国信托公司创立史略及业务近况,上档中国信托公司档案,档号: Q330 - 1 - 25。
[17] 中国信托公司的内幕,1968 年 2 月 26 日,上档中国信托公司档案,档号: Q330 - 1 - 25。

[18] 上海信托公司章程,1930 年,上档上海信托公司档案,档号:Q328 - 1 - 16。
[19] 上海信托公司历年营业报告,上档上海信托公司档案,档号:Q328 - 1 - 23。
[20] 上海信托公司缘起,上档上海信托公司档案,档号:Q328 - 1 - 16。
[21] 联合征信所关于上海信托公司的调查报告,1947 年,上档联合征信所档案,档号:Q78 - 2 - 14147。
[22] 联合征信所关于东南信托公司的调查报告,1946 年 12 月 23 日,上档联合征信所档案,档号:Q78 - 2 - 14336。
[23] 东南信托公司历年决算报告,上档东南商业银行档案,档号:Q315 - 1 - 13。
[24] 东南信托公司第 105 届董监联席会,1945 年 1 月 12 日,上档东南信托公司档案,档号:Q315 - 1 - 2。
[25] 上海商业储蓄银行有关东方信托公司调查报告,1934 年 1 月 27 日,上档上海商业储蓄银行档案,档号:Q275 - 1 - 1822。
[26] 上海商业储蓄银行有关东方信托公司倒闭的情报,1934 年 5 月 11 日,上档上海商业储蓄银行档案,档号:Q275 - 1 - 1822。
[27] 上海商业储蓄银行对华侨信托公司的调查报告,1933 年 8 月 17 日,上档上海商业储蓄银行档案,档号:Q275 - 1 - 1822。
[28] 关于华侨信托公司停业的剪报,1934 年 10 月 1 日,上档上海商业储蓄银行档案,档号:Q275 - 1 - 1822。
[29] 上海商业储蓄银行关于华侨信托公司的调查报告,1934 年 9 月 22 日,上档上海商业储蓄银行档案,档号:Q275 - 1 - 1822。
[30] 和昆信托公司股东临时会决议录,1935 年 5 月 22 日,上档立信会计师事务所档案,档号:Q90 - 1 - 919。
[31] 和昆信托公司历届股东会决议录,上档立信会计师事务所档案,档号:Q90 - 1 - 919。
[32] 和昆信托公司股东会决议录,1929 年 10 月 1 日,上档立信会计师事务所档案,档号:Q90 - 1 - 919。
[33] 中国征信所关于华业信托公司的调查报告,1934 年 1 月 18 日,上档上海商业储蓄银行档案,档号:Q275 - 1 - 1822。
[34] 上海商业储蓄银行对同康信托公司的调查报告,1935 年 5 月 25 日,上档上海商业储蓄银行档案,档号:Q275 - 1 - 1822。
[35] 有关同康信托公司的复业情况,1946 年 12 月 10 日,上档上海商业储蓄银行档案,档号:Q275 - 1 - 1822。
[36] 联合征信所关于同康信托公司的调查报告,1947 年,上档联合征信所档案,档号:Q78 - 2 - 13770。
[37] 联合征信所关于通汇信托公司的调查报告,1946 年 3 月 1 日,上档联合征信所档案,档号:Q78 - 2 - 14146。
[38] 上海商业储蓄银行对华业信托公司的调查报告,1941 年 4 月 26 日,上档上海商业储蓄银行档案,档号:Q275 - 1 - 1822。
[39] 上海商业储蓄银行对生大信托公司的调查报告,1937 年 2 月 25 日,上档上海商业储蓄银行档案,档号:Q275 - 1 - 1822.
[40] 联合征信所对生大信托公司的调查报告,1947 年 8 月 13 日,上档联合征信所档案,档号:Q78 - 2 - 14141。

[41] 生大信托公司历年营业报告，上档生大信托公司档案，档号：Q75－1－45。
[42] 诚孚信托股份有限公司设立登记呈请书，1936年2月，上档金城银行档案，档号：Q264－1－704。
[43] 金城银行总经理处有关投资诚孚信托公司有关文件，1936年2月，上档金城银行档案，档号：Q264－1－704。
[44] 关于诚孚信托公司的调查报告，1939年5月2日，上档上海商业储蓄银行档案，档号：Q275－1－1822。
[45] 关于诚孚信托公司的调查报告，1940年6月4日，上档上海商业储蓄银行档案，档号：Q275－1－1822。
[46] 诚孚信托公司历年损益表，上档小投资企业档案，档号：Q374－30－1。
[47] 久安信托公司营业执照，上档久安银行档案，档号：Q293－1－1。
[48] 新华信托储蓄银行五年来营业行务之总述，1936年，上档新华银行档案，档号：Q269－1－629。
[49] 新华银行历年营业报表，上档新华银行档案，档号：Q269－1－629。
[50] 新华信托储蓄银行章程，1931年9月25日，上档新华银行档案，档号：Q269－1－711。
[51] 新华信托储蓄商业银行解放前业务之分析，1950年，上档新华银行档案，档号：Q269－1－813。
[52] 上海商业储蓄银行信托部营业报告(1946年度下届)，1946年12月31日，上档上海商业储蓄银行档案，档号：Q275－1－866。
[53] 联合征信所关于上海市兴业信托社的调查报告，1948年，上档联合征信所档案，档号：Q78－2－14438。
[54] 关于兴业信托社开幕的讯息，1933年9月19日，上档上海商业储蓄银行档案，档号：Q275－1－1822。
[55] 上海商业储蓄银行对中央信托局的5次调查(调查报告第9983、10909、13125、13710、14749号)，1935年12月2日、1936年2月12日、1936年12月7日、1937年3月9日、1937年5月29日，上档上海商业储蓄银行档案，档号：Q275－1－2291。
[56] 1936年中央信托局营业报告，上档中央信托局档案，档号：Q72－4－18。
[57] 八年来之中央信托局，1943年，上档中央信托局档案，档号：Q72－4－18。
[58] 1938年度中国国际信托投资公司的营业状况，1939年3月19日，上档上海商业储蓄银行档案，档号：Q275－1－1822。
[59] 金城银行关于各国在华对其他金融业投资的调查报告，1939年，上档金城银行档案，档号：Q264－1－1159。
[60] 上海商业储蓄银行关于捷成信托公司的调查报告，1934年2月23日，上档上海商业储蓄银行档案，档号：Q275－1－1822。
[61] 上海商业储蓄银行关于祥茂信托公司的调查报告，1934年10月15日，上档上海商业储蓄银行档案，档号：Q275－1－1822。
[62] 贸昌信托公司董事监察人名单，1942年5月11日，上档伪上海特别市经济局档案，档号：R13－1－1928。
[63] 众业信托公司呈伪上海市社会局的申请报告，1942年6月19日，上档伪上海特别市社会局档案，档号：R14－1－430。
[64] 环球信托股份有限公司发起人认股数目清册，1942年10月，上档伪上海特别市社会局

档案,档号：R14－1－226。

[65] 南洋信托公司职员姓名籍贯住所清册,1942年11月,上档伪上海特别市经济局档案,档号：R13－1－1215。

[66] 福民信托公司呈请上海特别市社会局备案申请报告,1942年12月10日,上档伪上海特别市经济局档案,档号：R13－1－1020。

[67] 福民信托公司发起人姓名经历认股数目清单,1942年12月10日,上档伪上海特别市经济局档案,档号：R13－1－1020。

[68] 新亚信托公司发起人认股数目清单,1942年12月10日,上档伪上海特别市经济局档案,档号：R13－1－1553。

[69] 联合征信所关于新亚信托公司的调查报告,上档联合征信所档案,档号：Q78－2－14136。

[70] 上海商业储蓄银行对合众信托公司的调查,1940年10月,上档上海商业储蓄银行档案,档号：Q275－1－1822。

[71] 叶沫芳等为筹组东亚信托公司呈请上海特别市社会局备案申请书,1942年12月29日,上档伪上海特别市经济局档案,档号：R13－1－1553。

[72] 东亚信托公司发起人姓名经历及认股数目清单,1942年12月29日,上档伪上海特别市经济局档案,档号：R13－1－1553。

[73] 和新信托公司续讯,1943年2月20日,上档上海商业储蓄银行档案,档号：Q275－1－1822。

[74] 伪上海特别市商会关于和新信托公司资本情况的有关文件,上档伪上海特别市商会档案,档号：R47－2－69。

[75] 瑞和信托公司发起人认股数目清单,1942年11月20日,上档伪上海特别市经济局档案,档号：R13－1－566。

[76] 瑞和信托公司创立会决议录,1943年3月7日,上档伪上海特别市经济局档案,档号：R13－1－566。

[77] 联康信托股份有限公司股东名簿,1944年3月,上档伪上海特别市经济局档案,档号：R13－1－563。

[78] 汪伪政府财政部对南洋企业公司呈请设立信托部的批示(钱壹字第1987号),1942年10月3日,上档伪上海特别市经济局档案,档号：R13－1－1215。

[79] 联合征信所关于阜丰信托公司的调查报告,1946年12月23日,上档联合征信所档案,档号：Q78－2－14145。

[80] 正中实业信托公司创立会记录,1941年2月5日,上档华丰纺织印染厂档案,档号：Q199－7－152。

[81] 正中实业信托公司营业概算书,1942年,上档华丰纺织印染厂档案,档号：Q199－7－152。

[82] 正中实业信托公司与光明染织厂合同书,1942年,上档华丰纺织印染厂档案,档号：Q199－7－152。

[83] 正中实业信托公司第二次董事会决议录,1943年1月10日,上档华丰纺织印染厂档案,档号：Q199－7－153。

[84] 上海商业储蓄银行关于华丰信托公司的调查报告,1941年,上档上海商业储蓄银行档案,档号：Q275－1－1822。

[85] 联合征信所关于华丰信托公司筹备复业的调查报告,1948年6月2日,上档联合征信所

档案，档号：Q78－2－14137。
[86] 联合征信所关于中华实业信托公司的调查报告，1946年7月24日，上档联合征信所档案，档号：Q78－2－14118。
[87] 中信商业银行历次增资情形报告，1951年，上档中信商业银行档案，档号：Q294－1－1。
[88] 福源信托公司第7届董事会决议录，1943年5月12日，上档福源钱庄档案，档号：Q76－2－6。
[89] 福中信托股份有限公司呈上海特别市经济局文，1943年3月23日，上档伪上海特别市经济局档案，R13－1－1016。
[90] 利生信托公司为设立信托公司呈伪国民政府行政院文，1942年6月13日，上档王海帆会计师事务所档案，档号：Q93－1－556。
[91] 上海商业储蓄银行对中新信托公司的调查报告，1943年11月26日，上档上海商业储蓄银行档案，档号：Q275－1－1822。
[92] 中信商业银行历次增资情形报告，1951年，上档中信商业银行档案，档号：Q294－1－1。
[93] 荣丰实业信托公司呈经济部准予变更登记呈请书，1946年5月，上档立信会计师事务所档案，档号：Q90－1－224。
[94] 安达信托公司呈请伪上海特别市商会验资申请书，上档伪上海特别市商会档案，档号：R47－2－69。
[95] 有恒投资信托公司呈上海特别市经济局文，1943年12月14日，上档伪上海市经济局档案，档号：R13－1－1322。
[96] 上海商业储蓄银行对正丰信托公司的调查报告，1942年12月19日，上档上海商业储蓄银行档案，档号：Q275－1－1822。
[97] 中孚信托公司呈请上海特别市商会验资申请书，1942年6月27日，上档伪上海特别市商会档案，档号：R47－2－69。
[98] 伪上海特别市社会局为复查联华信托公司等经过呈伪上海特别市政府文，1942年9月2日，上档伪上海特别市档案，档号R1－16－122。

二、资料汇编

[1] 中国银行总行，中国第二历史档案馆. 中国银行行史资料汇编(上编)[G]. 北京：档案出版社，1991：1138～2540.
[2] 中国人民银行上海市分行金融研究所. 上海商业储蓄银行史料[G]. 上海：上海人民出版社，1990：12～718.
[3] 交通银行总行，中国第二历史档案馆. 交通银行史料(第一卷)[G]. 北京：中国金融出版社，1995：237～1619.
[4] 中国人民银行上海市分行金融研究室编. 金城银行史料[G]. 上海：上海人民出版社，1983：385～612.
[5] 中国人民银行金融研究所. 中国农民银行[G]. 北京：中国财政经济出版社，1980：108～227.
[6] 中国人民银行上海市分行. 上海钱庄史料[G]. 上海：上海人民出版社，1960：117～123.
[7] 中国第二历史档案馆. 中华民国史档案资料汇编(第三辑"农商"一)[G]. 南京：江苏古籍出版社，1991：788.

[8] 中国第二历史档案馆. 中华民国史档案资料汇编(第五辑第一编“财政经济”四)[G]. 南京：江苏古籍出版社，776～779.
[9] 中国第二历史档案馆. 中华民国史档案资料汇编(第五辑第二编“财政经济”四)[G]. 南京：江苏古籍出版社，319～320.
[10] 中国第二历史档案馆. 中华民国史档案资料汇编(第五辑第三编“财政经济”二)[G]. 南京：江苏古籍出版社，51～987.
[11] 中国第二历史档案馆. 中华民国史档案资料汇编(第五辑第三编“财政经济”三)[G]. 南京：江苏古籍出版社，83～187.
[12] 财政部财政科学研究所，中国第二历史档案馆编. 国民政府财政金融税收档案史料(1927～1937)[G]. 北京：中国财政经济出版社，1997：589.
[13] 千家驹. 旧中国公债史资料[G]. 北京：中华书局，1984：370～373.
[14] 金融史编委会. 旧中国交易所股票金融市场资料汇编[G]. 北京：书目文献出版社，1995：2096～2123.
[15] 陈真，姚洛. 中国近代工业史资料(第一辑)[G]. 北京：三联书店，1957：337.
[16] 陈真，姚洛，逄先知. 中国近代工业史资料(第二辑)[G]. 北京：三联书店，1958：77～398.
[17] 陈真. 中国近代工业史资料(第三辑)[G]. 北京：三联书店，1961：972～989.
[18] 上海市档案馆. 日伪上海市政府[G]. 北京：档案出版社，1986：728～729.
[19] 上海市档案馆. 旧上海的证券交易所[G]. 上海：上海古籍出版社，1992：26～399.
[20] 中国第二历史档案馆、中国人民银行江苏省分行、江苏省金融志编委会. 中华民国金融法规档案资料选编[G]. 北京：档案出版社，1989：642～1425.
[21] 上海社会科学院经济研究所. 荣家企业史料(下)[G]. 上海：上海人民出版社，1980：71～153.
[22] 中国科学院上海经济所、上海社会科学院经济研究所. 上海解放前后物价资料汇编(1921～1957)[G]. 上海：上海人民出版社，1958：47～168.
[23] 重庆市档案馆等. 四联总处史料(下)[G]. 北京：档案出版社，1993：410.
[24] 潘恒敏. 各银行银公司信托公司储蓄会 1936 年度营业报告统计[R]. 上海，1937：18.

三、年鉴、志书、辞典

[1] 中国经济年鉴[G]. 1934：E111.
[2] 全国银行年鉴[G]. 1936：D27 - J3.
[3] 全国银行年鉴[G]. 1937：C1 - U74.
[4] 沈雷春. 中国金融年鉴[G]. 上海：中国金融年鉴社，1939：A124 - A129.
[5] 沈雷春. 中国金融年鉴 1946 年[G]. 上海：中国金融年鉴社，1947：A186 - B190.
[6] 吴馨、姚文枏. 上海县志(卷六)[G]. 台北：成文出版社，1975：518.
[7] 沈雷春、陈禾章、张韻华. 中国战时经济志[G]. 台北：文海出版社，1973：58～69.
[8] 黄光域. 外国在华工商企业辞典[M]. 成都：四川人民出版社，1995：43～672.
[9] 辞海(上册)[S]. 上海：上海辞书出版社，1979：565.
[10] 牛津现代高级英汉双解词典[S]. 北京：商务印书馆，1990：1243.
[11] 任建树、张铨、罗苏文. 现代上海大事记[M]. 上海：上海辞书出版社，1996：105.

四、论文(节录)

[1] 各交易所股票涨价之原因[N]. 申报,1921,5(9):10.
[2] 中华信托公司之组织[N]. 申报,1921,6(2):10.
[3] 信托公司之勃兴[N]. 申报,1921,6(3):3.
[4] 纱业信托银行宴请报界记[N]. 申报,1921,6(26):10.
[5] 中易信托公司开幕[N]. 申报,1921,9(2):5.
[6] 滨江通讯·信托交易所改组之经过[N]. 申报,1921,12(1):10.
[7] 信托公司与托辣司银行交易所之区别[N]. 申报,1921,7(10):2.
[8] 饬查交易所信托公司之厅令[N]. 申报,1921,7(18):14.
[9] 部派调查员抵沪[N]. 申报,1921,7(18):14.
[10] 信托公司呈请立案之部批[N]. 申报,1921,7(29):14.
[11] 银行公会劝阻行员营投机业[N]. 申报,1921,9(6):14.
[12] 钱业取缔伙友入交易所营业[N]. 申报,1921,10(1):14.
[13] 信托公司之比较观[N]. 时事新报,1921,6(11):3.
[14] 上海运驳信托股份有限公司筹备处公告第3号[N]. 时事新报,1921,8(11):1.
[15] 太平洋物产证券与运驳信托[N]. 时事新报,1921,8(23):1.
[16] 信托公司条例暂缓公布[N]. 时事新报,1921,8(23):3.
[17] 神州信托公司开幕志盛[N]. 商报,1921,10(25):3～3.
[18] 部员覆查信交事业,注重资本外股两项[N]. 商报,1921,10(28):3～3.
[19] 朱斯煌. 上海之信托业[A]. 见:王季深. 战时上海经济第一辑[M]. 上海,1945:150～161.
[20] 汤心仪. 上海之金融市场[A]. 见:王季深. 战时上海经济第一辑[M]. 上海,1945:1～59.
[21] 陈禾章. 上海之企业公司[A]. 见:王季深. 战时上海经济第一辑[M]. 上海,1945:83～92.
[22] 朱斯煌. 民元来我国之信托业[A]. 见:朱斯煌. 民国经济史[M]. 上海:银行周报社,1948:59～85.
[23] 冯子明. 民元来上海之交易所[A]. 见:朱斯煌. 民国经济史[M]. 上海:银行周报社,1948:145～157.
[24] 俞寰澄. 民元来我国之证券交易[A]. 见:朱斯煌. 民国经济史[M]. 上海:银行周报社,1948:141～144.
[25] 朱斯煌. 民元来我国之银行业[A]. 见:朱斯煌. 民国经济史[M]. 上海:银行周报社,1948:29～52.
[26] 李伯涵. 民元来上海之地产业[A]. 见:朱斯煌. 民国经济史[M]. 上海:银行周报社,1948:103～105.
[27] 上海市银钱信托业仓库营业规则[A]. 见:朱斯煌. 民国经济史[M]. 上海:银行周报社,1948:599～600.
[28] 张白衣. 二十六年来之中信托事业[A]. 见:中国通商银行. 五十年来之中国经济[M]. 1947:213～224.
[29] 寿进文. 民十信交风潮之回顾[J]. 证券市场,1947,3(3):4～9.
[30] 陈钟声. 六年来之中央信托局[J]. 中信通讯,1942,1(1):1～7.

[31] 上海市奉命停业之银行调查表[J]. 金融周报,1946,14(6～7): 1～2.
[32] 王海波. 上海银钱业团体述要[J]. 日用经济月刊,1941,3(2): 781～786.
[33] 童蒙正. 金融专业化与信托事业[J]. 财政评论,1942,8(4): 19～21.
[34] 邹宗伊. 信托事业与产业发展之关系[J]. 财政评论,1944,11(5): 9～14.
[35] 沪大陆银行信托部之现状[J]. 中行月刊,1931,3(2): 59～60.
[36] 余英杰. 我国信托业发展之方向[J]. 中行月刊,1932,4(4): 1～3.
[37] 沪中央信托公司之略史[J]. 中行月刊,1932,5(2): 67～69.
[38] 东方信托公司停业[J]. 中行月刊,1934,8(5): 86～87.
[39] 兴业信托社添办不动产信托业[J]. 中行月刊,1936,12(6): 67～68.
[40] 张贻志. 去年市场不振之溯因及此后趋势之推测[J]. 钱业月报,1921,1(2): 1～7.
[41] 进之. 四年内上海金融之变迁[J]. 钱业月报,1921,1(4): 22～29.
[42] 西报论信托公司与交易所[J]. 钱业月报,1921,1(7): 39～41.
[43] 农商部取缔沪上交易所[J]. 钱业月报,1921,1(7): 38～39.
[44] 沙影. 交易所及信托公司之注册问题[J]. 钱业月报,1921,1(8): 16～18.
[45] 金融界之隐忧[J]. 钱业月报,1921,1(11): 12～14.
[46] 陈明远. 我国之信托事业[J]. 东方杂志,1935,32(7): 139～148.
[47] 杨荫溥. 中国之证券市场[J]. 东方杂志,1930,27(20): 11～30.
[48] 朱斯煌. 发刊词[J]. 信托季刊,1936,1(1): 1～2.
[49] 宋汉章. 游日纪略[J]. 信托季刊,1936,1(1): 3～10.
[50] 朱斯煌. 何谓信托[J]. 信托季刊,1936,1(1): 11～44.
[51] 程联. 我国信托事业的发展[J]. 信托季刊,1936,1(1): 45～52.
[52] 程联. 信托业务的演进与我国信托业务的趋势[J]. 信托季刊,1936,1(2): 20～26.
[53] 李萌南. 金融机关的信托公司[J]. 信托季刊,1936,1(2): 104～120.
[54] 朱斯煌. 信托常识[J]. 信托季刊,1937,2(1): 241～250.
[55] 朱斯煌. 信托业在非常时期的责任[J]. 信托季刊,1937,2(4): 7～8.
[56] 上海信托业调查[J]. 信托季刊,1939,4(1): 147～159.
[57] 稚敏. 关于中国股票推进会[J]. 信托季刊,1940,5(3～4): 5～12.
[58] 俞增炽. 我国战时金融之动向及其出路[J]. 信托季刊,1940,5(3～4): 91～102.
[59] 上海信托业调查[J]. 信托季刊,1941,6(1～2): 181～185.
[60] 上海通易两合公司七年营业纪略[J]. 银行周报,1919,3(9): 31～34.
[61] 徐沧水. 信托存款之说明[J]. 银行周报,1919,3(38): 28～30.
[62] 士浩. 信托业务之处理方法[J]. 银行周报,1920,4(35): 38～43.
[63] 徐沧水. 从虚业政策向实业政策从投机主义向投资主义[J]. 银行周报,1921,5(22): 1～3.
[64] 朱义农. 释信托业之意义[J]. 银行周报,1921,5(22): 7～10.
[65] 徐沧水. 吾国信托公司之前途[J]. 银行周报,1921,5(22): 5～7.
[66] 朱义农. 投机公司防止之一法[J]. 银行周报,1921,5(30): 1～2.
[67] 信托公司之结果[J]. 银行周报,1921,5(33): 2.
[68] 6 月份上海新企业之统计[J]. 银行周报,1921,5(25): 23～26.
[69] 7 月份本埠新企业之统计[J]. 银行周报,1921,5(31): 27～31.
[70] 8 月份本埠新企业之统计[J]. 银行周报,1921,5(36): 26～30.

[71] 茅恩炳. 对于吾国信托公司之管见(上)[J]. 银行周报，1921，5(37)：3～6.
[72] 茅恩炳. 对于吾国信托公司之管见(下)[J]. 银行周报，1921，5(38)：3～5.
[73] 交易所之暗礁[J]. 银行周报，1921，5(40)：2.
[74] 上海信交事业最近一览表[J]. 银行周报，1921，5(40)：23～25.
[75] 徐裕孙. 信交狂潮之反动[J]. 银行周报，1921，5(50)：1.
[76] 11月份上海新企业状况一览[J]. 银行周报，1921，5(50)：27～31.
[77] 去年十二月份上海企业之状况[J]. 银行周报，1922，6(4)：20～22.
[78] 徐裕孙. 民国10年上海金融与回顾[J]. 银行周报，1922，6(2)：9～12.
[79] 上海华资银行调查录[J]. 银行周报，1922，6(6)：17～19.
[80] 上海交易所调查录[J]. 银行周报，1922，6(11)：23～25.
[81] 通易信托公司股东会纪闻[J]. 银行周报，1923，7(8)：26.
[82] 通易信托公司之事业批评[J]. 银行周报，1923，7(9)：55～56.
[83] 中孚银行信托部业务之内容[J]. 银行周报，1923，7(31)：33.
[84] 子明. 银行办理保管业务之实例[J]. 银行周报，1923，7(32)：5～8.
[85] 通易信托特聘李祖虞律师办理法律事件[J]. 银行周报，1923，7(36)：23.
[86] 王乐山. 日本信托事业之新趋势[J]. 银行周报，1924，8(30)：19～22.
[87] 信托公司与银行之关系(下)[J]. 银行周报，1925，9(40)：14～16.
[88] 静如. 民国十四年全国银行大事纪[J]. 银行周报，1926，10(2)：5～7.
[89] 仲廉. 英国投资信托公司之近况(下)[J]. 银行周报，1926，10(49)：20～22.
[90] 计划中之上海国际投资信托公司[J]. 银行周报，1930，14(12)：10～11.
[91] 朱斯煌. 中美信托事业之研究[J]. 银行周报，1931，15(38)：7～14.
[92] 新华信托储蓄银行二十年度报告书[J]. 银行周报，1932，16(21)：1～5.
[93] 黄溯初. 中国信托业之现在与将来[J]. 银行周报，1932，16(39)：5～10.
[94] 新华信托储蓄银行民国二十一年度报告书[J]. 银行周报，1932，17(12)：25～30.
[95] 上海市兴业信托社概况[J]. 银行周报，1933，17(38)：4.
[96] 张公权. 内地与上海[J]. 银行周报，1934，18(14)：13～15.
[97] 李文杰. 信托业与信托立法[J]. 银行周报，1934，18(19)：1～4.
[98] 上海社会局严究东方信托公司停业原因[J]. 银行周报，1934，18(39)：10～12.
[99] 秦岳灵. 去年银行业的回顾[J]. 银行周报，1935，19(2)：13～14.
[100] 李养性. 银行专业化的必要[J]. 银行周报，1935，19(38)：15～17.
[101] 交通银行二十四年度营业报告书[J]. 银行周报，1936，20(16)：23～34.
[102] 通易信托公司暂行停业[J]. 银行周报，1936，20(24)：10～12.
[103] 朱斯煌. 对于我国目前信托事业之感想[J]. 银行周报，1936，20(31)：7～10.
[104] 通易信托公司拟定复业方案[J]. 银行周报，1936，20(48)：8～9.
[105] 上海商业储蓄银行民国二十六年度营业报告[J]. 银行周报，1938，22(18)：1～12.
[106] 上海商业储蓄银行民国二十八年度营业报告[J]. 银行周报，1940，24(26)：1～11.
[107] 上海商业储蓄银行民国二十九年度营业报告(二)[J]. 银行周报，1941，25(29)：3～6.
[108] 银行学会. 上海市金融机关及各业公会调查[J]. 银行周报，1943，27(9～10)：1～11.
[109] 朱斯煌. 我国信托事业之现在与将来[J]. 银行周报，1943，27(19～20)：3～9.
[110] 陆树德. 我国信托业务之研究与改进[J]. 银行周报，1943，27(19～20)：13～17.
[111] 严成德. 中一信托公司股东常会总经理报告辞[J]. 银行周报，1943，27(19～20)：

18～19.
[112] 新亚信托公司信托人员训练所概况[J]. 银行周报,1943,27(19～20): 20.
[113] 信托公司暂行条例[J]. 银行周报,1943,27(19～20): 21～23.
[114] 朱斯煌. 我国信托业之三大问题[J]. 银行周报,1943,27(27～28): 3～4.
[115] 钱福田. 略论零星信托金之投资[J]. 银行周报,1943,27(27～28): 32.
[116] 莫仁生. 为本行发展信托业务计划书(其 1)[J]. 银行周报,1943,27(47～48): 22～24.
[117] 朱斯煌. 中国信托事业之过去与将来[J]. 银行周报,1944,28(27～28): 3～6.
[118] 沈雷春. 事变前上海金融业概况[J]. 银行周报 1944,28(41～44): 9～16.
[119] 朱斯煌. 一年来之上海信托业[J]. 银行周报,1945,29(9～12): 1～3.
[120] 最近金融处理办法汇志[J]. 银行周报 1945,29(37～40): 14～17.
[121] 吴承禧. 胜利前后之上海银行业[J]. 银行周报,1946,30(3～4): 17～20.
[122] 金学骥. 商业银行目前营业之困难[J]. 银行周报,1946,30(23～24): 11～12.
[123] 上海市兴业信托社简史及组织[J]. 银行周报 1947,31(21): 56～57.
[124] 赵以福. 上海金融业仓库近况概论[J]. 银行周报,1947,31(22): 6～12.
[125] 上海市信托商业同业公会第 1 届会员大会报告[J]. 银行周报,1947,31(26): 18～19.
[126] 朱荣廷. 1 年来上海之金融市场[J]. 银行周报,1948,32(3): 23～34.
[127] 沪信托业公会理事长及秘书长谈 36 年度沪市信托业概况[J]. 银行周报,1948,32(3): 62.
[128] 赵以福. 一年来上海之仓库业[J]. 银行周报,1948,32(6): 11～13.
[129] 上海市信托商业同业公会第 3 届会员大会会议录[J]. 银行周报,1948,32(24): 11～14.
[130] 上海市信托商业同业公会第 3 届会员大会会务报告[J]. 银行周报,1948,32(24): 15～22.
[131] 上海市信托业业规[J]. 银行周报,1948,32(24): 23～26.
[132] 朱斯煌. 1 年来我国之信托业[J]. 银行周报,1948,32(28): 10～16.
[133] 汤寿康. 金融机构之分布与管制[J]. 银行周报,1948,32(38): 7～13.
[134] 金学骥译. 欧文信托公司(Irving Trust Co. N. Y.)1947 年业务概况[J]. 银行周报,1948,32(40): 13～15.
[135] 论商业行庄调整资本办法[J]. 银行周报,1948,32(40): 1～2.
[136] 朱斯煌等. 民国 37 年度国内经济总检讨[J]. 银行周报,1949,33(1): 7～42.
[137] 朱斯煌. 民国 37 年我国之金融业[J]. 银行周报,1949,33(4): 8～11.
[138] 吴兆杰. 解放前后上海市保管箱业务[J]. 银行周报,1949,33(43): 10～11.
[139] 鹤夫. 解放后上海的银钱业[J]. 银行周报,1949,33(44): 7～12.

五、论著

[1] 杨荫溥. 上海金融组织概要[M]. 上海: 商务印书馆,1930: 291.
[2] 程联. 世界信托考证[M]. 上海: 上海信托公司,1931: 8～134.
[3] 徐寄庼. 最近上海金融史(上)[M]. 上海,1932: 669～670.
[4] 吴承禧. 中国的银行[M]. 上海: 商务印书馆,1934: 23～24.
[5] 朱斯煌. 银行经营论[M]. 上海: 商务印书馆,1939: 51.
[6] 朱斯煌. 信托总论[M]. 上海: 中华书局,1941: 100～101.

[7] 钱承绪. 中国金融之组织——战前与战后[M]. 中国经济研究会，1941：59～76.
[8] 郑友揆. 中国的对外贸易和工业发展[M]. 上海：上海社会科学院出版社，1984：336.
[9] 徐雪筠. 上海近代社会经济发展概况(1882～1931)——〈海关十年报告〉译编[M]. 上海：上海社会科学院出版社，1985：187～188.
[10] 张仲礼，陈曾年. 沙逊集团在旧中国[M]. 北京：人民出版社，1985：98～106.
[11] 杜恂诚. 日本在旧中国的投资[M]. 上海：上海社会科学院出版社，1986：365.
[12] 许涤新，吴承明. 中国资本主义发展史(第二卷)[M]. 北京：人民出版社，1990：1085.
[13] 张仲礼. 近代上海城市研究[M]. 上海：上海人民出版社，1990：580～583.
[14] 陈湛匀、马照富. 金融信托咨询实务[M]. 上海：立信会计出版社，1994：1.
[15] 赵靖. 穆藕初文集[M]. 北京：北京大学出版社，1995：168.
[16] 马寅初全集(第一卷)[M]. 杭州：浙江人民出版社，1999：483～497.
[17] 洪葭管. 中国金融史[M]. 成都：西南财经大学出版社，2001：328.
[18] 周枏. 罗马法原论(下)[M]. 北京：商务印书馆，2001：480～481.
[19] 赵奎、朱崇利. 金融信托理论与实务[M]. 北京：经济科学出版社，2003：22～485.
[20] 黄慕兰. 黄慕兰自传[M]. 北京：中国大百科全书出版社，2004：192～349.
[21] 戴建兵. 白银与近代中国经济 1890～1935[M]. 上海：复旦大学出版社，2005：280.
[22] [美]美国银行协会. 美国信托业务(中译本)[M]. 台北：国泰信托投资公司，1976：427～4237.
[23] [日]川崎诚一. 信托(中译本)[M]. 北京：中国金融出版社，1989：6～7.

后　记

《上海信托业研究(1921～1949)》这部书稿是在我博士论文的基础上修改完成的,框架结构和基本观点保持不变,主要在两方面进行一些改动:第一,对上海信托业宏观社会背景的分析更加深入;第二,文字表述方面进行了适当润色。由于资料和个人学识方面存在着一定的不足,因此书稿还存在着诸多不尽如人意之处,敬请读者谅解。

书稿完成之际,感慨颇多。2002 年 9 月,有幸进入复旦大学攻读博士学位。同年 12 月,在导师吴景平教授的提议下选定上海信托业作为研究对象,迄今历时四年有余。我的研究工作能够顺利进行,首先要感谢吴老师。从选题、查找资料、初稿完成、修改、定稿、答辩,乃至书稿的修改,老师全程给予悉心指导,倾注了大量心血。他严谨的学术作风和独到的学术判断力,令我在敬佩之余,终生受益!

戴鞍钢教授、朱荫贵教授、王立诚教授、金光耀教授、章清教授、冯筱才教授在开题报告会和预备答辩会上,提出了非常中肯、富有建设性的建议。叶世昌教授、上海财经大学杜恂诚教授、华东师范大学谢俊美教授、上海师范大学苏智良教授、四川大学何一民教授、上海市档案馆邢建榕研究员在博士论文的评审、答辩过程中也给予了很具启发性的修改意见。本文的写作还得到了浙江大学金普森教授、上海市档案馆冯绍霆研究员、马长林研究员的关心与帮助,在此对他们表示深深的谢意。

华东师范大学刘学照教授是我的硕士导师,浙江大学吕一民教授是我大学时代班主任,他们坚持不懈潜心治学的态度对我影响至深。感谢他们一直以来对我的鼓励和帮助。

温州大学的相关领导和共事同仁们,感谢他们的体谅和支持,使我能安心从事研究工作。

我的师兄、师弟、师姐、师妹们,在生活、学业上给予我大量帮助,他们身上呈现出来的活力和思想火花,总让我有新奇的收获;书稿的完成也离不开挚友张淼焱、徐妍提供的帮助。谢谢他们。

感谢我的家人！他们的支持和付出是我坚持研究工作的动力和坚强后盾。

何旭艳

2007 年春于温州

再版后记

本书是在我博士论文的基础上修改完成。2002 年下半年，在导师吴景平教授的建议下，选取近代上海信托业作为博士论文的研究对象。2006 年 5 月，博士论文《上海信托业研究(1921～1949)》完成，有幸得到上海市学术著作出版基金的资助，于 2007 年 8 月由上海人民出版社第一次出版成书。时隔 11 年，在多方努力下，本书由上海远东出版社再度出版。

此次再版离不开我的博士导师吴景平教授的帮助。他处处以身作则，对学术研究全情投入，不计较个人得失。吴老师勤奋严谨的学术作风，特别是对选题前瞻性的独到判断，令我终生受益。随着时间的流逝，信托业在当代中国金融业中的地位日益彰显，梳理近代上海信托业的发展规律显得尤为必要，这也是本书能够再次出版的重要因素。特别感谢吴老师！

感谢上海远东出版社的相关领导，投入财力和人力再次出版本书。尤其感谢责任编辑陈占宏先生。2015 年以来，因出版档案资料等事多次麻烦陈先生，领略了他过硬的专业水准和高效的工作能力，如沐春风。

2013 年开始，我因身体欠佳，工作能力受到一定影响，谢谢温州大学商学院相关领导和同事的体谅和帮助。

感谢亲友们的不离不弃，及时伸出援手，时常陪伴左右。

先生黄良珽和女儿黄一禾多年来的包容和支持，是我前行的最大动力。

何旭艳

2018 年初夏于温州南塘河畔